KB264318

洛陽伽藍記

눌와(訥窩)는 어눌한 사람들, 침묵의 값어치를 무겁게 여기는 사람들이 모인 작은 집입니다.
어눌한 말 속에 진실을 담고자 합니다.
침묵으로 길어올린 말을 세상에 전하고자 합니다. 말 있음을 통해 말 없음에 이르고자 합니다.
눌와는 언어가 구원 혹은 감옥일 수 있음을 잊지 않으며 조심스럽게 언어의 바다를 항해하겠습니다.
우리들의 말이 좀더 나은 세상을 열어가는 벽돌 한 장이기를 기대합니다.

낙양가람기

지은이　　　양현지
옮긴이　　　서윤희

초판 1쇄 인쇄일　　2001년 1월 3일
초판 1쇄 발행일　　2001년 1월 10일

펴낸이　　　김효형
펴낸곳　　　(주)눌와
등록번호　　1999.7.26. 제10-1795호
주소　　　　서울 마포구 연남동 567-40, 2층
전화　　　　(02)3143-4633
팩스　　　　(02)3143-4631
이메일　　　nulwa@chollian.net
홈페이지　　http://www.nulwa.co.kr

편집　　　　박현기
디자인　　　여백
본문편집　　디자인 시
필름출력　　나이스 출력
인쇄　　　　독일인쇄
제본　　　　성문제책

값 12,000원
ⓒ눌와, 2001
ISBN 89-950852-4-X 03910

잘못된 책은 바꾸어 드립니다

洛陽伽藍記
낙양가람기

양현지 지음 | 서윤희 옮김

눌와

차례

洛陽伽藍記

일러두기

1. 원문에서는 5권으로 나눈 뒤, 사찰의 이름을 다른 행보다 한 칸 위로 나오게 하여〔擡頭〕 구별하고
   있다. 이 책에서는 독자의 이해를 돕기 위해 큰 사찰별로 면을 나누었다. 그리고 큰 사찰에
   연결되어 있는 작은 사찰이나 마을, 저택, 고사 등은 사항 별로 한 행씩 띄어 놓았다.
2. 《낙양가람기》는 배경이 5세기 말~6세기 초 중국 북위가 배경이므로 현대 중국 발음으로 표기하지
   않고 한자음대로 적었다. 단 현재의 지명과 근대 이후의 인명은 한글 외래어 표기법을 따랐다.
3. 한글 표기를 원칙으로 하고 한자가 필요한 경우에는 음이 같을 경우에는 ( )를, 음이 다를 경우에는
   〔 〕를 표시하여 함께 써 두었다.
4. 이해를 돕기 위하여 북위 세계도(世系圖)를 203쪽에, 연표는 204쪽에 수록해 두었다.
5. 용어 찾아보기는 인명과 관작명, 사찰·관서·탑·원림, 그리고 지명·국명, 기타 용어 등으로 나누어
   211쪽 이하에 수록하였다.
6. 지리적인 이해를 돕기 위하여 〈6세기 초 중국 남북조 시대의 북위와 양나라의 위치 개념도〉
   〈6세기 초 낙양 일대〉 〈낙양 가람도〉 그리고 〈현대 중국 지도〉를 책 뒤에 넣어 두었다.
   〈낙양 가람도〉는 여러 판본의 〈낙양 가람도〉를 참고하여 본문에 맞춰 작성한 개념도이다.

해제 및 옮긴이의 글

1. 낙양가람기란

《낙양가람기(洛陽伽藍記)》는 지금으로부터 1500여 년 전 중국 북위(北魏)의 수도 낙양[1]을 무대로 양현지(楊衒之)[2]가 쓴 책으로 가사협(賈思勰)의《제민요술(齊民要術)》, 역도원(酈道元)의《수경주(水經注)》와 함께 북위 시대 삼대 걸작으로 꼽힌다. 이 책은 낙양의 사찰에 대한 단순한 기행문이 아니다. 당시 북위는 황제에서부터 백성에 이르기까지 모든 사람이 불교에 심취해 있었기 때문에 사찰을 통해서 그 시대의 정치·경제·사회·문화를 이야기하고 있는 것이다. 이 책을 통해 우리는 인도 불교를 탈피하고 중국의 독자적인 불교가 확립되기 시작하는 북위 불교의 화려하고 역동적인 모습과 함께 역사적 자료가 많지 않은 5세기 말에서 6세기 초의 중국의 사회상을 살필 수 있다.

즉 이 책은 북위 왕조의 권력 다툼과 한족(漢族)과 비한족계의 대립과 같은 피비린내 나는 사건들에서부터 남·북조의 대립과 융화에서 나타나는 문화적 차이의 양상들, 여러 관서와 관직명 그리고 역경 사업들에서 보이는 제도와 학문의 발달, 화려한 사탑(寺塔)의 축조와 장식에서 살필 수 있는 발달된 건축 양식, 낙양의 시장을 중심으로 번화했던 상업과 내세를 기원하며 불사(佛事)에 몰두한 거부(巨富)들, 죽어서도 눈을 감지 못한 채 시체로 백 보를 걸어간 충신이나 사람의

---

1) 지금의 허난성(河南省) 뤄양시(洛陽市)의 동쪽이다. 주나라 무왕(武王)이 은(殷)나라 백성을 낙수(洛水)가에 옮겨 낙읍(洛邑)을 만들고, 그것을 동도(東都)라고 했던 데서 시작되었다. 주공이 여기에 왕성을 짓고 천도한 후 주(周)나라의 수도가 되었다. 그 후 후한(後漢)·북위(北魏)·수(隋)·오대(五代) 등도 이곳을 수도로 하였다. 음양론(陰陽論)에서 산남수북(山南水北)이 양(陽)이므로 낙수의 북쪽이란 뜻에서 낙양(洛陽)이라 하였다.
2) 북평[北平:지금의 허베이성(河北省) 만청현(滿城縣)] 사람으로 생몰년·가계·행적에 대해서는 알려지지 않았다. 그의 성(姓)은 보통 양(楊)이라고 알려져 있으나 陽이나 羊이라고 쓴 곳도 있으며, 책에 따라서는 그가 무군부사마(撫軍府司馬), 봉조청(奉朝請) 또는 기성태수(期城太守)를 지냈다는 기록이 있다. 《낙양가람기》서(序)에 의하면 547년 양현지는 공무로 폐허가 된 낙양을 둘러보고 북위의 수도 낙양의 이야기가 후세에 전해지지 못할까 두려워 이 책을 쓰게 되었다고 하였다.

피를 빨아먹고 사는 낙수(洛水)의 신과 같은 기괴한 이야기들을 통한 민간의 정서, 은자(隱者)의 노래로 들어보는 노장사상(老莊思想), 서역 가는 길에 만나게 되는 동서 교역로상의 작은 나라들에 관한 당시 사람들의 생생한 이야기를 전해 주고 있다.

《낙양가람기》에서 다루고 있는 시기는 북위 왕조가 평성〔平城;지금의 산시성 (山西省) 다퉁시(大同市)〕에서 낙양으로 도읍을 결정한 493년부터 도읍을 업〔鄴; 지금의 허베이성(河北省) 린짱현(臨漳縣) 서남쪽〕으로 옮기게 되는 534년까지의 40여 년이다. 당시 우리 나라는 고구려·백제·신라의 삼국시대로 삼국은 모두 중국 남·북조의 대립을 외교적으로 적절하게 이용하면서 불교를 받아들이는 등 중국 문화의 수입에 적극적이었다.[3] 특히 삼국 중 가장 늦게 통치 체제를 완비한 신라는 법흥왕에 의해 율령이 반포되고 이차돈의 순교로 불교가 공인되는 시기였다.

2. 북위의 역사

진(秦)·한(漢)과 수(隋)·당(唐)으로 이어지는 중국 통일 왕조의 중간에 위치했던 위·진·남북조 시대는 중국의 대혼란기였다. 이때 중국의 서북방에 거주하던 호족(胡族)들은 후한 말 이후 대거 이동하여 중국 내지(內地)에 최초로 국가들을 세웠다. 다시 말하면 이 시대는 중국사상 민족 이동기인 동시에 호족의 통치 시대였다.[4] 호족의 통치로 인한 한족의 대학살과 그 양자의 관계가 《낙양가람

---

3) 이기백, 《한국사신론》 한글판, 일조각, 1999, 53~82쪽 참고.
4) 박한제, 〈호한(胡漢) 체제의 전개와 그 구조〉, 《강좌 중국사》 2, 지식산업사, 1989, 63쪽.

기》의 중요한 배경이 되고 있다.

북위는 약 120여 년간에 걸쳐서 화북에서 혼란을 거듭하며 세워진 오호십육국(五胡十六國) 시대를 평정하였다.[5] 오호(五胡)란 흉노(匈奴)·갈(羯)·선비(鮮卑)·저(氐)·강(羌) 등 중국 북변·몽고·만주 등지에서 거주하던 종족이다. 그 가운데 선비족(鮮卑族)의 탁발부(拓跋部)가 화북(華北)에 세운 왕조가 북위다. 서진(西晉)이 멸망하자 386년 탁발규(拓跋珪)가 자립하여 제(帝)를 칭하고 국호를 위(魏)로 정하였다. 이것이 북위(후위)의 시작이다. 그 뒤 세력을 더욱 확장하여 439년 태무제(太武帝) 때는 화북(華北) 전역을 통일하게 되었다.

북위의 정치와 군사는 정복민인 선비족이 장악하였으며 건국 초부터 군주권 강화와 한화(漢化) 정책을 추진하였다. 분란의 소지가 있는 피정복민을 수도 근방으로 대거 이주시키고, 종래의 유목민을 농경화하며 부족장의 세력을 약화시키려고 하였다. 아울러 균전제(均田制)를 통해 모든 토지를 국유화한 뒤 농민에게 지급하고 여기에서 조세를 징수하여 농민 확보와 경제적 기반 구축을 꾀하고자 하였다. 또한 한인 귀족들을 정치에 참여시켜 유목 국가의 성격을 탈피해 중국식 전제 국가로 전환하고자 하였다. 효문제(孝文帝) 때 이르러 낙양 천도를 결정한 뒤 더욱 적극적으로 한화 정책을 추진하였다. 호어(胡語)·호복(胡服)·호성(胡姓)의 사용을 금지하고 중국식으로 바꾸었으며, 호족과 한인과의 통혼을 장려하였다. 왕실의 성(姓)도 탁발씨(拓跋氏)에서 원씨(元氏)로 바꾸었다.

점차 강력한 한화 정책을 추진하는 과정에서 소외된 선비(鮮卑) 귀족과 북방 군진(軍鎭) 병사들은 불만을 갖지 않을 수 없었다. 그 가운데 수용[秀容:산시성

---

5) 중국 역사에 대해서는 다음의 책을 참고하였다.
키와카츠 요시오(川勝義雄),《中國の歷史》3, 日本 講談社, 1974.
동양사학회 편,《개관 동양사》, 지식산업사, 1988.
이춘식,《중국사 서설》, 교보문고, 1991.
라오간(勞榦) 지음, 전영환 역,《위진남북조사》, 예문춘추관, 1995.
미야자키 이치사다(宮崎市定) 지음, 임종혁·박선희 역,《중국중세사》, 신서원, 1996.

(山西省) 서북부] 일대에서 커다란 세력을 구축하고 있던 이주영(爾朱榮)은 효명제(孝明帝)가 후사 없이 죽은 뒤, 호태후(胡太后)가 세 살밖에 안 된 교(釗)를 세워 정권을 장악하려고 하자 북위 왕조의 전면에 등장하여 효장제를 옹립하였다. 이주영의 세력이 커나가는 것을 불안하게 여긴 효장제가 이주영을 죽이자, 이주영의 조카인 이주조(爾朱兆)가 거병하여 효장제를 죽이는 사건이 벌어졌다. 황제를 죽이고 새로운 황제를 옹립한 이주씨에 대한 반항 운동이 고건(高建) 등 하북 각지의 명족(名族) 사이에서 일어나 이들은 회삭진(懷朔鎭) 출신의 고환(高歡)과 연합하여 이주조를 섬멸하였다. 고환은 효정제(孝靜帝)를 세우고 수도를 업으로 옮겨 동위(東魏, 534)를, 무천진(武川鎭) 출신의 우문태(宇文泰)는 장안으로 달아난 효무제를 받아들였다가 그를 죽이고 문제(文帝)를 옹립하여 서위(西魏, 535)를 세웠다. 이렇게 북위가 동서로 분열되면서 낙양의 화려한 불사 건립도 막을 내리게 되었다.

3. 남 · 북조의 대립 및 융화

위가 화북 지역에서 맹위를 떨칠 당시 남쪽에서는 송(宋, 420~479) · 제(齊, 479~502) · 양(梁, 502~557) 등의 왕조가 교체되었다. 장강(長江 : 양쯔강) 이남의 강남은 삼국시대 오(吳)나라가 건강[建康 : 지금의 장쑤성(江蘇省) 난징시(南京市)]에 도읍하고 북방의 위(魏)와 겨루면서부터 개발이 시작되었다. 점차 강남의 개발이 본격적이고 대규모로 시작되었던 것은 사마예(司馬睿)가 남하하여 건강에 도읍을 정하고 동진(東晉)을 건립한(317년) 이후이다. 당시 화북의 한인 귀족 및 지식인 계급은 호족(胡族)의 지배를 피해 미개 지역으로 여겨졌던 강남으로 대거 이주하여 개발에 착수하였다.[6]

　북위는 정복민인 선비족과 피정복민인 한족으로 구성되었던 반면 남조는 북쪽에서 이주해 온 한인 귀족들과 토착하고 있던 강남 귀족들이 문벌귀족 사회를 형성하고 있었다. 따라서 비한족계의 북조와 한족계의 남조는 스스로를 정통 왕조로 생각하며 대립할 수밖에 없었고, 같은 왕조 내에서도 한족과 비한족과의 갈등이 있었다. 다음의 대화 속에서 그러한 갈등 구조를 잘 살펴볼 수 있다.

> 　표 역시 강남사람이었으나 중대부(中大夫) 양원신(楊元愼)과 급사중대부(給事中大夫) 왕후(王昫)만은 중원의 사대부였다. 경지가 취해서 소표와 장숭 등에게 말하였다.
>
> 　"위나라 조정은 매우 강성하지만 오히려 오호(五胡)라고 한다. 그러나 천하를 통일하여 계승한 것[正朔相承]이 강의 동쪽[梁]에 있고, 진시황제의 옥새도 지금 양(梁)나라에 있다."
>
> 　양원신은 이에 대해 정색하며 말하였다.
>
> 　"양나라는 지금 잠시 안정을 얻었지만 원래 궁벽한 곳에 위치한 데다 땅은 습지가 많아서 벌레들이 자라는 것을 도와 풍토병이 많이 생긴다. 개구리와 맹꽁이들이 동굴에 같이 살며 사람과 새가 함께 무리 지어 산다.

---

6) 이춘식, 앞의 책, 195쪽.

짧은 머리의 군주는 장수의 상이 없고 문신을 새긴 백성들은 왜소하고 볼품이 없다. …… 우리 위나라는 천명을 받아 낙양으로 천도하여 오산을 진(鎭)으로 삼고 사해를 집으로 삼았다. 풍속을 바꾸는 법식은 오제(五帝)와 그 자취를 같이 하고 예악 헌장의 융성함은 여러 왕들을 능가하여 단연 뛰어나다. 바다에서 살던 너희 무리들이 인의를 앙모하여 우리 위나라에 내조하여 우리의 연못물을 길어 먹고 우리의 곡식을 먹으면서 어찌 이리도 불손한가."(권2 〈경녕사〉)

그러나 남·북조가 항상 갈등 관계에 있었던 것은 아니다. 북위가 낙양에 도읍했던 시기는 남조의 양나라 무제의 통치 기간(502~549)과 거의 일치하기 때문에 《낙양가람기》에도 양나라 무제에 관한 이야기들이 많이 나오고 있다. 무제는 북위의 동평왕(東平王) 략(略)을 매우 공경하여 그가 다시 북위로 돌아가려고 하였을 때 자신의 대장 강혁(江革)을 잃을지언정 략을 잃을 수는 없다고 말하며 눈물을 흘리며 돌려보낼 정도였다(권4 〈추선사〉). 남조에서는 북방인을 매우 신임하기도 하였고, 남조에서 북조로 귀순하는 사람도 상당한 수를 차지하고 있었다. 또한 북조에서는 남조의 구품관인법(九品官人法)을 모방하여 실행하기도 하였다.[7] 즉 남·북조가 대립하고 갈등하는 속에서도 계속적인 인적·물적 교류들이 이루어졌던 것이다.

남조의 문화는 오(吳)·동진(東晉)·송(宋)·제(齊)·양(梁)·진(陳)의 육조(六朝) 시대를 거치는 동안에 강남의 호족(豪族)과 귀족 및 사대부에 의해 급속도로

7) 라오간, 앞의 책, 139쪽.

발전하였는데 이 같은 문화 발전은 남조의 정국 안정과 강남 개발로 인한 막대한 경제력에 힘입은 것으로 중국의 문화 중심지가 화북에서 강남으로 이전된 것 같은 느낌을 들게 하였다.[8]

4. 북위의 불교

중국 불교는 후한 중엽 1세기경에 서역을 통해 들어온 것으로 추측하고 있다. 호족(胡族)이 지배하는 북위 왕조가 자연스럽게 불교를 수용할 수 있었던 이유는 무엇인가. 그것은 불교가 보편적인 윤리관과 함께 민족과 시대, 그리고 문화적 차이를 뛰어넘는 호소력을 지녔다는 점이다. 누구나 자신이 지닌 불성(佛性)을 통해 성불(成佛)할 수 있다는 대승불교의 가르침은 이민족 왕조의 가장 큰 문제점인 사회적 분열을 막아주는 역할을 하였으며, 통일되고 안정된 사회를 이룩하는 데 기여할 수 있었다. 이러한 장점으로 인해 황실의 전폭적인 후원과 보호를 받을 수 있었던 것이다.[9]

더욱이 북위 시대의 불교는 지배 계층만의 종교가 아닌 일반 백성 속으로 파고들어 그들의 호응을 얻었다. 석가탄신일에는 불상을 수레에 싣고 성 안팎을 돌아다니는 행상(行像)을 나가기도 하였고, 사찰의 여러 행사에는 칼을 삼키거나 불을 토하는 등 기괴한 묘술과 환술이 선을 보였다.

장기간의 대혼란 속에서 현실의 고통에 허덕이던 백성들은 비를 내리고 병을

---

8) 이춘식, 앞의 책, 197쪽.
9) 아서 라이트(Arthur F. Wright) 지음, 양필승 옮김, 《중국사와 불교》, 신서원, 1994. 83쪽.

고치며 기괴한 묘술을 펼치는 등 초월적인 힘을 지닌 듯한 불교의 승려들에게 쉽게 빠져들었다. 주문이나 환술은 초기에는 서역승들에 의해서 행해졌으나 점차 중국의 승려들에게도 전해졌다.

이렇게 전계층과 전지역으로 확산된 북위 불교는 거대한 사찰, 불상, 탑과 승려 등을 양산해 내었다. 황실에서는 위신을 과시하기 위해, 제후들 역시 자신들의 부와 권력을 상징하고자 보다 크게 불사를 건립하고 화려하게 장식하였다. 또한 이들은 가족들의 명복을 빌고, 종교적 위안을 얻기 위해 집이나 재산을 희사하였다. 절은 대부분 지배 계층에 의해 만들어졌으나 하층민들에 의해서도 건립되었다. 도살을 생업으로 하는 유호 형제는 돼지를 잡다가 살려 달라는 돼지의 소리를 듣고는 집을 희사해 귀각사(歸覺寺)를 세우고 일가족이 모두 출가하였다(권2 〈경녕사〉). 또 서역승에 의해 보리사(菩提寺)나 법운사(法雲寺) 등이 세워지기도 하였다. 그 결과 당시 낙양에만 천삼백육십칠 개의 절이 건립되었고, 평성의 운강(雲崗)과 낙양의 용문(龍門)에는 거대한 석굴(石窟)이 만들어져 지금까지 전해지고 있다.

북위 불교가 정점에 도달한 것은 호태후가 정권을 장악하였을 때다.[10] 그녀의 집안은 모두 독실한 불교도였는데 어머니를 위해서 진태상군사(秦太上君寺)를, 아버지를 위해 진태상공사(秦太上公寺)를 지었다. 호태후가 이룩한 가장 두드러진 불교 활동은 영녕사(永寧寺)를 건립한 것이다. 구십 장 정도 높이의 구층탑, 궁전과 같은 법당, 말로 표현하기 힘든 화려한 장식 등 영녕사의 건축은 이 시기 사찰 건축의 가장 특징적인 것을 보여주고 있다.[11] 영녕사를 짓는 데 들어간 기하

---

10) 가마타 시게오(鎌田茂雄) 지음, 장휘옥 옮김, 《중국불교사》 3, 장승, 1996. 361쪽.
11) 케네스 첸(Kenneth K. S. Ch'en) 지음, 박해당 옮김, 《중국불교》 상, 민족사, 1991, 182쪽.

학적인 비용은 백성들의 원망을 사지 않을 수 없었다. 결국 영희 3년(534) 영녕사에 불이 났고, 그 해 북위 왕조도 영녕사와 운명을 같이하여 멸망하였다.

당시 북조는 번역 사업과 불경 연구의 중심지였다.[12] 만승회(萬僧會)나 무차대회(無遮大會)와 같은 대규모 불교행사가 치러졌고, 정치적 불안정에도 불구하고 육로를 통해 서역 승려들과 자주 접촉할 수 있었다. 선무제(宣武帝)는 외국 승려들이 쉬어 갈 수 있도록 영명사(永明寺)를 만들었는데 삼천여 명의 외국 승려들이 찾아왔다. 이곳에서 그들은 함께 불경에 대해 토론하며 여러 가지 정보를 주고받을 수 있었다. 이렇게 낙양은 불교도들의 국제적인 도시가 되었다. 또한 영평 원년(508) 인도에서 보리류지(菩提流支)와 늑나마제(勒那摩提)가 낙양으로 와서 《십지경론(十地經論)》 등 많은 경론을 번역하였다. 보리류지는 20여 년간 삼십구 부 백이십칠 권을 번역하였다고 한다. 이러한 번역 사업과 불경 연구로 인해 남·북조 시대 초기 노장사상과 결부되어 전래된 불교는 점차 불교 사상 자체를 이해할 수 있게 되었고, 인도 불교에서 탈피하여 독자적인 중국 불교가 확립되기 시작하는 밑거름이 되었다.

5. 《낙양가람기》 저술에 담긴 뜻

지은이 양현지는 서(序)에서 《낙양가람기》의 저술 동기에 대해 폐허가 된 낙양을 보고 이곳의 이야기가 후세에 전해지지 못할 것이 두려워 이 사실을 글로 남긴

---

12) 아서 라이트, 앞의 책, 87~88쪽.

다고 하였다. 그렇다면 그는 이 책을 통해 어떤 이야기를 전하고 싶었던 것일까.

먼저 양현지는 역사 서술의 객관성을 이야기하고 있다. 조일(趙逸)이란 진(晉)나라의 은자(隱者)를 등장시켜 지금까지 사관(史官)의 역사 기록은 실제 일어난 일을 기록한 것이 아니라 이긴 자에 의한 왜곡된 역사만을 기록한 것이라고 하였다(권2 〈건양리동〉). 그는 승자의 논리로 취사선택된 역사 서술을 비판하면서 화려한 불사가 건립되었던 북위 왕조를 미화하는 것이 아니라 당시에 일어났던 사실들을 있는 그대로 적겠다는 엄정한 역사 의식을 표명하고 있다.

《낙양가람기》를 통해 북위 역사를 서술하고 있는 양현지는 정통 왕조로서의 북위를 곳곳에서 강조하고 있다. 남조의 제나라를 위제(僞齊)라고 표현한 반면 북위를 황위(皇魏)라고 하였다. 제나라에서 귀순한 왕숙(王肅)을 통해 양젖을 먹지 않고 차를 마시는 남조의 사람들에 대한 경멸과 멸시를 표현하며(권3 〈보덕사〉), 당시 사이(四夷)와 서역에서 북위로 귀순하는 자들이 헤아릴 수 없이 많았다는 사실을 매우 자랑스럽게 쓰고 있다. 그래서 북방 수용(秀容) 지역의 이주씨에 의해 효장제(孝莊帝)가 죽은 것(권1 〈영녕사〉)이나 수양공주를 욕보이려고 한 것(권2 〈용화사〉), 수용의 기병들이 요광사의 비구니들을 욕보인 사건(권1 〈요광사〉) 들을 그는 매우 수치스럽게 생각하였다.

이 책에서 가장 중요하게 다루어지는 내용의 하나는 불사(佛事)에 관한 것이다. 본문에는 탑·불상·사원 등이 화려하게 묘사되고 있다. 이러한 묘사는 마치 화려했던 낙양을 찬미하는 듯이 보이지만 다른 한편으로는 그 화려함 뒤에 감춰진 백성들의 고통을 이야기하며 나라의 재앙을 초래하는 지배 계급의 부패와 타락을 비판하고 있는 것이다. 오호십육국으로 분열되어 있던 장기간의 혼란 시대를 거치면서 백성들은 궁핍해졌고 말할 수 없는 고통을 겪고 있었으나 황실과 왕공들은 이런 백성들을 구제하지 않고 오히려 불사 건립에 힘을 쏟았다. 거대한 불탑과 석불은 곧 백성들의 피와 땀이었던 것임을 양현지는 "비록 경과 불상을 만들었다고 하나 그것은 바로 다른 사람의 재물을 얻고자 하는 것"(권2 〈숭진사〉)이라고 표현하고 있다.

백성의 고통을 살피지 않은 북위 왕조가 멸망했듯이 양현지는 인간의 삶에 있어 권선징악(勸善懲惡)과 인과응보(因果應報)를 강조하고 있다. 이주조(爾朱兆)가 낙양으로 들어와 장제를 가두었을 때 악한 이주조를 응징했어야 하는데 오히려 하늘이 황하의 물을 얕게 하여 이주조가 낙양으로 손쉽게 들어올 수 있었던 것(권1 〈영녕사〉)을 통탄하고 있다. 즉 북위 멸망의 계기를 악을 제대로 응징하지 않았던 데에서 찾고 있는 것이다. 은혜를 원수로 갚은 구조인(寇祖仁)을 응징하기 위해 죽어서 이주조의 꿈에 나타나 그의 손을 빌려 구조인을 죽이는 성양왕(城陽王) 휘(徽)의 이야기(권4 〈선충사〉)나 소를 팔아서 불상을 도금하려다 다른 일에 소를 써버린 후경(侯慶)에 대한 보복으로 그의 아이를 죽이고 불상이 금색으로 변한 이야기(권4 〈법운사〉) 등에서 그의 생각의 단면을 읽을 수 있다.

마지막으로, 양현지는 노장(老莊)의 무위(無爲) 자연(自然)의 가르침을 은연중에 말하고 있다. 조일과 같은 은자(隱者)를 등장시킨다든가(권1 〈소의니사〉, 권2 〈용화사〉), 강질(姜質)의 〈정산부(庭山賦)〉를 소개하여 자연에 귀의하는 즐거움을 이야기하거나(권2 〈정시사〉), 상락산으로 은거한 양원신(楊元愼)(권2

〈경녕사〉)에 대해 자세히 말하고 있다. 휘황찬란했던 낙양이 폐허가 되어 버린 것을 보고 양현지가 느낀 것은 인생의 무상함이었다. 천하를 호령하던 사람들의 권세와 부가 하루아침에 재가 되어 버리는 것을 수없이 경험한 양현지에게는 오히려 시세에 구속되지 않고 자연과 더불어 살아가는 은자의 풍모를 부러워했던 것이 아닐까.

6. 《낙양가람기》의 체제와 문체의 특성

《낙양가람기》는 총 5권으로 이루어져 있다. 성의 안쪽[城內]에서 시작하여 성동(城東)·성남(城南)·성서(城西)·성북(城北)의 순으로 끝을 맺고 있다. 각 권에는 그 지역의 대표적인 절들이 소개되고 있다. 각 사찰은 대체적으로 절의 명칭, 세운 사람, 위치, 주변의 건물과 풍경, 절에 대한 설명, 그 절과 관련된 인물이나 역사적 사실, 전해지는 이야기 등의 순서로 짜임새 있게 서술되어 있다. 이 가운데 맨 앞에 소개한 〈영녕사(永寧寺)〉를 통해 전체적인 서술의 방향을 살펴볼 수 있다.[13] 또한 여기에는 낙양 천도 후의 북위 역사가 이주씨 일가의 잔혹함과 함께 서술되어 있고 불사의 화려함과 사치스러움도 잘 엿볼 수 있다.

권5의 〈문의리(聞義里)〉편에는 그곳에 송운(宋雲)의 집이 있었다는 것을 소개한 뒤, 송운과 혜생(惠生)의 서역기를 보충하여 싣고 있다. 이것을 통해 우리는 당시의 서역 가는 길과 서역의 풍습, 부처가 남긴 유적과 그에 얽힌 사연들을 읽

---

13) 김영민, 〈낙양가람기 연구〉, 한국외국어대 석사학위논문, 1990, 48~51쪽 참고.

을 수 있다. 송운과 혜생의 서역으로의 구법(求法) 여행은 법현(法顯;399~414년 사이에 순례)의 뒤, 현장(玄奬;629~645년 사이에 순례)의 앞에 행해진 중국 불교사와 외교사에 있어서 커다란 사건이었다. 송운과 혜생의 서역기는 지금 전해지지 않으나 이곳에 그 내용이 남아 있는 것이다.

《낙양가람기》는 그 문장이 매우 아름답다. 4자(字) 또는 6자(字)의 구절이 문장의 기조를 이루며, 간결한 언어로 된 댓구에 일정한 운율을 갖추고 있다. 당시 남·북조 시대는 변문(騈文)과 산문(散文)[14]이 병행하는 시대였다. 이 책에도 사탑(寺塔)과 원림(園林)을 묘사한 것은 변구(騈句)를 많이 사용하고 간혹 산구(散句)를 섞어 써서 화려하게 그렸으며, 사람이나 일을 기록할 때는 대부분 산구를 쓰고 간혹 변구를 써서 질박하게 사실을 그리고 있다.[15]

양현지는 자신이 하고자 하는 이야기를 귀신을 등장시키거나 과거 인물의 고사를 이용하여 전하고 있다. 사람의 피를 먹고 사는 낙수의 신에 대한 고사를 통해 인민의 고혈을 빨아먹는 통치자에 비유하거나(권3 〈대통사〉), 죽은 후 12년 만에 부활한 최함(崔涵)을 등장시켜 뇌물수수에 대한 비판을 하고 있다(권3 〈보리사〉). 또한 이레 만에 다시 죽었다 살아난 숭진사(崇眞寺)의 혜응(惠凝)이 염라왕을 만나서 한 이야기를 통해 당시 낙양의 비구들은 모두 좌선하고 불경을 암송하는 것에 힘을 기울이고 다시는 불경을 강론하는 데에 뜻을 두지 않게 되었다는 사실을 전하고 있다(권2 〈숭진사〉). 작자가 의식적인 상상력을 발휘하여 신기하고 괴이한 일을 고사화함으로써 어떤 주제를 표현하고 있는 이런 서술은 《낙양가람기》가 위진(魏晉) 이래의 지괴소설(志怪小說)에서 당대(唐代)의 전기소설

---

14) 변문이란 변려문(騈儷文)을 말하는 것으로 사자구(四字句)와 육자구(六字句)의 대구(對句)를 써서 지은 화려한 문장을 말하며 사륙문(四六文)이라고도 한다. 우리가 잘 알고 있는 천자문(千字文)은 이 당시 양조(梁朝)의 주흥사(周興嗣)에 의해 씌어진 사자구의 대표적인 글이다.
이에 비해 산문이란 자수의 제한 또는 운율의 규정 없이 서술된 글을 말한다.
15) 류쥬저우(劉九洲), 〈서론[導讀]〉, 《신역 낙양가람기(新譯洛陽伽藍記)》, 臺灣 三民書國, 1994, 23~24쪽.

(傳奇小說)로 넘어가는 중요한 중간 고리 역할을 보여주는 것이라고 한다.[16]

7. 참고 문헌

《낙양가람기》의 판본은 총 14개가 있다.[17] 이 가운데 명(明)나라 가정(嘉定, 1208~1224) 연간에 출판된 여은당본(如隱堂本)이 가장 오래된 선본(善本)이다. 《낙양가람기》는 오자와 탈자가 많아 읽기가 쉽지 않았으나 저우쭈모(周祖謨)의 《낙양가람기교석(洛陽伽藍記校釋)》(1956)과 판샹융(范祥雍)의 《낙양가람기교주(洛陽伽藍記校注)》(1958)가 나와서 독자들의 이해를 넓혀 주었다.

《낙양가람기》 번역의 저본으로는 류쥬저우(劉九洲) 역주 · 휴나이후이(侯迺慧) 교열 《신역 낙양가람기(新譯洛陽伽藍記)》(臺灣 三民書國, 1994)를 중심으로 탕안(唐晏)의 구침본(鉤沈本)을 비교하였고, 《낙양가람기교석》과 《낙양가람기교주》를 참고하였다. 번역 작업에는 또 이리야 요시타카(入矢義高)의 《낙양가람기》(日本 平凡社, 1974)의 도움을 많이 받았다. 또한 《낙양가람기》 권5의 서역 지명에 관한 각주는 이미령 역, 《대당서역기(大唐西域記)》(동국역경원, 1999)에서 옮겨 정리한 것이 많다.

《낙양가람기》는 읽으면 읽을수록 그 시대에 대한 이해와 재미를 더욱더 느낄 수 있는 책이다. 번역된 글을 통해 독자들이 《낙양가람기》의 맛을 느낄 수 있다

---

16) 류쥬저우, 앞의 글, 19~22쪽.
17) 《낙양가람기》의 판본은 다음과 같다.
如隱堂本 · 吳琯古今逸史本 · 綠君亭本 · 漢魏叢書本 · 徐毓卿本 · 璜川吳氏眞意堂活字本 · 照曠閣學津討源本 · 吳若準集證本 · 洛陽西華禪院重刊集證本 · 李葆恂重刊集證本 · 唐晏鉤沈本 · 日本大正藏經本 · 四部備要重印集證本 · 張宗祥合校本〔판샹융(范祥雍), 〈일러두기(例言)〉, 《낙양가람기교주(洛陽伽藍記校注)》, 上海古籍出版社, 1958〕.

면 옮긴이의 커다란 보람이 아닐 수 없다. 독자 여러분들의 애정어린 충고를 바란다.

이 책이 나오기까지 많은 사람의 도움을 받았다. 언제나 사람들 속에서, 그들의 도움을 먹고 사는 내 자신을 발견한다. 부족한 것이 많은 나에게 내 주위의 사람들은 항상 따뜻한 마음으로 나를 격려하고 위로해 준다. 그들 한 사람 한 사람의 마음과 몸짓이 내 마음속 깊이 각인되어 있음을 말해주고 싶다.

특히 번역된 원고를 읽고 충고를 아끼지 않은 최원경·이경록·김석우·이효정 님, 마지막 점검을 위해 먼 길을 한 걸음에 달려와 주신 직지사의 흥선 스님과 못난 후배의 부탁을 끝내 거절하지 못하고 다시 한 번 원고를 읽어주신 하영휘 선생님의 따뜻한 배려에 진심으로 감사드린다.

눌와와 함께 하는 작업이 내겐 더없는 기쁨이고 행복이다.

2001년 새해를 맞이하면서

서윤희

洛陽伽藍記 序

낙양가람기 서

 《삼분(三墳)》·《오전(五典)》의 글[1]이나 제자백가(九流百氏)의 말[2]은 모든 이치가 인간에 있으나 우주의 이치를 포함하고 있기도 하다. 일승(一乘)·이제(二諦)[3]의 원리나 삼명(三明)[4]·육통(六通)[5]의 요체는 서역 인도에는 자세하게 정리되어 있으나 동쪽의 중국에는 기록조차 없었다. 한나라 명제(明帝)가 꿈에서 목에 태양 같은 광채(項日)를 띤 부처가 나타나 그 보름달과 같은 얼굴(滿月)이 빛나는 것을 본[6] 때로부터 낙양의 개양문(開陽門)에는 짙은 눈썹(豪眉)의 불상을 만

1)《좌전(左傳)》소공(昭公) 12년조에 고대의 책 이름으로 나온다.
삼황(三皇)·오제(五帝)의 책이라고 하기도 하나 구체적인 내용은 알 수 없다.
2) 구류(九流)는《한서(漢書)》〈예문지(藝文志)〉에 의하면 전국시대 아홉 가지의 학술 유파를 가리킨다.
유가(儒家)·도가(道家)·음양가(陰陽家)·법가(法家)·명가(名家)·묵가(墨家)·종횡가(縱橫家)·
잡가(雜家)·농가(農家)를 말한다. 백씨(百氏)란 판본에 따라서는 백대(百代)라고 되어 있는 곳도 있는데
백가를 말한다. 즉 구류백씨는 제자백가를 뜻한다.
3) 승(乘)은 타는 것, 곧 수레나 배를 의미한다. 불법을 수레에 비유하여 사람을 태워 열반에 이르게 한다는
뜻이다. 일체 중생이 모두 성불한다는 견지에서 그 구제하는 교법이 하나뿐이고, 또 절대 진실한 것이라고
주장하는 것이 일승이다. 이제(二諦)는 진제(眞諦;불교의 이치)와 속제(俗諦;세속의 이치)를 말한다.
4) 명(明)이란 지혜가 큰 법칙을 분명하게 아는 것이다.
전생에서 생활하던 상태를 아는 숙명명(宿命明), 미래의 생사의 인과를 알게 되는 천안명(天眼明),
현재의 번뇌의 근원을 알아 끊어버리는 누진명(漏盡明)이다. 삼달(三達)이라고도 한다.
5) 여섯 종류의 신통력으로 육신통(六神通)이라고도 한다.
육안으로 볼 수 없는 것을 보는 천안통(天眼通), 보통 귀로는 듣지 못하는 음성을 듣는 천이통(天耳通),
타인의 마음을 꿰뚫는 타심통(他心通), 지나간 세상의 생사를 아는 숙명통(宿命通),
마음대로 자신을 나타내거나 날아다니기도 하는 신족통(神足通), 번뇌를 끊는 누진통(漏盡通)이다.
6) 후한 영평(永平) 3년(60)에 명제가 금색으로 빛나는 신인(神人)을 꿈에서 보았다는 이야기이다.
이것이 중국에 불교가 들어오게 된 최초의 계기라고 한다. 항일(項日)은 부처의 광배(光背)를 뜻한다.

들어 장식하였고, 야대(夜臺)[7]에는 감발(紺髮)[8]의 부처 모습을 그려 넣었다. 이후로 사람들은 다투어 불교에 귀의하여 불교를 믿는 풍습이 널리 퍼졌다. 진(晉)나라 영가(永嘉, 307~313) 연간에는 절이 마흔두 개뿐이었다.

황위(皇魏)[9]가 천명을 받아 낙양에 도읍을 정하자 독실한 불교 신자가 많아져서 불법의 교화가 더욱 성행하였다. 왕후나 귀족 들은 신발을 벗듯이 코끼리와 말을 바쳤고, 서사(庶士)나 부호 들은 자신의 발자국을 남기듯 재물을 희사하였다. 그리하여 사원이 즐비하였고, 탑들이 나란히 늘어서게 되었으며 너도나도 부처가 천상에서 설법하는 모습[10]과 산중에서 고행하는 모습[11]을 모사하였다. 금찰(金刹)[12]은 영대(靈臺)[13]만큼 높았고, 불경을 강의하는 법당은 아방궁[14]처럼 장엄하였다. 어찌 화려하게 수놓은 비단옷을 나무에게 입히고, 붉은색 자주색으로 흙을 채색하는 데 그쳤을 뿐이겠는가.

영희(永熙, 532~534) 연간에 어려움이 많아서 수도를 업(鄴)으로 옮기자,[15] 낙양에 있던 많은 승려도 함께 옮겨갔다. 무정(武定) 5년 정묘년(547)에 나는 공무로 낙양을 다시 한 번 둘러보았다.[16] 성곽은 붕괴되고 궁궐은 훼손되었으며, 절은

7) 분묘를 말하는 것으로 땅을 파고 시신을 매장한 뒤 흙을 덮으면 빛이 들어가지 않으므로 야대(夜臺)라고 하였다. 후한의 명제는 살았을 때 미리 무덤을 만들어 현절(顯節)이라고 부르고 그 안에 부처의 형상을 만들었다.
8) 불교에서는 부처의 머리가 감유리색(紺琉璃色)을 띠고 있어 감발(紺髮)이라고 부른다. 여기에 표현된 항일(項日)·만월(滿月)·호미(豪眉)·감발(紺髮)은 모두 부처의 색상(色相), 즉 외모를 나타내는 것이다.
9) 황(皇)은 대(大)란 뜻으로 지은이 양현지가 북위 왕조를 높여서 이렇게 불렀다. 본문에 남조의 제(齊)를 위제(僞齊)라고 표현한 것과 대조적이다.
10) 도리천(忉利天)에 환생한 어머니 마야부인(摩耶夫人)을 위해 석가모니가 천상에 올라가 설법을 하는 모습이다. 설법하는 동안에 우전왕(優塡王)이 석가모니상을 만들었는데 이것이 불상 제작의 시초라고 한다.
11) 석가모니가 설산(雪山)에서 6년간 고행했을 때의 모습을 화상(畵像)이나 벽화로 나타낸 것이다.
12) 찰주(刹柱)는 탑의 꼭대기에 있는 장대를 말한다. 보통 나무나 철로 만들고 그 끝에는 보주를 장식한다. 목탑에서는 찰주가 기단부에서 중심부를 지나 상륜부까지 계속되어 이를 심주(心柱)라고 부르고, 석탑에서는 상륜부 위에 세운다.
13) 하늘을 관측하는 곳이었다. 한나라 광무제가 만들었으며 높이가 육 장(丈), 사방 이십 보(步)나 되는 규모였다. 낙양성 남쪽 삼 리쯤에 있었다.
14) 진(秦)나라 시황제가 건립한 궁전 이름이다. 《사기(史記)》 권6 〈진시황본기(秦始皇本紀)〉에 의하면 동서로 오백 보, 남북으로 오십 장, 위로 만 명을 앉힐 수 있고, 아래로는 오 장 높이의 기를 세울 수 있었다고 한다. 진나라 멸망 후, 항우(項羽)가 불태웠는데 석 달 동안 불이 꺼지지 않았다고 한다.
15) 534년 7월 평양왕(平陽王:효무제)은 시중 곡사춘(斛斯椿)에게 협박당해 장안으로 달아났고, 10월에 효정제(孝靜帝)가 옹립되어 지금의 허베이성(河北省) 린짱현(臨漳縣) 북쪽 지역인 업(鄴)으로 천도하였다. 이때부터 동위(東魏)가 시작된다.
16) 업으로 수도를 옮긴 때로부터 양현지가 낙양을 다시 방문한 547년 사이에 낙양은 몇 차례 전화를 겪었다.

잿더미로 변하고 탑이 있던 자리는 빈터가 되었다. 담장은 쑥으로 덮였고 거리에
는 가시나무가 늘어져 있었다. 황폐해진 섬돌은 짐승이 사는 굴로 변했고, 정원의
나무는 산새들의 보금자리가 되었다. 유랑하는 아이와 목동 들이 거리를 배회하
였고 농부나 늙은 경작자 들은 궁문의 양쪽 옆에 기장을 심었다. 이를 통해 맥수
(麥秀)의 한탄[17]이 단지 은허(殷墟)에서 생겨난 것만은 아니며, 서리(黍離)의 슬
픔[18]이 주나라의 멸망에 대한 애절한 아픔을 노래한 것임을 알았다.

낙양 안팎으로는 천여 개의 절이 있었는데 지금은 텅 비어 종소리조차 거의 들
리지 않는다. 후세에 전해지지 못할까 두려워 이 사실을 글로 남긴다. 그러나 절
의 수가 매우 많아 다 쓸 수가 없다. 여기에 기록하는 것은 큰 절을 대상으로 하는
데 그 밖의 작은 절들은 상서롭고 기이한 것만을 추려서 적을 것이며 세상의 도
리나 세속의 일에 있어서도 마찬가지다. 먼저 성의 안쪽에서 시작하여 다음에 성
의 바깥쪽을 쓰고, 각 성문의 이름을 멀고 가까움에 따라 나누고 순서대로 기록
하여 모두 다섯 편을 만들었다. 내가 글쓰는 재주가 없어 누락된 것이 많을 것이
니 후세의 현명한 사람들이 빠진 부분을 보충해 주기를 바랄 뿐이다.

태화(太和) 17년(493)에 고조(高祖:孝文帝)가 낙양으로 천도하였다.[19] 사공(司
空) 목량(穆亮)에게 궁실을 지으라는 조칙을 내렸다. 낙양의 성문은 위(魏)나라와

원상(元象) 원년(538) 동위(東魏) 후경(侯景)의 군대가 독고신(獨孤信)을 낙양의 금용성에 가뒀을 때도
성 안팎의 궁실과 절이 모두 불에 휩싸였다. 무정(武定) 원년(543)에는 북예주자사(北豫州刺史)
고중밀(高仲密)이 반란을 일으켜 남양왕(南陽王) 원보거(元寶炬)의 아들 돌(突)과 우문흑달(宇文黑獺)이
함께 낙양에 쳐들어 온 것을 고환(高歡)이 격파하였다. 《위서(魏書)》 권12 〈효정제기(孝靜帝紀)〉(이하 중국
정사는 모두 베이징(北京) 중화서국(中華書局)의 표점교감본(標點校勘本)을 사용하였다).
17) 기자(箕子)가 폐허가 된 은나라의 도읍을 지나다가 그 폐허에서 자란 보리가 팬 것을 보고 한탄하며 지은
노래를 맥수지가(麥秀之歌)라고 한다. "보리가 쑥쑥 자라나고 / 벼와 기장도 윤기나게 자라나는데 /
저 교활한 주(紂) 임금이여! / 나와 친하지 않았구나[麥秀漸漸兮, 禾黍油油, 彼狡僮兮, 不與我好兮]."
《사기(史記)》 권38 〈송미자(宋微子) 세가(世家)〉.
18) 《시경》 왕풍(王風) 〈서리(黍離)〉편을 말한다. 동주(東周)의 대부가 공무로 호경(鎬京)을 지나다가 주나라
종묘와 궁실이 파괴된 것을 보고, 차마 떠나지 못하고 지은 시이다. 그 시의 첫째 연은 다음과 같다.
"기장은 더부룩하게 자라나고 / 피의 싹도 나오는구나 // 가는 걸음 더디고 더디어 / 마음은 둘 곳 없네 //
나를 아는 자는 / 내 마음에 근심이 있다고 하지만 / 나를 알지 못하는 자는 / 나에게 무엇을 구하느냐고 한다 //
끝없이 푸른 하늘아! / 이것은 누구 탓인가!
[彼黍離離, 彼稷之苗. 行邁靡靡, 中心搖搖. 知我者, 謂我心憂, 不知我者 謂我心何求. 悠悠蒼天, 此何人哉]."
19) 낙양 천도는 태화 17년(493)에 결정되지만 실제로는 그 이후 몇 년에 걸쳐 이루어진다. 태화 19년(495)
9월에는 육궁(六宮)과 문무(文武) 관서를 모두 낙양으로 옮겼다. 《위서》 권7 하 〈고조기〉.

진(晉)나라의 옛 이름을 그대로 사용하였다.

낙양의 동쪽에는 세 개의 문이 있다. 북쪽 제일 끝이 건춘문(建春門)이다. 한나라에서는 상동문(上東門)이라고 했다. 완적(阮籍)[20]의 시에 "걸어서 상동문을 나왔다〔步出上東門〕"고 한 구절은 이것을 말한다. 위·진에서는 건춘문(建春門)이라고 하였는데 고조도 그 이름을 바꾸지 않았다. 건춘문의 남쪽에 동양문(東陽門)이 있는데, 한나라에서는 중동문(中東門), 위·진에서는 동양문(東陽門)이라고 했고, 고조도 이것을 고치지 않았다. 동양문의 남쪽에 청양문(靑陽門)이 있는데, 한나라에서는 망경문(望京門), 위·진에서는 청명문(淸明門)이라고 불렀고, 고조는 청양문(靑陽門)이라 고쳤다.

남쪽에는 네 개의 문이 있다. 동쪽 끝이 개양문(開陽門)이다. 당초 한나라 광무제가 낙양으로 천도했을 때 이 문을 막 완성하였으나 아직 이름을 짓지 않았다. 밤중에 어떤 기둥이 갑자기 누각 위로 날아왔다. 그 뒤 낭야군(瑯琊郡) 개양현(開陽縣)에서 남쪽 문의 기둥 하나가 날아가 버렸다고 보고하였다. 그곳 관리를 불러 살펴보게 하니 바로 그 기둥이었다. 그래서 개양이라고 이름을 짓게 되었다. 위나라에 이어 진나라에서도 계속 그 이름을 사용하였고 고조 역시 바꾸지 않았다. 개양문의 서쪽은 평창문(平昌門)이다. 한나라에서는 평문(平門), 위·진에서는 평창문이라고 불렀다. 고조도 그대로 사용하였다. 평창문의 서쪽은 선양문(宣陽門)이다. 한나라에서는 소원문(小苑門), 위·진에서는 선양문(宣陽門)이라 불렀고 고조도 그것을 이었다. 선양문의 서쪽에는 진양문(津陽門)이 있다. 한나라에서는 진문(津門), 위·진 나라에서는 진양문(津陽門)이라고 했고 고조도 바꾸지 않았다.

서쪽에도 네 개의 문이 있다. 남쪽 끝의 첫 번째가 서명문(西明門)이다. 한나라에서는 광양문(廣陽門)이라 했고 위·진 나라에서는 그대로 썼는데 고조는 서명문(西明門)이라고 고쳤다. 서명문의 북쪽에는 서양문(西陽門)이 있다. 한나라에

20) 삼국시대 위(魏)나라 사람으로 죽림칠현(竹林七賢)의 한 사람이다. 자(字)는 사종(嗣宗)이다. 노장(老莊)을 좋아하고 거문고를 잘 탔다. 사마의(司馬懿)의 종사시랑(從事侍郎)을 지냈고 관내후(關內侯)에 봉해졌다. 보병(步兵) 주방에 술 삼백 석을 저장해 놓았다는 말을 듣고 자청해서 보병교위(步兵校尉)가 될 정도로 술을 좋아했다는 일화도 있다. 《진서(晉書)》 권49 〈완적 열전〉.

서는 옹문(雍門), 위·진 나라에서는 서명문(西明門), 고조는 서양문(西陽門)이
라고 고쳤다. 서양문의 북쪽에는 창합문(閶闔門)이 있다. 한나라에서는 상서문
(上西門)이라 했다. 그 위에는 동(銅)으로 만든 선기옥형(璿璣玉衡)[21]이 있어서
해·달·별의 활동을 관찰하였다. 위·진에서는 창합문(閶闔門)이라 하였고 고조
도 그대로 썼다. 창합문의 북쪽은 승명문(承明門)이다. 승명문은 고조가 세웠는
데 금용성(金墉城)[22] 앞의 동서로 뻗은 대도(大道)와 마주하고 있다. 원래 낙양
으로 막 천도하여 궁궐이 조성되기 전에 고조는 금용성에 머물렀다. 금용성의 서
쪽에는 왕남사(王南寺)라는 절이 있어 고조가 이 절에 자주 들러서 승려들과 불
법을 토론하였기 때문에 이 문을 만들었으나 이름을 짓기 전이라 사람들은 그냥
신문(新門;새 문)이라고 하였다. 이때 왕공(王公)과 경사(卿士) 들은 항상 이 문
에서 황제의 수레를 맞이하였다. 고조가 어사중위(御史中尉) 이표(李彪)[23]에게
말하기를, "조식(曹植)[24]의 시에 '승명려(承明廬)에서 임금을 알현하네'[25]라고
하였으니 이 문을 승명이라고 부르는 것이 마땅하다"고 하여 드디어 그렇게 이름
지었다.

　북쪽에는 두 개의 문이 있다. 서쪽 끝에는 대하문(大夏門)이 있다. 한나라에서
는 하문(夏門), 위·진에서는 대하문(大夏門)이라고 하였다. 선무제(宣武帝)가
그 위에 삼 층 문루를 지었는데 높이가 이십 장(丈)이나 된다. 낙양성의 문루들은
모두 이 층이고 높이가 백 척(尺)[26]인데 대하문의 문루만은 높이 솟아 구름 속으

21) 아름다운 구슬로 장식한 천문측량기로 혼천의(渾天儀)와 같은 것이다. 《서경》〈순전(舜典)〉에
"선기옥형으로 해·달·오성(五星)의 운행을 살폈다〔在璿璣玉衡, 以齊七政〕"고 하였다.
22) 55쪽 본문의 금용성에 관한 내용 참고.
23) 돈구(頓邱) 사람으로 자(字)는 도고(道固)이다. 고종의 신임을 받아 벼슬했던 유신(儒臣)이다.
처음에 비서승(秘書丞)으로서 국사편집을 하였다. 어사중위에 임명되었을 때는 가혹한 형벌을 행하였다.
시부(詩賦) 등 백여 편 정도의 문집이 있다. 《위서》 권62 〈이표 열전〉.
24) 삼국시대 위나라 무제 조조의 아들이며 문제 조비의 아우이다. 진왕(陳王)에 봉해졌는데 죽은 후
사(思)라고 시호를 붙여 진사왕(陳思王)이라고 칭했다. 문재(文才)가 뛰어나 무제가 그를 매우 아꼈다.
저서로 《조자건집(曹子建集)》이 있다. 《삼국지》 권19 위서 〈진사왕식전〉.
25) 《문선(文選)》 권24에 실린 조식의 〈백마왕 표에게 보내는 시〔贈白馬王彪〕〉의 한 구절이다.
"승명려에서 임금을 알현하고, 옛 지역으로 돌아가네〔謁帝承明廬, 逝將歸舊彊〕."
려(廬)는 숙직하는 곳을 가리키는데, 이 구절에 나오는 승명려는 한나라 때 황제를 시종하는 신하들이
머물던 곳이다. 옛 지역은 조식이 지내던 견성(鄄城)을 말한다.
26) 십 척(尺)이 일 장(丈)이다. 낙양성의 문루들은 백 척, 즉 십 장이었으나 대하문의 문루는 이십 장, 즉
이백 척으로 다른 것들의 두 배 높이였다. 북위 때 사용하였던 동척(銅尺)은 지금의 30.9센티미터에

로 들어갈 정도였다. 동쪽 끝에 광막문(廣莫門)이 있다. 한나라에서는 곡문(穀門), 위·진에서는 광막문(廣莫門)이라 불렀고 고조도 고치지 않았다. 광막문 서쪽으로부터 대하문에 이르기까지 궁궐이 서로 이어져 여러 성들을 덮었다.

낙양성은 하나의 문에 세 개의 길이 있었고, 이른바 구궤(九軌)[27]라고 하였다.

해당하므로, 낙양성 문루들은 백 척 높이로 3,090센티미터, 즉 30미터 정도이고, 대하문 문루는 그 두 배인 60미터 정도다. 중국국가계량총국(中國國家計量總局) 편, 야마다 케이지(山田慶兒) 外 옮김, 《중국고대도량형도집(中國古代度量衡圖集)》, 日本 みすず書房, 1985 참고.

27) 《태평어람(太平御覽)》 권195에 인용된 진(晉)나라 육기(陸機)의 《낙양기》에 의하면 궁문(宮門) 및 성 안의 대도(大道)는 모두 세 부분으로 나누어져 있었다. 중앙은 어도(御道)이고, 어도의 양측면은 높이 사 척 정도의 흙담을 쌓았으며, 공경 고관들의 전용 통로였다. 어도 좌우의 통로는 일반인용이었다. 좌측으로 들어오고 나갈 때는 우측으로 다녔다. 구궤란 아홉 대의 수레가 동시에 다닐 수 있는 길을 말한다.

卷一 · 城內

권1 · 성내

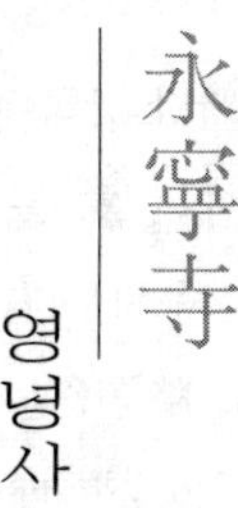

영녕사는 희평(熙平) 원년(516)에 영태후(靈太后) 호씨(胡氏)[1]가 세웠다. 궁궐 앞 창합문(閶闔門)[2]에서 남쪽으로 일 리(一里) 떨어진 곳, 어도(御道)의 서쪽에 있었다. 이 절의 동쪽은 태위부(太尉府),[3] 서쪽은 영강리(永康里), 남쪽은 소현조(昭玄曹),[4] 북쪽은 어사대(御史臺)[5]와 인접하였다. 창합문 앞, 어도의 동쪽에는 좌위부(左衛府)[6], 좌위부 남쪽에는 사도부(司徒府)[7]가 있었다. 사도부 남쪽에는 국자학당(國子學堂)[8]이 있었는데, 그 안에 공자상(孔子像)이 있었다. 공자상 옆에는 인(仁)에 대해 물었다는 안연(顏淵)의 상과 정치에 대해 물었다는

1) 호국진(胡國珍)의 딸로 북위 제2대 세종(선무제)의 비, 3대 숙종(효명제)의 어머니였다. 효명제가 어린 나이에 제위에 오르자 황태후로서 섭정하였다. 효명제가 후사(後嗣) 없이 죽은 뒤에는 세 살밖에 안 된 교(釗)를 세우려다가 이주영의 낙양 침입으로 원차 등에 의해 6년 동안 선광전에 갇혀 있었다. 반정하여 다시 정권을 장악하였으나 528년 이주영에 의해 살해당했다. 불교에 몹시 심취하였다. 이 책에서 자주 등장하는 인물의 하나이다. 《위서》 권13 〈황후 열전〉.
2) 창합문은 낙양성 서쪽과 궁궐 정남쪽에 두 개가 있었는데 여기에서 말하는 것은 후자이다.
3) 전국 군정(軍政)의 우두머리로 승상·어사대부와 함께 삼공(三公)으로 불렸다. 한나라 무제 때 대사마(大司馬)로 바꿔 부르다가 동한 광무제 때 다시 태위로 고쳐서, 사도(司徒)·사공(司空)과 함께 삼공이 되었다. 위·진 시대에는 대사마와 태위가 따로 존재하였고, 북위에서도 그것을 따랐다.
4) 승려를 담당하던 관서였다.
5) 전국시대에는 기록의 임무를 맡았으나 진·한 나라에서 도적(圖籍)과 비서(秘書)의 일을 담당하면서 처음으로 규찰의 임무를 맡았다. 후한 이래 비로소 어사대·난대시(蘭臺寺)라고 칭하면서 탄핵의 임무도 맡게 되었다.
6) 궁궐을 지키며 숙위하는 일을 담당하던 금군(禁軍)은 좌·우위부로 나뉘어 있었다.
7) 한나라 애제(哀帝) 때 승상(丞相)을 대사도(大司徒)로, 후한 때 사도로 고치고 주로 교화를 담당하였다. 삼공의 하나였다. 위·진·북위 때도 그대로 따랐다.
8) 교육을 담당하던 최고 학부로 진(晉)나라 무제 함녕(咸寧) 2년(276)에 처음으로 태학과 함께 설립되었다.

자로(子路)의 상도 있었다. 국자학당 남쪽에는 종정시(宗正寺)[9], 종정시의 남쪽에는 태묘(太廟)[10], 태묘의 남쪽에는 호군부(護軍府)[11], 그 남쪽에는 의관리(衣冠里)가 있었다. 어도의 서쪽에는 우위부(右衛府),[12] 우위부 남쪽에는 태위부(太尉府), 태위부 남쪽에는 장작조(將作曹),[13] 장작조의 남쪽에는 구급부(九級府),[14] 구급부의 남쪽에는 태사(太社),[15] 태사의 남쪽에는 능음리(凌陰里)가 있었다. 능음리는 후한·위·진·북위의 네 왕조에서 얼음을 보관하던 곳이었다.

영녕사 안에는 구층탑[浮圖][16]이 하나 있었는데, 나무로 만들어졌고 높이는 구십 장이었다. 탑 위에는 십 장 정도의 금찰(金刹)이 있어 합하면 천 척의 높이가 되기 때문에 낙양에서 백 리나 떨어진 먼 곳에서도 보였다. 처음 절터를 다지려고 땅을 깊이 팠을 때 서른 구의 금불상이 나왔다. 호태후는 이것이 불법을 신봉한 결과라고 생각하여 탑을 세웠는데 매우 호사스러웠다.

금찰 위에는 이십오 곡(斛)[17]을 담을 수 있는 금으로 된 보병(寶瓶)[18]이, 그 아래에는 삼십 층으로 된 이슬을 받는 금반[承露金盤][19]이 있었고 그 주위에는 모

9) 진(秦)나라에서 설치하였고, 한나라에서는 종백(宗伯), 후한 이후에는 종정경(宗正卿)이라고 했다. 황족의 일을 담당하였고, 모두 황족이 임명되었다. 북위 이후 종정시라고 불렀다.
10) 천자의 조묘(祖廟)를 말한다.
11) 위·진 때 호군장군(護軍將軍)과 중호군(中護軍)이 있어 군의 인사를 담당하였다.
12) 31쪽의 주6 좌위부 참고.
13) 진(秦)나라에서는 장작소부(將作小府), 한나라 경제(景帝) 때는 장작대장을 두었다. 주로 궁실·종묘·노침(路寢;천자나 제후가 정사를 보는 정전)·능원의 토목공사를 담당하였다.
14) 어떤 관직을 말하는지 잘 모르겠다.
15) 천자가 토지신에게 제사하며 나라의 안녕과 풍요를 기원하던 사당이다.
16) 원문에는 부도(浮圖)와 탑(塔)을 구분해서 쓰고 있다. 탑은 원래 고대 인도어인 산스크리트(Sanskrit)의 스투파(Stūpa)를 음역한 것으로 부처님의 유골을 봉안하고 예배하던 조형물이다. 인도에서는 반구형 분묘 양식(산치Sanchi 대탑)과 벽돌을 원통형으로 쌓아올린 전탑(塼塔, 다메크Dhamekh 대탑) 등의 형식이 있었는데, 중국에서는 불교가 전래되던 초기에 전통적인 중국 양식의 전각과 같은 목조 건축 형식의 탑과 원반을 층층이 포개놓은 듯한 인도 양식을 절충한 전탑이 주로 만들어졌다. 전각형 목조탑은 우리나라의 법주사 팔상전이나 일본 나라(奈良)의 호류지(法隆寺) 오층탑 등을 생각하면 된다. 책 원문에서 부도로 언급되는 큰 탑들은 대부분 이러한 전각 형식의 목탑으로 보이고, 탑이라고 하는 경우에는 전탑이나 드물게 석탑 형식이었던 것 같다. 그러나 부도(浮圖)는 현재 스님들의 사리를 봉안하는 부도(浮屠)와 음이 같아 혼돈될 우려가 있고, 형식이 다를 뿐 의미는 탑이므로 번역에서는 구분하지 않고 탑으로 통일하여 번역했다. 북위 당시의 탑 형식에 관해서는 마이클 설리반의 《중국미술사》(지식산업사, 1993) 106~108쪽에 나와 있다.
17) 일 곡은 십 두(斗)이다. 참고로 후한 시대의 일 곡은 지금의 약 20리터(20,500ml)였다. 27쪽의 주26 참고.
18) 고인도에서는 탑의 금찰 위에 부처의 사리를 담을 수 있는 보병을 만들어 얹었다.

두 금방울[金鐸]을 달았다. 또 네 개의 쇠사슬을 금찰에서 탑의 네 모서리 쪽으로 당겨지도록 하였다. 쇠사슬에도 금방울을 달았는데 그 크기가 한 석(石)들이 옹기(甕子)만하였다. 탑은 아홉 층의 각층 모서리마다 금방울을 달아서 위아래 모두 백스무 개를 달았다. 탑은 사면으로 되어 각 면마다 세 개의 문과 여섯 개의 창이 있었다. 문에는 모두 붉은 옻칠을 하였고 문짝에는 각각 다섯 줄의 금못이 박혀 있어서 합하면 오천사백 개였다.[20] 또 금 문고리도 있었다. 이 절은 매우 공들여 지었고 조형미를 다하여 불사의 정교함은 말로 다 할 수가 없었다. 화려한 기둥과 금으로 장식한 문고리는 사람들의 마음과 눈을 놀라게 하였다. 더욱이 가을 바람 부는 긴긴 밤에는 땡그랑거리는 방울 소리를 십여 리 밖에서도 들을 수 있었다.

탑 북쪽에는 불전(佛殿)이 한 채 있었는데 그 모습이 태극전(太極殿)[21]과 같았다. 그 안에는 일 장 팔 척 되는 금불상 한 구와 중간 크기[22]의 금불상 열 구, 색실과 진주로 꾸며진 불상 세 구와 금실로 만든 불상 다섯 구, 옥불상 두 구가 있었다. 만든 솜씨가 교묘하여 당대의 제일이었다. 승방(僧房)과 누관(樓觀)은 천여 칸이나 되었다. 아름답게 조각한 대들보, 회칠한 벽, 청색 문양의 문, 꽃 그림이 그려진 창문의 화려함은 말로 표현하기 어려웠다. 향나무·잣나무·소나무·참죽나무 등은 건물 처마에 무성하게 뻗어 있었고, 여러 대나무와 향기로운 풀 들은 섬돌 주위의 뜰을 메웠다. 이에 대하여 상경(常景)은 자신이 지은 비문에서 "수미산의 보배로운 불전이나 도솔천의 정결한 궁전도 이 절만큼 화려하거나 장엄하지는 않을 것이다"라고 피력하였다.

외국에서 바친 불경과 불상이 모두 이 절에 있었다. 절의 담은 모두 짧은 서까래를 얹고, 기와를 덮어서 요즈음 궁궐의 담과 같았다. 사방으로 각각 하나의 문

---

19) 한나라 무제는 신선술(神仙術)을 좋아하여 신명대(神明臺) 위에 구리[銅]로 이슬을 받는
승로반(承露盤)을 만들어 놓고 그 이슬을 받아 먹으며 수명을 연장시킬 수 있다고 생각하였다.
여기서는 그러한 대접 모양의 상륜부 장식을 말한다.
20) 여기에 나오는 수치대로 계산을 하면 잘 맞지가 않는다. 판본마다 숫자에도 약간씩 차이가 있다.
판본에 따라서 금못을 금령(金鈴)이라고 한 곳도 있다. 저우쭈모(周祖謨)의 《낙양가람기교석(洛陽伽藍記校釋)》
(이하 《교석》) 9쪽, 판샹융(范祥雍)의 《낙양가람기교주(洛陽伽藍記校注)》(이하 《교주》) 2쪽 참고.
21) 태극전은 궁중의 정전(正殿)이다.
22) 사람의 크기만한 불상[等身佛]을 말한다.

이 있었다. 남문은 삼 층이어서 세 개의 통로가 있었고 높이가 이십 장이나 되었다. 모양은 지금 궁궐의 정문[端門]처럼 만들었다. 그 위에는 구름과 안개, 천신(天神)과 지령(地靈) 따위를 그려 넣었고, 채색한 문에 문고리들이 돈을 꿰어 놓은 듯 나란히 이어져 있어 휘황찬란하였다. 공문(拱門)에는 사력사(四力士)와 사사자(四獅子)를 금은과 주옥으로 장식하여 눈부시게 장엄하였는데 세상 사람들이 들어본 적이 없을 정도였다. 동·서의 두 문도 모두 이와 같았지만 문루가 이 층인 것만 달랐다. 북문은 하나의 통로만 있고 위로 문루가 없어서 오두문(烏頭門)[23]과 비슷하였다. 이 네 문 밖에는 모두 푸른 회화나무[槐][24]를 심어서 녹수(綠水)를 끌어들였다. 낙양의 행인들은 모두 이 나무 그늘 아래에서 쉬었다. 길에는 먼지가 날리지 않고, 습한 기운의 구름도 없어 맑은 바람이 서늘하게 불어오니 어찌 부채로 바람을 내어 더위를 물리칠 필요가 있었겠는가.

중서사인(中書舍人) 상경(常景)에게 조칙을 내려서 영녕사 비문을 짓게 하였다. 상경의 자는 영창(永昌)이고, 하내(河內) 사람이다. 배움에 민첩하고 박식하여 이름이 널리 알려졌다. 태화 19년(495) 고조가 그를 후하게 대우하여 율박사(律博士)로 발탁하였다. 형법에 관한 일이나 의심스러운 옥사가 있으면 상경을 찾아오는 사람들이 많았다. 정시(正始, 504~507) 초에 선무제(宣武帝)가 영원한 법칙이 될 만한 율령을 만들려고 하였다. 칙령을 내려 상경에게 치서시어사(治書侍御史) 고승유(高僧裕),[25] 우림감(羽林監) 왕원귀(王元龜), 상서랑(尙書郎) 조영(祖瑩),[26] 원외산기시랑(員外散騎侍郎) 이염지(李琰之)[27] 등과 함께 그

23) 일명 오두대문(烏頭大門)·영성문(欞星門)이라고도 한다. 문의 좌우 양 기둥이 마주 본 채 높이 솟아 있고, 두 개의 문짝 상부가 격자(格子)로 만들어져 있다.
24) 주(周)나라에서는 조정에 회화나무를 심어서 삼공(三公)의 좌석 표지로 하였다. 그래서 삼공을 삼괴(三槐)라고도 한다. 콩과에 속하는 낙엽 활엽 교목이다. 8월에 황백색 꽃이 피며 10월에 긴 콩 꼬투리와 같은 열매가 익는다. 목재는 가구·땔감으로 쓰며, 꽃과 열매는 약재로 쓴다.
25) 발해(勃海) 사람으로 이름은 작(綽)이다. 박학하고 온화한 인품의 소유자였다. 권세에 굴하지 않고 강직했다. 상서우승(尙書右丞)·산기상시(散騎常侍)를 지내고, 병주(幷州)·예주(豫州) 자사를 거쳤다. 정광 3년(522) 48세로 죽었다. 《위서》 권48 〈고윤(高允) 열전〉.
26) 범양(范陽) 사람으로 자(字)는 원진(元珍)이다. 어려서부터 배우는 것을 좋아하고 글을 탐독하여 성소아(聖小兒)라고 불렸다. 거기대장군(車騎大將軍)·의동삼사(儀同三司)를 거쳐 문안현백(文安縣伯)에 봉해졌다. 《위서》 권82 〈조영 열전〉.
27) 농서(隴西) 사람으로 자(字)는 경진(景珍)이다. 어려서부터 문명(文名)이 높아 저작랑(著作郎)이 되어

일을 추진하게 하였다. 또 조칙을 내려 태사(太師) 팽성왕(彭城王) 협(勰),[28] 청주자사(靑州刺史) 유방(劉芳)[29] 등도 그 의논에 참석하게 하였다. 상경은 조문을 검토하여 바로잡고, 고금의 사례를 참고하여 체계를 세워 세상에 반포하였다. 지금까지 남아 있는 율령 스무 편이 바로 이것이다.[30] 또한 상경은 유방과 함께 낙양의 궁전과 문각(門閣)의 이름 및 도로, 향리와 성읍의 명칭을 지었다. 장안령(長安令)에 임명되었을 때는 사람들이 그를 진(晉)나라의 반악(潘岳)[31]에 비유하였다. 이후 그는 중서사인(中書舍人)·황문시랑(黃門侍郎)·비서감(祕書監)·유주자사(幽州刺史)·의동삼사(儀同三司) 등을 거쳤는데, 그의 학도들이 영예롭게 생각하였다. 경은 조정에서는 황제를 가까이에서 모시고, 지방으로 나가서는 후목(侯牧)을 지냈으나 그의 집은 가난하고 검소하여 살림살이가 농가와 같았다. 다만 수레를 가득 채울 정도로 많은 경사(經史) 서적만이 그의 서가에 가득하였다. 수백 편의 글이 실린 문집을 저술하였는데, 급사중(給事中) 봉위백(封暐伯)이 그의 문집에 서문을 써서 세상에 간행하였다.

영녕사의 건축 공사가 완전히 끝나자 명제가 태후와 함께 그 탑에 올랐다. 궁중이 손바닥 보듯이 훤히 보이고 도성은 집의 뜰처럼 보였다. 궁 안을 들여다볼 수 있었기 때문에 탑에 올라가는 것을 금지하였다. 내가(양현지 자신) 이전에 하남윤(河南尹) 호효세(胡孝世)와 함께 올라보니 그 아래로 구름과 비가 지나간다는 것이 정말로 빈 말이 아님을 알았다.

당시 서역의 승려 보리달마(菩提達摩)[32]가 있었는데 그는 파사국(波斯國)[33] 사

국사 편집에 참가하였다. 뒤에 상서좌복야(尙書左僕射)·의동삼사(儀同三司)를 역임하고 영희 2년(533)에 죽었다. 《북사(北史)》 권100 〈이염지 열전〉.

28) 헌문제(獻文帝)의 여섯째 아들이고, 자(字)는 언화(彦和)이다. 명민하고 온화한 성격이었다. 세종(선무제) 때 대사마가 되었다. 녹상서(錄尙書)·시중을 거쳐 태사가 되었지만 영평 원년(508)에 고조(高肇)에게 살해되었다. 《위서》 권21 하 〈팽성왕 열전〉.

29) 팽성(彭城) 사람으로 자(字)는 백문(伯文)이다. 고전에 정통하고 특히 문자와 훈고(訓詁)에 뛰어났다. 국자좨주(國子祭酒)·산기상시·청주자사를 역임하고 태상경(太常卿)에 올랐다. 《위서》 권55 〈유방 열전〉.

30) 《수서(隋書)》 권33 〈경적지(經籍志)〉 2에 '후위율이십권(後魏律二十卷)' 이라고 기록되어 있다.

31) 진(晉)나라 중모(中牟) 사람으로 자(字)는 안인(安仁)이다. 어려서부터 명민하여 향읍에서는 기동(奇童)이라 칭했고 용모도 수려하였다. 원강(元康) 2년(292)에 장안령이 되어 이름을 떨쳤다. 《진서(晉書)》 권55 〈반악 열전〉.

32) 중국 선종(禪宗)의 초조(初祖)로 남인도 향지국 왕의 셋째 아들이다. 반야다라를 40년 동안 섬기다가

람이었다. 멀리 변방[荒裔] 지역에서 태어나 우리 나라를 유람하다가 이 탑의 금
반(金盤)에 해가 비쳐 그 광채가 구름 위에까지 퍼지는 것을 보고, 바람에 보탁
(寶鐸)이 흔들려 하늘 밖까지 울리는 것을 들었다. 이에 노래를 짓고 이것은 신령
의 힘이라고 감탄하며 혼자 말하였다.

"나는 백오십 살이 되도록 여러 나라를 두루 다니며 가보지 않은 곳이 없다. 그
가운데 이 절은 매우 정치하고 아름다우니 염부(閻浮)[34]에도 없을 것이며 극락의
부처님 세계[極佛]에도 이런 절은 없을 것이다."

입으로는 나무(南無)라고 읊조리고 연일 합장하였다. 효창(孝昌) 2년(526)에
집이 흔들리고 나무가 뽑힐 정도로 바람이 사납게 불었다. 이때 영녕사 금찰 위
의 보병이 바람에 떨어져 일 장 남짓 땅에 파묻혔다. 공장(工匠)에게 명하여 다시
새것을 주조하게 하였다.

건의(建義) 원년(528), 태원왕(太原王) 이주영(爾朱榮)이 이 절에 군대를 주둔
시켰다. 그의 자는 천보(天寶)이고, 북방의 수용(秀容) 사람이다. 대대로 제일영
민추장(第一領民酋長)[35]으로 박릉군공(博陵郡公)에 봉해졌다. 팔천 가(家)가 한

그가 죽은 후 당시 성행하던 소승선관(小乘禪觀)의 육종(六宗)을 굴복시켜 이름이 인도에 널리 퍼졌다.
양(梁)나라 보통(普通) 1년(520) 9월 광주 남해군에 이르렀다. 10월에 금릉에 가서 무제와 문답하였다.
그 뒤 낙양으로 가서 숭산 소림사에 있으면서 매일 벽을 향하여 좌선만 하여 벽관바라문(壁觀婆羅門)이라
불렸다. 신광(神光)이 달마의 풍모를 사모하여 찾아와 밤새도록 밖에서 눈을 맞고 있다가 팔을 끊어
구도(求道)의 정성을 표하자 드디어 곁에서 시봉하도록 허락하고, 혜가(慧可)란 이름을 지어 주었다.
소림사에서 9년 동안 있다가 혜가에게 종지·가사·불발(佛鉢)·《능가경》을 전하고, 우문(禹門)의 천성사로
갔다가 영안 1년(528)에 죽었다. 당나라 대종(代宗)이 원각대사(圓覺大師)라는 시호를 내려 주었다.
33) 지금의 이란 지역에 있던 고대 왕조이다. 파시(波嘶)·파랄사(波剌私·波剌斯)·페르샤(Persia)라고도
한다. 달마는 보통 남인도 사람으로 알려져 있는데 여기서 파사국 사람이라고 한 것을 보면 양현지가 다른
기록을 참조하거나 잘못 알고 있었던 것 같다.
《대당서역기(大唐西域記)》(동국역경원, 1999) 권11 파랄사국 참고.
34) 불가의 우주관으로 세상은 큰 바다 가운데 천신들의 영역인 소미로산(蘇迷盧山:수미산)이 있고, 그
사방으로 인간의 영역인 네 섬이 있으니 동쪽 섬이 비제하주(毘提訶洲), 서쪽 섬이 구타니주(瞿陀尼洲),
북쪽 섬이 구로주(拘盧洲), 그리고 남쪽 섬이 섬부주(瞻部洲)이다. 섬부주는 옛 번역으로 염부제(閻浮提)·
염부제비파(閻浮提鞞波)라고 했다. 염부 나무가 많은 나라란 뜻으로, 여기서는 염부 나무가 많은
천축국, 즉 인도를 가리킨다. 《대당서역기》 권1 참고.
35) 중원으로 들어와 왕조를 건설했던 북조의 황제는 회유책의 일환으로 북방 추장들에게 많은 영예로운
지위와 높은 관위를 주었다. 제일영민추장은 그 중 삭북(朔北) 변경지대의 유목민이나 정주 민족 중
가장 힘있는 부락의 통솔자에게 주었던 칭호이다.

부락을 이루었고 수만 필의 말이 있어 하늘의 은택을 받은 땅처럼 부유하였다. 무태(武泰) 원년(528)[36] 2월에 효명제가 후사 없이 죽자 임조왕(臨洮王)의 세자 교(釧)를 세워 대업을 잇게 하였으나, 그의 나이 겨우 세 살이었다. 태후가 정권을 장악하려고 어린 그를 세웠던 것이다. 이주영이 병주자사(幷州刺史) 원천목(元天穆)에게 말하였다.

"황제가 열아홉의 나이로 승하하셨어도 온 나라 사람들이 오히려 어린 임금이라고 하였는데, 하물며 지금 말도 못하는 어린아이를 세워 천하를 다스리게 한다면 태평성대를 꿈꿀 수 있겠습니까. 우리 집안은 대대로 나라의 은혜를 입었으니 가만히 앉아서 나라의 성패를 구경할 수만은 없습니다. 이제 오천의 철갑 기병을 이끌고 선제(先帝;효명제)의 능(陵)에 가서 애도하고 아울러 시신(侍臣)들에게 황제가 죽은 이유를 물을 것이니, 당신은 결국 어떻게 하시겠습니까?"

원천목이 대답하였다.

"당신은 대대로 병주(幷州)와 사주(肆州)를 점거한 집안 출신으로 재주가 걸출한 용맹스런 사람입니다.[37] 더구나 부족 사람들 가운데 활을 잘 쏘는 사람들이 만 명이나 있습니다. 만약 새로 옹립된 왕을 폐할 수 있다면 이윤(伊尹)[38]과 곽광(霍光)[39]을 오늘 다시 만나는 것이 될 것입니다."

이주영은 원천목과 의형제를 맺었다. 목이 연장자여서 영은 그를 형으로 모셨다. 영이 맹주가 되니 목은 영에게 배례하였다. 둘은 장성한 공자(公子)들과 여러 왕들을 두고 몰래 의논하였으나 누가 사직의 주인이 되어야 하는지 잘 알 수 없었다. 그래서 진양[晉陽;지금의 산시성(山西省) 타이위안시(太原市)]에서 그들 각각의 동상을 만들어 보게 하였으나 잘 완성되지 않았는데 오직 장락왕(長樂王) 자유(子攸)의 동상만은 형체의 신비함이 겸비되어 있어 매우 단정하고 위엄

---

36) 528년에는 모두 세 번 연호가 바뀐다. 무태(武泰)·건의(建義)·영안(永安)의 순이다.
37) 이주영의 조부가 사주자사와 병주자사를 지냈다.
38) 상(商)나라 탕(湯)의 재상이다. 탕이 죽고 그의 손자 태갑(太甲)이 제위를 이었을 때 태갑이 탕의 법제를 파괴하자 이윤이 그를 동궁(桐宮)으로 내몰았다가 3년 후에 다시 복위시켰다.
39) 한나라 평양(平陽) 사람으로 자(字)는 자맹(子孟)이다. 무제 때 봉거도위(奉車都尉)가 되었고 대사마(大司馬)·대장군을 지냈다. 소제(昭帝)가 여덟 살의 어린 나이에 즉위하자 그를 보필하여 박륙후(博陸侯)에 봉해졌다. 소제가 죽자 창읍왕(昌邑王) 하(賀)를 세웠으나 하가 몹시 음란하였기 때문에 그를 폐하고 선제(宣帝)를 옹립하였다. 《한서》 권68 〈곽광전〉.

이 있었다.[40] 영은 장락왕을 옹립하기로 결정하고 종 왕풍(王豊)을 낙양으로 보내어 그에게 사직의 주인이 되어 줄 것을 청하였다. 장락왕은 곧 허락하고 함께 승리를 굳게 약속하였다. 영의 삼군은 흰 상복을 입고 깃발을 휘날리며 남쪽을 향해 출발하였다. 태후는 영이 군대를 일으켰다는 말을 듣고 왕공을 불러 대책을 협의하였다. 이때 호태후가 정권을 독점해서 원망을 품은 황실의 종친들은 의견을 내지 않았다. 황문시랑(黃門侍郞) 서흘(徐紇)[41]만이 말하였다.

"이주영은 마읍(馬邑)의 작은 오랑캐에 불과하며 재주도 보잘것없습니다. 그가 자신의 덕망과 능력을 헤아리지 못하고 긴 창을 궁궐에 들이대는 것은 막다른 길에서 수레바퀴를 막아내고,[42] 땔나무를 쌓아놓고 그 위에서 불붙기를 기다리는 것[43]입니다. 지금 궁궐을 지키는 문무관원들로도 그와 대적할 수 있습니다. 단지 하교(河橋)[44]를 지키면서 그의 동향을 살피십시오. 영의 군대는 천 리를 오느라고 매우 지쳐 있을 것이니 편안하게 그들이 지치기를 기다린다면 그들을 물리칠 것은 뻔한 일입니다."

호태후가 그의 말을 믿고 도독(都督) 이신궤(李神軌) · 정계명(鄭季明)[45] 등을 보내어 오천 명을 거느리고 하교에 진을 치게 하였다.

4월 11일 이주영이 하내(河內)[46]를 지나 고두역(高頭驛)에 이르렀다. 장락왕은 뇌피(雷陂)에서 북쪽으로 건너가 영이 주둔하고 있는 곳으로 달려갔다. 이신궤와 정계명 등은 장락왕이 이주영에게로 가는 것을 보고 문을 열어 항복하였다.

40) 《위서》 권74 〈이주영 열전〉에는 "고조(高祖)와 함양왕(咸陽王) 희(禧) 등 여섯 왕의 자손들의 동상을 만들게 하여 완성되는 자로 황제를 삼으려고 하였는데 오직 장제(莊帝)의 동상만이 완성되었다"고 하였다. 후보자의 동상을 각각 주조하여 그 완성도에 따라 황제를 결정하는 풍습은 북위 탁발족(拓跋族)의 전통이었다. 황후가 될 여성을 선정할 때도 같은 방법을 사용하였다고 한다.
41) 낙안(樂安) 사람으로 자(字)는 무백(武伯)이다. 선무제 때 중서사인(中書舍人)을 거쳐, 뒤에 황문시랑이 되었다. 이주영에게 미움을 받아 양나라 소연에게 도망갔다. 《위서》 권93 은행(恩倖) 〈서흘 열전〉.
42) 사마귀[螳螂]가 성을 내어 발로 차의 통로를 막는다는 이야기로, 제 힘은 생각지도 않고 강한 적에게 대항함을 뜻한다.
43) 위급함이 눈 앞에 닥쳤다는 뜻으로 멸망을 자초한다는 말이다.
44) 지금의 허난성(河南省) 멍시안(孟縣) 남쪽의 중요한 도하(渡河) 지점이다. 황하 이북으로 건너기 위한 잔교(棧橋)가 진(晉)나라 때 만들어졌다. 뒤에 이곳은 군사상 중요한 거점이 되어 자주 격렬한 쟁탈지가 되었다.
45) 이 둘은 모두 13일 백관과 함께 살해되었다. 《위서》 권56 〈정의(鄭義) 열전〉, 권66 〈이숭(李崇) 열전〉.
46) 허난성의 황허(黃河) 이북 지역.

12일 이주영의 군대는 망산(芒山)의 북쪽, 하음(河陰) 들판에 있었다. 13일 백관
에게 먼저 어가를 맞이하라고 불러들여 이르는 자는 모두 죽였다. 왕공·경사 및
제후·조정의 신하 들 가운데 죽은 자가 이천여 명이나 되었다.

14일 새 황제의 군대가 입성하여 천하에 대사면령을 내리고, 연호를 '건의원년
(建義元年)'이라고 고쳤다. 이 사람이 장제(莊帝)이다. 이때는 대전란을 겪으면
서 많은 사람들이 죽임을 당해서 도망간 무리들도 두려워하며 모습을 드러내지
못하였다. 장제가 처음 태극전에 등극하여 사면을 단행하고 인정을 펼쳤으나, 오
직 산기상시(散騎常侍) 산위(山偉)[47]만이 남궐(南闕)에서 관직을 받았다. 이주영
에게 사지절중외제군사대장군(使持節中外諸軍事大將軍)·개부북도대행대(開府
北道大行臺)·도독십주제군사대장군(都督十州諸軍事大將軍)·영좌우(領左
右)·태원왕(太原王) 등의 관직을 추가하였다. 또한 원천목을 시중(侍中)·태위
공(太尉公)·세습병주자사(世襲幷州刺史)·상당왕(上黨王)으로 삼았다. 공경 및
지방 장관으로 출세한 자가 셀 수 없이 많았다.

20일 낙양에는 여전히 위태로운 공기가 감돌아 사람들이 불안해 하고 죽은 자
나 산 자나 서로를 원망하며 각기 다른 생각을 품고 있었다. 귀족이나 부자 들은
다투어 집을 버리고 달아났고, 빈천한 선비들도 아이를 등에 업고 급히 도망갔
다. 이에 조칙을 내려 억울하게 죽은 자들은 모두 추증해 주었는데 삼품 이상은
삼공(三公)을, 오품 이상은 영복(令僕)[48]을, 칠품 이상은 주목(州牧)을, 관직이
없는 사람에게는 군과 진의 우두머리에 해당하는 관직을 내려 주었다. 이렇게 하
자 점점 민심이 안정되었다. 장제는 이주영의 딸을 황후로 맞아들였다. 이주영에
게는 이전의 관직은 그대로 둔 채 주국대장군록상서사(柱國大將軍錄尙書事)를
더해 주었다. 원천목 역시 나머지 관직은 모두 그대로 두고 대장군으로 삼았다.

영안(永安) 2년(529) 5월, 북해왕(北海王) 원호(元顥)가 다시 낙양으로 돌아

---

47) 낙양 사람으로 자(字)는 중재(仲才)이다. 효장제 때는 급사황문시랑(給事黃門侍郎), 절민제(節閔帝) 때는
비서감, 효정제(孝靜帝) 때는 위대장군(衛大將軍)·중서령·감기거(監起居)를 거쳤다. 문사(文史)를
좋아하고, 치부하지 않아 죽을 때도 집을 팔아서 장사를 지낼 정도였다. 《위서》 권81 〈산위 열전〉.
48) 령은 상서령(尙書令)·중서령(中書令) 등을, 복은 태복(太僕)·태자복(太子僕) 등을 가리킨다.

와서 영녕사에 군대를 주둔시켰다. 원호는 장제의 사촌형이다.[49] 효창 말년(527)
에 급군(汲郡)을 다스리다가 이주영이 낙양으로 들어갔다는 말을 듣고 드디어 남
조 양무제(梁武帝) 소연(蕭衍)[50]에게 투항하였다. 이 해 원호가 낙양에 입성했을
때 장제는 북쪽 지역을 순행하고 있었다. 호는 황제에 등극하여 '건무원년(建武
元年)'으로 연호를 바꾸고 장제에게 편지를 보냈다.

　　대도가 이미 숨어버리고 천하는 공(公)을 잃어버렸다.[51] 또한 화(禍)와
복(福)이 순리대로 따르지 않고 현명한 사람을 천거하는 대의가 끊어졌
다. 나는 선양으로 천자의 지위를 얻은 오제(五帝)[52]에 가까우니, 군대의
힘을 빌리지 않겠다. 나는 만승(萬乘)의 군대를 겨와 쭉정이처럼 생각하
고, 제왕의 자리를 하찮게 생각한다. 따라서 나는 황제의 존귀함을 탐하지
않으니 어찌 천하의 부유함을 꾀하겠는가.
　　작년에 이주영이 처음 낙양에 들어와서는 천도를 따르고 군사를 내어
왕조를 도왔으나 마침내는 위나라의 적이 되었다. 칼날을 황제의 친척들
에게 돌려 꽂고, 공경대부에게 창을 날려 노소를 막론하고 원씨(元氏)들
을 다 죽이려고 하였다. 이미 이주영에게는 진항(陳恒)이 제나라를 찬탈
하려던[53] 마음이 있었고, 육경(六卿)이 진(晉)을 나누려던[54] 계획이 없었

49) 원호와 장제는 헌문제(獻文帝)의 손자이다. 장제는 팽성왕(彭城王) 협(勰)의 아들이고, 원호는
북해왕(北海王) 상(詳)의 아들이다.
50) 자(字)는 숙달(叔達)이고 어릴 때의 자는 연아(練兒)이다. 제(齊)의 옹주자사(雍州刺史), 도독군사
(都督軍事)를 지내다가 502년 제위를 찬탈하여 양나라를 건국하고 502년에서 549년까지 48년간 재위하였다.
불교에 심취하여 도교사원을 폐쇄하고 모든 도사들에게 평민으로 돌아갈 것을 명하며, 인도의
아쇼카(Aśoka) 왕을 모범으로 하여 불교도 제왕으로서 해야 할 일을 추진하였다. 《열반경》·《반야경》·
《유마경》에 대한 주석을 짓기도 하였다. 불법에 대한 헌신적인 노력으로 황제보살이라고 불리기도 하였다.
51) 천자의 지위는 선양해야 하는 것이지 개인의 것으로 생각하여 자손에게 물려주는 것이 아니라는
의미이다.
52) 오제가 누구누구를 가리키는지는 여러 가지 설이 있다. 그 가운데 황제(黃帝, 또는 少昊)·전욱(顓頊)·
제곡(帝嚳)·당요(唐堯)·우순(虞舜)으로 꼽는 설이 대표적이다.
53) 진항은 진려공(陳厲公)의 후손으로, 전(田)의 땅을 식읍으로 받으면서 성(姓)을 전씨로 바꾸어
전상(田常)이라고도 한다. 원래 춘추시대 제(齊)나라 간공(簡公)의 재상이었으나, 후에 간공을 죽이고 간공의
동생 평공(平公)을 세웠다. 후에 제나라를 찬탈하고 제후가 되었다. 《사기》 권46 〈전경중완(田敬仲完) 세가〉.
54) 육경은 진(晉)나라의 한(韓)·조(趙)·위(魏)·범(范)·중항(中行)·지(智) 씨를 말한다. 소공(昭公) 때에는
육경이 공실(公室)보다 강하였다. 출공(出公)·애공(哀公) 때 육경이 서로 다투다가 정공(靜公) 2년에
한·위·조로 나뉘고, 결국 진은 멸망하였다.

던 것이 아니다. 다만 천하가 매우 혼란스러워 찬탈하려 하였으나 가능하지 않자 잠시 군신의 관계를 유지하여 거짓으로 재상의 자리에 앉아 있는 것이다. 이주영은 그대의 형제를 죽여서 그대를 의지할 데 없는 외로운 왕이 되게 하였다. 그는 왕에게서 벼슬하며 찬탈의 때만을 기다리고 있으니 신하로서의 지조가 어찌 오래갈 수 있겠는가?

나는 이것을 보고 심한 전율을 느껴 멀리 강남의 양무제에게 가서 울면서 병사를 빌려 달라고 간청하며 설욕할 것을 맹세하였다. 바람처럼 신속하게 군대를 일으켜 번개처럼 빨리 낙양[三川][55]에 이르렀던 것은 이주영에게 죄를 묻고 그대를 질곡에서 벗어나게 하여 골육지친(骨肉之親)의 깊은 원한을 풀어주고 도탄에 빠진 백성들을 구하려 함이었다. 나는 그대가 밝은 눈으로 나와 의기투합하여 몸소 와서 나를 만나 함께 집안과 나라의 애통함과 고통을 풀고 흉악한 오랑캐놈을 토벌할 것으로 생각했다. 그런데 생각지도 못하게 나의 군대가 성고[成皐;지금의 허난성 싱양시(滎陽市) 서북쪽]에 들어갔을 때 그대는 도리어 북쪽으로 건너갔다. 비록 그대가 흉악한 무리들에게 위협을 받아 형세가 어찌할 수 없었다고 하지만 혹 다른 마음을 품고서 검을 버린 채 적을 치지 않고 나를 의심하는 것은 아닌가.

이런 말을 듣고 매우 슬퍼하며 옷깃을 매만지면서 실망하는 이유는 무엇인가. 그대와 나는 가까운 형제이기 때문이다. 한 가지에서 나온 잎이니 흥하고 쇠함이 서로 맞물려 있다. 가령 집안 내에 싸움이 일어나더라도 밖에서 침입해 오면 함께 힘을 합쳐 방어하는 것이다. 하물며 그대와 나는 매우 친하고 돈독하니 지금과 같이 급하고 어려울 때는 형제만한 이가 없다. 육친을 버리고 원수에게 나아간다면 의리는 장차 어디에 의거할 것인가. 이주영의 신하답지 않은 방자한 행위는 길에 그대로 드러나 있고, 위나라 사직을 빼앗으려는 모의는 어리석은 사람이나 지혜로운 사람이나 모두 알고 있다. 그대는 이렇게 명백한 사실을 알고 있으면서도 반드시 그렇게 될까 의심하여 그대의 목숨을 승냥이와 이리 같은 간악한 자에게 맡

---

55) 삼천(三川)은 진(秦)나라 장양왕(莊襄王) 때 만들어진 군(郡)의 이름으로 낙양을 가리킨다. 지금의 허난성 뤄양시 동쪽이다. 이수(伊水)·낙수(洛水)·하수(河水)가 지나가기 때문에 삼천이라고 이름했다.

기고 몸은 호랑이 입에 넣어 주어 육친을 버리고 적을 도와 형제간에 칼과 창으로 다투게 하였다. 설령 그대가 한 명의 백성과 척촌의 땅을 얻는다 해도 이는 이주영의 것이 될 것이고, 또한 성읍을 점령하더라도 절대로 그 대의 소유가 되지 않는다. 다만 나라를 위태롭게 하여 원수를 많이 만들게 될 뿐이며, 적인 왕망(王莽)[56]을 기쁘게 하고 변장(卞莊)의 이익을 허용하 는 것[57]일 뿐이다. 식자들은 모두 그것을 부끄럽게 생각한다.

이제 이 나라의 흥망성쇠는 그대와 나에게 달려 있다. 만약 하늘이 도와 정의로운 거병을 맹세한다면 위나라의 종묘사직은 무궁할 것이다. 만약 하늘이 혼란을 싫어하지 않아서 오랑캐놈이 멸망하지 않은 채 올빼미가 흉악하게 울고 이리가 잔인하게 사람을 해치듯이 자꾸만 하북의 땅을 잠 식한다면, 이주영에게 복이 되고 그대에게는 화가 될 것이다. 어찌 우리가 남남이겠는가? 이 한 통의 편지에 나의 뜻을 담아 보내니, 그대는 잘 생각 하기 바란다. 이익을 도모하고 부귀를 보존하기 위해 이주영의 간계를 좇 아 결국 나의 말을 따르지 않는다면 둘 다 죽게 되고 말 것이다. 크게 길할 것을 생각해서 후회 없이 하라.

이것은 황문시랑 조영(祖瑩)이 지은 것이다. 당시에 장제는 장자성(長子城)에 있었는데 태원왕(太原王:이주영)과 상당왕(上黨王:원천목)이 그 위급함을 구하 고자 달려 왔다.

6월에 장제가 하내를 포위하였다. 태수 원도탕(元桃湯)[58]과 거기장군(車騎將 軍) 종정(宗正) 진손(珍孫)[59] 등이 원호를 위하여 방어하니 장제가 공격해도 이

---

56) 한나라 효원황후(孝元皇后)의 조카로 신도후(新都侯)에 봉해졌고 대사마를 지냈다. 선정을 베풀어 인망을 얻어 재형(宰衡)이라고도 불렸다. 그러나 평제(平帝)를 죽이고 어린 영(嬰)을 세워 섭정하여 가황제(假皇帝)라고 칭했다. 결국 제위를 찬탈하고, 나라를 신(新)이라고 불렀다. 법령이 가혹하여 민심을 잃어 사방에서 난리가 일어나 광무제에게 망하였다.《한서》권99〈왕망전〉.
57) 변장자가 호랑이를 죽이려고 했는데, 관수자(館豎子)가 그를 저지하며 "지금 두 마리의 호랑이가 소를 먹으려고 다투고 있다. 다투면 반드시 큰 것은 상처를 입고, 작은 것은 죽을 것이니 상처난 것만 죽이면 한 번에 둘을 얻을 수 있다"고 말하였다. 이것은 형제가 서로 다투면 결국 이주영이 이익을 얻게 된다는 말이다.《전국책(戰國策)》진책(秦策).
58)《위서》권10〈효장제기(孝莊帝紀)〉에 나오는 원습(元襲)이란 인물이다.
59)《위서》권73〈최연백(崔延伯) 열전〉에 이름이 언급되었으나 그의 사적에 대해서는 기록이 없다.

기지 못했다. 이때 폭염으로 병사들이 피로하였기 때문에 태원왕은 장제를 진양으로 보내 가을에 다시 출정하려고 했다. 장제는 결단을 내리기가 어려워 유조(劉助)[60]를 불러 점을 치게 하니, 유조는 "반드시 이깁니다"라고 말하였다. 바로 다음날 전력을 다하여 공격하니 유조가 말한 대로 되었다. 원도탕과 진손을 모두 참수하고 삼군(三軍)을 순장하였다.

원호는 하내를 지키지 못했다는 말을 듣고 친히 백료를 거느리고 하교에 나아가 주둔하였다. 특히 시중 안풍왕(安豊王) 연명(延明)[61]을 특진시켜 협석(石)에 가서 지키게 하였다. 7월에 장제가 하양(下陽)에 이르러 원호와 황하를 두고 대적하였다. 태원왕은 거기장군 이주조(爾朱兆)에게 명하여 몰래 군사를 이끌고 황하를 건너게 하여 연명을 협석에서 괴멸시켰다. 원호는 연명이 패했다는 소식을 듣고 도망갔다. 그가 거느렸던 강회(江淮) 자제 오천 명은 갑옷을 벗고 눈물을 흘리며 손을 맞잡고 이별하였다. 원호는 기병 수십 명과 함께 소연(蕭衍)에게로 달아나고자 하였으나 장사(長社)[62]에서 백성들이 그의 목을 베어 낙양으로 보냈다. 20일 장제가 낙양으로 돌아와 태원왕을 천주장군(天柱將軍)으로 임명하고, 상당왕은 태재(太宰)로 임명하였다. 둘의 이전 관위는 모두 그대로 두었다.

영안 3년(530), 역적 이주조가 장제를 영녕사에 감금했다. 당시 태원왕은 지위가 높고 공이 많아서 매우 거만하였으며 상벌을 제멋대로 주었다. 장제가 두려워하며 측근의 신하들에게 "나는 고귀향공(高貴鄕公)[63]처럼 죽을지언정, 한나라 헌

---

60) 《위서》 권91에는 유영조(劉靈助)로 되어 있다.
61) 박식하며 문재(文才)가 있고 의협심이 강하였다. 숙종(효명제) 때 중용되어 여러 벼슬을 거쳐 시중·상서우복야가 되었다. 장제 때는 겸상서령·대사마에 임명되었다. 원호가 낙양에 입성하자 그를 따라 하교를 지켰으나 패한 뒤 처자를 데리고 양나라로 도망가서 죽었다. 시문 삼백 편 외에 많은 저술이 있다. 《위서》 권20 〈안풍왕 열전〉.
62) 《위서》 권21 상 〈북해왕 열전〉이나 〈북해왕원호 묘지〉[허난박물관(河南博物館) 소장]에는 원호가 임영현(臨潁縣)에서 죽은 것으로 되어 있다. 《교석》 19쪽 참고.
63) 삼국시대 위(魏)나라 조모(曹髦)를 말한다. 문제(文帝)의 손자이다. 제왕(齊王) 방(芳)을 폐한 뒤, 조모가 옹립되었는데 이때 대장군 사마소(司馬昭)가 정권을 장악하고 있었다. 조모는 분노하여 좌우의 신하에게, "사마소의 마음은 지나가는 사람들도 다 알고 있다. 내가 앉아서 폐위되는 굴욕을 당하느니, 그대들과 함께 나가 싸우겠다"고 말하고는 수백 명을 이끌고 사마소의 집 앞으로 갔으나 결국 패하여 죽임을 당했다. 이 때 나이 스무 살이었다. 《삼국지》 권4 위서 〈삼소제기(三少帝紀)〉.

제(獻帝)[64]처럼 살지는 않겠다"고 말하였다.

9월 25일, 장제는 태후가 태자를 낳았다고 거짓으로 말하고 이주영과 원천목을 조정으로 들어오게 하였다. 장제는 명광전(明光殿)에서 직접 이주영을 죽이고, 복병 노섬(魯遑)이 원천목을 죽였다. 이주영의 세자(世子) 부락대인(部落大人:爾朱菩提)도 죽었다. 이주영의 부하 거기장군 이주양도(爾朱陽都) 등 스무 명이 동화문(東華門)으로 함께 들어왔다가 역시 복병에게 살해되었다. 오직 우복야(右僕射) 이주세륭(爾朱世隆)은 집에 있다가 이주영이 죽었다는 말을 듣고 그의 부대를 이끌고 서양문(西陽門)에 불을 지르고 하교(河橋)로 도망갔다.

10월 1일 이주세륭과 이주영의 부인인 북향군장(北鄕郡長) 공주가 함께 망산(芒山) 풍왕사(馮王寺)[65]에 와서 이주영을 추모하는 제사를 지냈다. 곧 이주후(爾朱侯)를 보내 공격하였다. 이주나율귀(爾朱那律歸) 등은 소복을 입은 천 명의 기병을 이끌고 낙양성 밖에 이르러 태원왕의 유해를 찾았다. 장제가 대하문(大夏門)에 올라가 그것을 바라보고 주서(主書) 우법상(牛法尙)을 이주나율귀 등에게 보내어 말하였다.

"태원왕은 공을 세우는 것으로 끝나지 않고 반역의 음모를 꾀하였다. 왕법은 개인의 사정을 용납하지 않으니 마땅히 정법을 따라야 한다. 죄는 이주영에게만 해당되는 것이니, 다른 사람들은 문제삼지 않겠다. 그대들은 무슨 이유로 항복하지 않는가. 그대들의 관작도 이전과 같이 해줄 것이다."

"저는 태원왕을 따라와서 폐하를 알현했었는데, 어찌 오늘 갑자기 생각지도 못하게 억울한 일을 당할 수 있습니까. 진양(晉陽)으로 돌아가고자 하나 차마 빈손으로 갈 수 없으니 태원왕의 시체를 갖고 갈 수 있다면 생사에 원망이 없겠습니다."

나율귀는 말을 하면서 눈물을 비오듯이 흘리며 슬픔을 억제하지 못하였다. 함

---

64) 한나라 헌제의 이름은 협(協)이다. 220년 헌제는 압박을 당하여 제위를 조비(曹丕)에게 양보하였다. 조비는 헌제를 산양공(山陽公)에 봉하고, 읍(邑) 만 호를 주었다. 《후한서》 권9 〈헌제기〉.
65) 고조의 어머니 문명태후의 오빠인 풍희(馮熙)는 독실한 불교 신자로 자신의 재산을 바쳐 여러 주에 절과 탑을 세웠다. 망산에 세운 것을 북망사라고 칭했지만 그가 창려왕(昌黎王)에 봉해져 풍왕(馮王)이라고 불렸기 때문에 풍왕사라고도 하였다. 《위서》 권83 외척상 〈풍희 열전〉.

께 온 사람들이 통곡하여 그 소리가 낙양에 진동하였다. 장제도 그것을 듣자 마음 아파하였다. 시중 주원룡(朱元龍)[66]을 보내어 이주세륭에게 철권(鐵券)[67]을 주어 죽이지 않을 것과 관위도 전과 같이 해줄 것을 전하였다. 세륭이 원룡에게 말하였다.

"태원왕의 공은 천지에 이르고, 도를 행하여 백성들을 구제하였으며 그가 충심으로 나라를 받든 것은 천지신명이 다 안다. 그런데도 장락이 신의의 맹세를 지키지 않고 억울하게 충신을 살해해 놓고 지금 두 줄로 새긴 철권을 주며 자신을 믿으라고 하니 어떻게 믿을 수 있겠는가. 나는 태원왕을 위해 원수를 갚고 끝내 항복하지 않겠다."

원룡은 세륭이 장제를 장락이라고 칭하는 것을 보고 그가 항복할 의사가 없다는 것을 알고 장제에게 보고하였다. 장제는 창고의 물건을 성의 서문 밖에 갖다 놓고 세륭을 토벌할 결사대를 모집하여 하루 만에 만 명을 얻었다. 나율귀 등에 맞서 성곽 밖에서 싸웠으나 그들의 기세는 꺾이지 않았다. 나율귀 등은 여러 번 전쟁한 경험이 있어 창과 검을 민첩하게 다루었으나 낙양에서 모집한 군사들은 경험이 없었기 때문에 모두 의리와 용기는 있어도 힘이 그 마음을 따르지 못하였다. 사흘간 여러 차례 싸웠으나 오랑캐들의 요사스런 기운이 사그러들지 않았다. 장제는 다시 사람을 모집하여 하교를 끊어버렸다. 한중(漢中) 사람 이묘(李苗)[68]가 수군(水軍)을 이끌고 상류로 가서 다리에 불을 붙였다. 세륭은 다리가 불타는 것을 보고는 백성들을 심하게 겁탈하고 북쪽 태행산(太行山)으로 올라갔다. 장제는 시중 원자공(源子恭)[69]과 황문시랑 양관(楊寬)[70]을 보내어 보병과 기병 삼

---

66) 이름은 서(瑞)이고 효창 말년(527)에 이주영의 막료가 되어 두터운 신임을 받았다. 뒤에 입조하여
시중이 되었지만 이주조가 낙양에 들어왔을 때 살해당했다. 《위서》 권80 〈주서 열전〉.
67) 관위와 작위 등을 새기고 금 상감을 하여 공신에게 하사하였다.
68) 이 전쟁에서 이묘는 스스로 결사 작전을 진언하였다. 사람을 모아서 밤중에 하교에 불을 질렀으나
지원군이 오지 않아 병졸 백여 명과 함께 적군과 싸우다 결국 물에 빠져 죽었다. 《위서》 권71 〈이묘 열전〉.
69) 자(字)는 영순(靈順)이고 개국공신 하(賀)의 손자이다. 이 당시 대도독으로서 태행산에 보루를 쌓아
지켰으나 그의 부하가 문을 열어 이주조에게 항복하자 퇴각하다가 체포되었다. 석방된 뒤에도 고관을
역임하여, 동위(東魏) 시대에 상서좌복야 등을 지냈다. 《위서》 권41 〈원하 열전〉.
70) 화음(華陰)의 호족 출신으로 자(字)는 경인(景仁)이다. 영안 2년(529)에 중군장군(中軍將軍)·
태부경(太府卿)이 되었다. 뒤에 산기상시(散騎常侍)·표기장군(驃騎將軍)·우광록대부(右光祿大夫) 등을
지내고 징성현개국백(澄城縣開國伯)에 봉해졌다. 태창(532) 연간에 급사황문시랑(給事黃門侍郎)·
화주대중정(華州大中正), 영희(532) 연간에 겸무위장군(兼武衛將軍)·황문랑(黃門郎)을 지냈다. 뒤에

만 명을 이끌고 하내에 주둔하게 하였다. 세륭은 고도군(高都郡)에 이르러 태원태수(太原太守) 장광왕(長廣王) 엽(曄)[71]을 왕으로 세우고, 연호를 '건명원년(建明元年)'이라고 고쳤다. 이주씨(爾朱氏)에 의해서 왕으로 봉해졌던 사람이 여덟 명이었다. 장광왕은 진양에 도읍을 정하고 영천왕(潁川王) 이주조(爾朱兆)에게 병사를 일으켜 낙양으로 향하게 하였다. 원자공은 이들을 맞아 지키지 못하고 함락되었다. 이주조가 뇌피(雷陂)에서 황하를 건너 와서 장제를 식건전(式乾殿)에 가두었다. 처음에 장제는 황하의 물살이 급하므로 이주조가 순식간에 건너리라고는 생각하지 못했다. 그러나 이주조는 배 한 척 사용하지 않고도 물을 건너 왔다. 이 날은 물이 얕아 말의 배까지밖에 올라오지 않았기 때문에 장제가 이 어려움에 처하게 되었던 것이다. 황하가 이렇게 얕았던 것을 기록한 글은 없었다. 이 것에 대해서 내가 몇 마디 적는다.

"옛날 광무제가 천명을 받아 호타하(滹沱河)를 건너는데 그 물이 얼어 다리가 되었고[72] 촉한의 소열제(昭烈帝)가 중간에 흥기할 때에는 적로마(的盧馬)가 니구(泥溝)를 뛰어 넘었다.[73] 모두 이치가 하늘에 합해져서 천지신명이 복을 내려 주므로 천하의 공업을 이루어 백성을 크게 보호할 수 있었던 것이다. 이주조는 벌의 눈에 승냥이의 목소리를 내면서 어미를 잡아먹는 효경(梟獍)[74]과 같이 잔인한 행동을 일삼았다. 또 무력에 의지하여 잔인한 행동으로 황제의 친척들을 살해하였으니 하늘이 알아서 그 흉악 무도함을 살펴보실 것이다. 그런데 오히려 맹진(孟津)[75]의 물을 무릎까지만 오게 하여 반역자를 도우니, 《주역》의 '천도는 악한 자에게 화를 내리고, 귀신은 겸손한 자에게 복을 내려 주신다〔天道禍淫, 鬼神福

주(周)나라로 가서 대장군(大將軍)이 되어 선양현공(宣陽縣公)에 봉해졌다. 본문에서처럼 장제 때 황문시랑을 지냈다는 기록은 없다. 《위서》 권58 〈양파(楊播) 열전〉, 《주서》 권22 〈양관 열전〉.
71) 자(字)는 화흥(華興)이고 남안왕(南安王) 정(楨)의 손자다. 장제 때 장광왕에 봉해지고 태원태수가 되었다. 추대되어 군왕이 되었지만 곧바로 폐해져 사사(賜死)되었다. 《위서》 권19 〈남안왕 열전〉.
72) 후한의 광무제〔劉秀〕가 왕망 토벌군을 일으킨 지 3년째, 하북과 산동으로 병사를 나아가게 하였는데 왕랑(王郎) 군대의 추격을 받게 되었다. 마침 결빙된 호타하를 건너 신도(信都)에 이르러 다시 기력을 회복하였다. 《후한서》 권20 〈왕패 열전(王霸列傳)〉.
73) 유비(劉備)는 위 조조의 압박을 피해 201년 형주(荊州)의 유표(劉表)에게 의지하였지만 음모에 빠지자 탈출하였다. 말을 달려 양양(襄陽)의 서쪽 단계(檀溪)를 지날 때 잘못하여 말과 함께 계곡에 떨어졌다. 그러나 그 말이 한 번에 삼 장을 뛰어 넘었다. 《삼국지》 권32 촉서(蜀書) 〈선주전(先主傳)〉.
74) 효는 어미를 잡아먹는 새이고, 경은 아비를 잡아먹는 짐승이다.
75) 옛 황하의 나루터 이름이다. 지금의 허난성 멍진현(孟津縣) 동북, 멍시안(孟縣)의 서남쪽이다.

謙]'는 말은 정말 허망한 이야기이다."

　이때 이주조는 상서성(尙書省)을 군영으로 하여 천자의 금고(金鼓)를 세우고 마당에는 누각(漏刻)[76]을 설치하였으며, 궁중의 모든 여인을 자신의 막부에 데려다 놓았다. 이주조는 장제를 영녕사의 문루 위에 가두었다. 이때가 12월, 감기가 든 장제가 머리가 아파서 이주조에게 머리 수건을 달라고 부탁했으나 주지 않았다. 드디어 장제를 진양으로 보내 삼급사(三級寺)에서 목매달아 죽였다. 장제는 죽기 전에 예불을 드려 다시는 국왕으로 태어나지 않기를 빌었다. 또한 오언시를 썼다.

권세가 가 버리니 살길은 촉박하여	權去生道促
근심이 오니 죽음길이 멀구나	憂來死路長
원한을 품고 나라 문을 떠나서	懷恨出國門
슬픔을 머금고 귀신 땅으로 들어가노라	含悲入鬼鄕
무덤의 문은 한번에 닫히니	隧門一時閉
그 안에서 어찌 다시 빛을 보겠는가	幽庭豈復光
시름에 잠긴 새가 푸른 소나무에서 울고	思鳥吟靑松
슬픈 바람이 사시나무에 부는구나	哀風吹白楊
예로부터 죽음이 고통스럽다고 하던데	昔來聞死苦
내가 어떤 말로 죽음을 감당하겠는가	何言身自當

　태창(太昌) 원년(532) 겨울에 비로소 장제의 관을 낙양으로 옮겨서 정릉(靖陵)에서 장사지냈다. 그가 쓴 오언시는 죽음을 애도하는 노래가 되었다. 조정과 재야의 선비들이 그것을 듣고 슬퍼하며 통곡하지 않는 사람이 없었다. 이 광경을 보는 백성들도 눈물이 얼굴을 가릴 뿐이었다.

　영희 3년(534) 2월, 영녕사 탑에 불이 났다. 효무제가 능운대(凌雲臺)[77]에 올

76) 금고는 금속으로 된 타악기와 큰북을 말하고 누각은 물시계이다. 이주조는 천자로서의 위엄을 갖추기 위해 이 두 가지를 상징적으로 먼저 설치한 것이다.
77)《원하남지(元河南志)》 권2에 인용된 양용양(楊龍驤)의《낙양기》에 의하면 능운대의 높이는 이십 장이나 되어 이곳에 오르면 맹진(孟津)이 보일 정도였다고 한다.

라 불이 난 곳을 바라보며 남양왕(南陽王) 보거(寶炬)[78]와 녹상서사(錄尙書事) 장손치(長孫稚)[79]에게 우림군(羽林軍)[80] 천 명을 이끌고 불을 끄게 하고는 매우 슬퍼하여 눈물을 흘리며 떠났다. 처음에 불은 동이 틀 무렵 탑의 여덟 번째 층에서 크게 일어났지만 그때는 번개가 치며 비가 내려 매우 어두웠고 싸라기눈도 섞여서 내렸다. 승려와 백성 들이 모두 와서 불을 구경하였다. 슬퍼하는 소리가 낙양에 진동하였다. 이때 세 명의 비구가 불을 끄려다가 죽었다. 불은 3월이 되어도 꺼지지 않았다. 불은 땅속으로 들어가 기둥을 다 태우고 한 해가 지나도록 연기가 났다. 그 해 5월에 동래군(東萊郡)에서 사람이 와서 말하였다.

"바다 가운데에서 탑을 보니 빛이 번쩍번쩍하여 새것 같아서 바다 사람들이 모두 그것을 보았습니다. 그런데 갑자기 안개가 일어나더니 불탑이 없어져 버렸습니다."

7월중에 평양왕(平陽王：효무제)[81]은 시중 곡사춘(斛斯椿)[82]에게 협박당하여 장안으로 달아났고, 10월에 업(鄴)으로 천도하였다.

---

78) 경조왕(京兆王) 유(愉)의 아들로 효장제 때 남양왕에 봉해졌고 효무제 때 태위공(太尉公)이 되었다. 우문흑달(宇文黑獺)이 황제를 죽인 뒤 옹립되어 황제가 되었다. 서위(西魏)의 문제(文帝)이다. 《위서》 권22 〈경조왕 열전〉.
79) 자(字)는 승업(承業)으로 고조 이래로 전공이 있었고 의리가 있는 사람이었다. 효장제에게도 신임을 받아 사도공(司徒公)·시중겸상서령이 되었고, 전폐제(前廢帝：節閔帝) 때는 태위공·녹상서사, 출제(出帝：효무제) 때는 태부·녹상서사가 되었지만 효무제가 장안으로 도망가자 그를 따라갔다. 《위서》 권25 〈장손도생(張孫道生) 열전〉.
80) 황제 위군(衛軍)의 명칭이다.
81) 이름은 수(脩)이고 자(字)는 효칙(孝則)이다. 영안 3년(530)에 평양왕에 봉해졌다. 이 해 고환(高歡)을 치기 위해 하교로 나아갔지만 실패하고 곡사춘의 협박을 피해서 우문태를 믿고 장안으로 도망갔다. 이때부터 북위는 동과 서로 분열되었다. 효무제라고 하는 것은 서위의 시호이고, 동위에서는 출제(出帝：도망간 황제) 또는 평양왕이라고 칭한다. 《위서》 권11 〈출제 평양왕기〉.
82) 광목(廣牧)의 부창(富昌) 사람으로 자(字)는 법수(法壽)이다. 장제 초에 양곡현개국공(陽曲縣開國公)으로 봉해져 식읍으로 천 호를 받고 산기상시·평북장군이 되었다. 반란을 일으킨 갈영(葛榮)을 평정한 공으로 상당태수(上黨太守)가 되었다. 원호가 낙양으로 들어왔을 때 그를 물리쳐 안북장군(安北將軍)·건주자사(建州刺史) 등을 지냈다. 이주영이 죽은 뒤에는 여남왕(汝南王) 열(悅)에게 붙었다. 이주조가 낙양에 들어왔다는 소식을 듣고 여남왕을 배신하고 다시 이주조에게로 와서 성양군개국공(城陽郡開國公)으로 고쳐 봉해졌다. 교활한 야심가였다. 《위서》 권80 〈곡사춘 열전〉.

建中寺
건중사

건중사는 보태(普泰) 원년(531)에 상서령 낙평왕(樂平王) 이주세륭이 건립하였다. 본래는 내시〔閹官：太監〕인 사공(司空) 유등(劉騰)[83]의 집이었다. 건물은 매우 사치스러웠고 들보와 마룻대는 규격을 넘어섰다. 사방 일 리 사이에 건물이 빽빽하게 들어찼다. 당(堂)은 궁궐의 선광전(宣光殿)에, 문은 건명문(乾明門)에 비견되었다. 그 넓고 광대하고 장려함은 여러 왕들의 집이 미칠 바가 아니었다. 이 절은 서양문 안, 어도 북쪽 연년리(延年里)에 있었다.

유등의 집 동쪽으로는 태복시(太僕寺),[84] 태복시의 동쪽에는 승황서(乘黃署),[85] 승황서의 동쪽에는 무고서(武庫署)[86]가 있었다. 무고서는 삼국시대 위(魏)나라의 상국(相國)이었던 사마문왕(司馬文王)[87]의 창고〔府庫〕였다. 무고서의 동쪽으로 창합문에 이르렀다.

83) 자(字)는 청룡(青龍)이다. 환관으로 고조 이래 여러 황제에게서 벼슬했다. 배운 것이 없었지만 다른 사람들의 뜻을 잘 받아들여 고위직을 차지하였다. 원차(元叉)와 함께 호태후를 유폐하고 청하왕(清河王) 역(懌)을 살해하였다. 효창 2년(526)에 주살되었다. 《위서》 권94 〈유등 열전〉.
84) 천자가 거둥할 때 사용하는 수레〔乘輿〕를 관리하던 관서이다.
85) 마필(馬匹)을 담당하던 관서이다.
86) 금위군의 무기를 조달하여 수장하던 관서이다.
87) 삼국시대 위(魏)나라 온현(溫縣) 사람으로 자(字)는 도기(道夔)이고 이름은 소(昭)이다. 그의 형인 사(師)가 죽자 대장군을 이어받아 정권을 잡아 진왕(晉王)에 봉해졌다. 무제의 선양을 받은 후 추존되어 문제(文帝)가 되었다. 《진서(晉書)》 권2 〈문제기〉.

서양문 안의 어도 남쪽에 영강리(永康里)가 있었다. 영강리 안에는 또 영군장군(領軍將軍) 원차(元叉)[88]의 집이 있었다. 옛 우물을 파다가 돌에 새겨진 명문을 얻었는데 "한나라 태위 순욱(荀彧)[89]의 집이다"라고 씌어 있었다. 정광(正光, 520~525) 연간에 원차가 정권을 독차지하여 호태후를 영항(永巷)[90]에 유폐시켰는데 유등이 주모자였다.[91] 원차는 강양왕(江陽王) 계(繼)[92]의 아들이고 태후의 매부이다.

희평(熙平, 516~518) 초에는 명제가 어려서 여러 왕[93]들이 정권을 차지하고 있었다. 태후가 원차를 시중령군좌우(侍中領軍左右)로 삼아 황제의 친위군을 통솔하게 하여 절대적으로 신임하였는데, 원차는 도리어 태후를 영항에 육 년간이나 가두어 둔 것이다. 태후는 통곡하며 "호랑이를 길러 그 호랑이에게 물렸고, 새끼 뱀을 길러 어미 뱀을 만들었구나"라고 말하였다.

효창(孝昌) 2년(526) 태후가 반정(反政)하여 원차 등을 죽이고 유등의 밭과 집을 몰수하였다. 원차를 죽일 때 유등은 이미 죽은 다음이었으나 태후는 유등이 살아 있을 때의 죄를 물어 그의 묘를 파헤치고 시체를 없애 그 혼령이 돌아갈 곳이 없게 하였다. 그의 집은 고양왕(高陽王) 옹(雍)[94]에게 주었다.

건명(建明) 원년(530)에 상서령 낙평왕 이주세륭이 이주영의 명복을 빌기 위해 이 집을 절로 만들었다. 문을 붉은색으로 칠하고 누각은 황금색을 칠하니 신선이 사는 곳이라고 이를 만하였다. 앞 마루[前廳]는 불전(佛殿)으로 하고, 뒤편

88) 자(字)는 백준(伯俊)이다. 《위서》 권16 〈경조왕 열전〉에는 원차(元叉)로 되어 있으나, 현존하는 그의 묘지(허난박물관 소장)에는 원예(元乂)라고 되어 있다고 한다. 《교석》 24쪽 참고.
89) 자(字)는 문약(文若)으로 조조(曹操) 아래에서 벼슬하였지만 사람됨이 강직하였다. 조조의 야망을 간파하고 있었기 때문에 미움을 사서 사사(賜死)되었다. 《삼국지》 권10 위서 〈순욱전〉.
90) 궁중의 긴 복도를 말하는데, 죄 있는 궁녀를 유폐하는 곳으로 사용되었다. 실제 태후를 유폐시킨 곳은 선광전(宣光殿)이었다.
91) 정광 원년(520) 7월 원차는 유등과 공모하여 효명제를 속여 정권을 영태후에게 넘기게 한 뒤, 태후를 북궁(北宮)의 선광전에 유폐하고 청하왕(淸河王) 역(懌)을 살해하였다. 금군을 장악하고 정권을 빼앗았다.
92) 자(字)는 세인(世仁)이다. 아들 차(叉)가 영태후의 동생 풍익군군(馮翊郡君)을 아내로 들여 태후의 총애를 얻자 경조왕(京兆王)으로 옮겨 봉해졌지만 쫓겨났다. 《위서》 권16 〈경조왕 열전〉.
93) 고양왕(高陽王) 옹(雍), 임성왕(任城王) 징(澄), 광평왕(廣平王) 회(懷), 청하왕(淸河王) 역(懌) 등을 말한다. 이들은 삼공이 되어 태후의 섭정을 견제하였다.
94) 자(字)는 사목(思穆)이고 헌문제(獻文帝)의 아들이다. 태후가 섭정할 때 승상을 지냈고, 태후가 폐해진 뒤에도 원차와 함께 국정에 관여하였다. 몰래 황제 및 태후와 원차를 몰아낼 계획을 세워서 효창 2년(526)에 원차를 주살하였다. 그 공으로 유등의 집을 하사받았다. 135쪽 〈고양왕사〉 참고.

의 당[後堂]은 강실(講室)로 하였다. 금색의 연꽃 보개(寶蓋)로 그 안을 골고루 장식하였다. 절 안에는 양풍당(凉風堂;시원한 바람이 드는 당)이 한 채 있었는데 본래 유등이 더위를 피하던 곳이었다. 서늘한 바람이 불어 항상 선선해 더운 여름이 되어도 파리 한 마리 없었다. 또한 천 년, 만 년 된 나무들도 있었다.

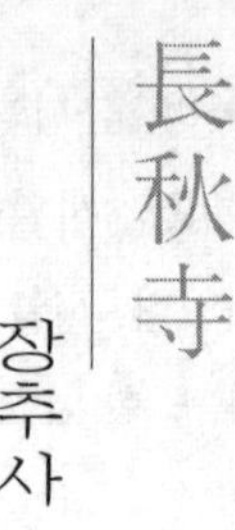

　장추사는 유등(劉騰)이 건립하였다. 유등이 처음에 장추령경(長秋令卿)으로 있었기 때문에 그렇게 이름 붙였다. 서양문 안의 어도 북쪽으로 일 리 되는 곳에 연년리(延年里)가 있었는데 이곳은 진(晋)나라 중엽의 '금시(金市)'[95]가 있었던 곳이다. 절의 북쪽에는 몽사지(濛汜池)[96]가 있었는데 여름에는 물이 있었으나 겨울에는 말라버렸다.

　이 절에는 삼층탑이 하나 있었다. 탑의 금반(金盤)과 영찰(靈刹)이 성안을 환히 비추었다. 또 여섯 개의 상아가 달린 흰 코끼리[97]가 석가를 태우고 있는 상이 허공 중에 솟아 있었다. 불상의 장식은 모두 금과 옥을 사용하여 화려하고 장엄하였다. 만든 솜씨가 뛰어나 모두 말로 표현하기 어려울 정도였다.

　4월 4일, 이 불상이 행상(行像)[98]을 나갔는데 악을 물리치는 사자[99]가 그 앞을

---

95) 육기(陸機)의 《낙양기》에 의하면 낙양에는 삼시(三市)가 있었고, 그 가운데 대시(大市)를 금시라고 하였다고 한다.

96) 삼국시대 위나라의 명제가 판 연못이다. 옛날에 태양이 빠진 곳을 몽사라고 한 것에서 연유하여 지은 이름이다.

97) 코끼리는 모든 짐승 가운데 가장 힘이 세고 점잖으며 자비로운 동물이다. 마야 부인이 흰 코끼리가 품 안으로 들어오는 태몽을 꾼 다음에 석가모니 즉 싯다르타 태자를 잉태하였기 때문에 흰 코끼리가 불교를 상징하는 동물이 되었다.

98) 석가모니가 열반한 후에 사람들이 그의 진용(眞容)을 친히 보지 못함을 한스럽게 여겨 '불강생상(佛降生相)', '태자순성상(太子巡城像)'을 만들어서 석가탄신일(4월 8일)에 수레에 싣고 성의 안팎을 돌아다니며 여러 사람들이 우러러보고 절하던 행사이다. 그러나 이것이 4월 8일 석가탄신일에만

인도하였다. 칼을 삼키거나 불을 토하고, 말을 모는 묘기가 한쪽에서 행해지고, 장대를 오르거나 줄을 타는 등 평소에는 볼 수 없는 기이한 묘기들이 행해졌다.[100] 신기한 재주를 펼치며 이상한 옷을 입은 사람들이 도시를 가득 메웠다. 불상이 멈춘 곳에서는 구경하는 사람들이 둘러쳐진 담처럼 많아서 서로를 밟거나 뛰어넘어 죽는 자가 항상 생겨났다.

한하지 않고 4월 1일부터 14일간 지속되는 경우도 있었다고 한다.
99) 진짜 사자를 말하는 것이 아니라 사자의 모습으로 분장한 사람을 말한다.
100) 이러한 묘술들은 대개 서역에서 온 환인(幻人)들에 의해서 행해졌다. 이들은 기술사(奇術使)나 마법사(魔法師) 등으로도 불렸다. 뒤에는 백희(百戲)라고 불리워지고 중국의 전문 예능인에 의해서도 행해졌다.

瑤
光
寺

요
광
사

요광사는 세종(世宗) 선무황제(宣武皇帝)가 건립하였다. 창합 성문의 어도 북쪽에 있었다. 동쪽으로 천추문과 이 리 정도 떨어져 있었다. 천추문 안길 북쪽에는 서유원(西游園)이 있었다. 서유원 안에는 위 문제가 만든 능운대가 있었고, 그 위에는 팔각정(八角井)이 있었다. 고조가 팔각정 북쪽에 양풍관(凉風觀)을 만들었다. 그곳에 오르면 멀리 낙수(洛水)까지 눈에 들어왔다. 능운대 아래에는 벽해곡지(碧海曲池)가 있었고, 동쪽에는 십 장 높이의 선자관(宣慈觀)이 있었다.

선자관의 동쪽에는 영지조대(靈芝釣臺)가 있었는데 나무를 얽어 만들어 물 위에 우뚝하게 솟아 있었으며 이십 장 높이였다. 그 창문에 바람이 불면 구름이 들보와 마룻대 옆에서 일어났다. 기둥은 붉은색으로 칠하고 서까래에는 문양을 넣어 여러 신선을 그려 넣었다. 돌을 조각해서 고래를 만들고 그 등에 조대(釣臺)를 짊어지게 하였다. 조대는 마치 땅에서 우뚝 솟아오른 듯, 공중에서 날아 내려오는 듯한 모습이었다.

조대 남쪽에는 선광전(宣光殿), 북쪽에는 가복전(嘉福殿), 서쪽에는 구룡전(九龍殿)이 있었다. 구룡전 앞에는 아홉 마리 용의 입에서 뿜어져 나온 물로 만들어진 구룡지가 있었다. 이 네 건물에는 각각 비각(飛閣)이 있어서 영지조대를 오갈 수 있었다. 삼복의 무더위에는 황제가 영지대에 와서 더위를 피했다.

오십 장 높이의 오층탑이 하나 있었다. 선인(仙人)이 손바닥으로 받친 듯 공중으로 높이 솟아 풍경이 구름 위로 드리워져 있었다. 그 제작의 정묘함은 영녕사의 아름다움에 짝할 만하였다. 강전(講殿)과 승방은 오백여 칸이나 되었다. 화려한 무늬의 창문이 연이어져 서로 통하였고 진귀한 나무와 향기로운 풀은 말로 다 표현할 수가 없었다. 우근(牛筋)[101]과 구골(狗骨)[102] 나무, 계두(鷄頭)[103]·압각(鴨脚)[104] 풀도 모두 갖추어져 있었다. 초방(椒房)[105] 여인들이 도를 배우는 곳이었고, 궁중 별궁의 미인들도 이 절에 귀의하였다. 또한 믿음이 독실한 명문가의 아가씨들도 머리를 자르고 혈육과 떨어져 이 절에 몸을 맡겼다. 진귀하고 화려한 옷을 버리고 수도하는 옷을 입은 채 팔정도(八正道)[106]에 전념하여 일승법을 신봉하였다.

영안 3년(530) 이주조가 낙양에 입성하여 병사들을 풀어 심하게 약탈하였다. 그때 이주씨(爾朱氏)의 조상이 거처하던 수용(秀容) 지역의 기병 수십 명이 요광사로 들이닥쳐 음탕하고 더러운 짓을 하였다. 이후 이 절의 비구니들이 조롱을 받았다. 당시 낙양에는 이런 말이 나돌았다.

"낙양의 사내 아이들은 급하게 상투를 틀었고, 요광사의 비구니들은 빼앗듯이 서방을 얻었네."

요광사의 북쪽에는 승명문과 삼국시대 위(魏)나라의 명제가 만든 금용성(金墉城)이 있었다. 서진(西晉) 영강(永康, 300~301) 연간에 혜제(惠帝)가 금용성에 유폐되었다. 금용성의 동쪽에는 영가(永嘉, 307~313) 연간에 건립된 낙양소성(洛陽小城)이 있었고, 성의 동북쪽 모퉁이에는 위 문제의 백척루(百尺樓)가 있었다. 비록 오랜 세월이 흘렀지만 형태와 구조는 처음 그대로였다. 고조는 금용성 안에 광극전(光極殿)을 만들어서 금용성문을 광극문이라고 이름하였다. 또한 여

---

101) 잎은 살구나무 잎과 비슷하며 뾰족하고 흰색이다. 껍질은 붉은색이고 줄기는 굽은 것이 많아서 활을 만드는 데 쓰였다.
102) 구기자 나무이다. 낙엽 활엽 관목으로 줄기는 가늘고 회백색이며 가시가 있다. 여름에 자색 꽃이 피고 가을에 열매가 붉게 익는다. 열매는 차나 약재로 쓴다.
103) 맨드라미이다. 늦여름에 닭 볏 모양의 꽃이 핀다.
104) 오리 발바닥 같아서 압장(鴨掌)이라고도 한다. 해바라기〔葵〕의 일종이다.
105) 산초를 벽에 발랐기 때문에 붙여진 이름으로 황후의 어전(御殿)을 뜻한다. 산초는 온기를 주어 나쁜 기운을 제거하는 효과가 있고, 또 열매를 많이 맺는 것을 자손이 많은 것에 비유하여 축하하는 의미로 사용한다. 한나라 때는 궁전의 이름이었고 황후를 뜻하였다.
106) 팔정도지(八正道支). 팔성도지(八聖道支)·팔정도분(八正道分)이라고도 한다. 불교에서 실천 수행의 중요한 종목을 정견(正見)·정사유(正思惟)·정어(正語)·정업(正業)·정명(正命)·정정진(正精進)·정념(正念)·정정(正定)의 여덟 종으로 나눈 것이다. 중정(中正)·중도(中道)의 완전한 수행법으로서 부처님이 최초의 법문에서 이것을 말하였다. 사제(四諦)·십이인연(十二因緣)과 함께 불교의 근본 교의(敎義)이다.

러 층의 비각(飛閣)을 성의 위아래에 지어 땅에서 보면 마치 구름 속에 있는 듯이
보였다.

景樂寺

경락사

경락사는 태부(太傅) 청하(淸河) 문헌왕(文獻王) 역(懌)[107]이 세웠다. 역은 효문제(孝文帝)의 아들이자 선무제(宣武帝)의 동생이었다. 이 절은 창합문의 남쪽, 어도의 동쪽에 있었는데 서쪽으로는 영녕사와 정면으로 마주 보고 있었다. 절의 서쪽에는 사도부(司徒府)가, 동쪽에는 대장군 고조(高肇)[108]의 집이 있었고, 북쪽으로는 의정리(義井里)에 접해 있었다. 의정리의 북문 밖에는 가지가 무성한 뽕나무 몇 그루가 있었다. 뽕나무 아래에는 단우물[甘井]이 있었는데, 그곳에는 길가는 나그네를 위하여 돌 물통과 쇠 두레박이 놓여 있었기 때문에 그늘 아래서 물을 마시며 쉬어 가는 사람이 많았다.

이 절에는 불전(佛殿)이 한 채 있었다. 행상(行像) 때 사용하는 수레가 그곳에 있었는데 그 조각이 절묘하여 당시에 가장 뛰어났다. 회랑이 둘러 있었고 내실〔曲房〕들은 서로 연결되어 있었다. 가볍고 부드러운 가지들이 창을 덮었고, 갖가

---

107) 효문제의 다섯째 아들로 자(字)는 선인(宣仁)이다. 박학다식한 지식인으로 온후한 성품을 지니고 있었다. 태화(477~499) 연간에 청하왕에 봉해지고 효명제 때 태위(太尉)가 되었다. 효장제의 태부(太傅)였는데 조정의 정치를 위임받아 원차의 횡포를 제압하고자 했으나 정광 원년(520)에 서른네 살의 나이로 원차와 유등에게 살해당했다. 동생인 여남왕 열(悅)과 함께 독실한 불교 신자로서 이 절 외에도 충각사·융각사를 건립하였다(143~145쪽 〈충각사〉, 168~169쪽 〈융각사〉 참고).《위서》 권22 〈청하왕 열전〉.
108) 북해(北海) 사람으로 자(字)는 수문(首文)이고 고조 문소황후(文昭皇后)의 오빠이다. 배운 것도 없고 오만하여 멋대로 정권을 휘둘렀다. 위아래 사람들이 모두 원망하여 연창 4년(515)에 모살되었다.《위서》 권83 〈고조 열전〉.

지 꽃들이 정원에 가득하였다. 육재일(六齋日)[109]에는 항상 춤추고 노래하는 여자들을 두어서 노래 소리가 끊이지 않았고 소매를 나부끼며 천천히 춤을 추었다. 또 관악기·현악기의 쓸쓸하고 맑은 연주는 조화롭고 절묘하여 신기로운 경지에 이르렀다. 이곳은 비구니의 절이어서 남자들이 들어갈 수가 없었는데 가서 본 자들은 천당에 들어왔다고 생각하였다. 문헌왕이 죽은 뒤로는 절의 금령(禁令)이 점점 관대해져서 백성들의 출입에 제한을 두지 않았다. 뒤에 문헌왕의 동생인 여남왕(汝南王) 열(悅)[110]이 다시 수축하였다.

음악에 재주가 있는 자들을 불러들여 절 안에서 자신의 기예를 다 드러내게 하였다. 기이한 새와 짐승 들이 불전의 마당에서 기뻐하면서 춤을 추었다. 공중으로 솟구쳐 모습을 바꾸는 환술은 세상에서는 보지 못했던 것이었다. 여러 가지 종류의 기괴한 묘술이 이 절 안에 다 모였다. 당나귀의 사지를 잘라서 우물에 던지거나[投井],[111] 대추와 오이를 심고 눈 깜작할 사이에 열매를 모두 따서 먹게 하였다. 이것을 본 남녀들은 눈이 돌아갈 정도로 미혹되었다. 건의(建義, 528) 이후 낙양에 자주 전쟁이 벌어지자 이러한 묘술은 자취를 감추게 되었다.

109) 매달 8·14·15·23·29·30일의 여섯 날을 말한다. 이 날들에는 사천왕이 천하를 순행하면서 사람의 선악을 살피는 날인 동시에 악귀(惡鬼)가 사람들의 틈을 살피는 날이라고 하여, 몸을 조심하고 마음을 깨끗이 하며 행동을 삼갔다.
110) 불교 신자였지만 형 문헌왕과는 다른 품성의 소유자였다. 형이 원차에게 살해되자, 원차에게 아부하여 시중태위(侍中太尉)가 되었다. 뒤에 이주영의 난을 피해 양나라 무제에게 의지하여 위왕(魏王)이 되었다. 곧 위나라로 돌아와 효무제 밑에서 벼슬했지만 얼마 안 있어 주살당했다. 《위서》 권22 〈여남왕 열전〉.
111) 당나귀의 사지를 잘라서 다른 동물로 바꾸는 환술(幻術)을 말한다. 투정은 《교석》 28쪽에는 발정(拔井)이라고 하여 주문을 외어 평지에서 우물물이 솟아져 나오게 한다고 풀이하였다.

昭
儀
尼
寺

소의니사

   소의니사는 내시들이 건립하였다. 동양문(東陽門) 안 일 리 되는 곳, 어도 남쪽에 있었다. 동양문 안, 어도의 북쪽에는 태창서(太倉署)와 도관서(導官署)[112]가 있었다. 이 두 관서의 동남쪽에는 치속리(治粟里)가 있었는데 두 관서에 소속된 관리들이 살고 있었다.

   영태후(靈太后) 호씨가 섭정할 때 내시들을 매우 총애하여 그들이 정권을 독차지하고 있었기 때문에 내시의 집에는 금이 넘쳐날 정도로 쌓였다. 이것을 보고 소흔(蕭忻)이 말하기를 "휘장을 덮은 호화스런 수레를 타고 있는 이는 내시의 처첩이며,[113] 옥 장신구를 단 말을 탄 자는 내시의 양자다"라고 말할 정도였다. 소흔은 양평(陽平) 사람이다. 문장과 서적을 좋아하여 어려서부터 이름이 있었다. 내시가 지나치게 총애를 받자 이런 말을 하였던 것이다. 이 말로 인하여 세상에 알려지게 되었다. 후에 치서시어사(治書侍御史)가 되었다.

   절에는 불상 한 구와 보살상 두 구가 있었다. 매우 정교하고 절묘하게 만들어서 낙양에 비견할 만한 것이 없었다. 4월 7일, 이 삼존상이 경명사에 이르면 경명사의 삼존불도 항상 나와서 맞았다.[114] 노래하고 춤추는 여자들을 많이 둔 것은

---

112) 태창서와 도관서는 둘 다 식량과 그 저장고를 관리하던 관서이다.
113) 환관은 생식불능자였지만 높은 지위에 있는 자는 처첩을 많이 거느렸다. 이 풍습은 후한부터 성했다.

유등의 장추사와 서로 비슷하였다. 당(堂) 앞에는 술나무[酒樹][115]와 면나무[麵木][116]가 있었다.

소의사에는 연못이 있었는데 낙양의 학생들이 적천(翟泉)이라고 불렀다. 내가 살펴보니 두예(杜預)[117]는 《춘추(春秋)》 주석에서 "적천은 진(晉)나라 태창(太倉)의 서남쪽에 있다"고 하였다. 진나라 태창은 건춘문 안에 있었으나 지금의 태창은 동양문 안에 있다. 이 연못은 지금 태창의 서남쪽이니 이것이 적천이 아님은 분명하다.[118] 뒤에 나오는 은사(隱士) 조일(趙逸)[119]은 "이곳은 진(晉)나라 시중 석숭(石崇)[120] 집의 연못이었다. 이 연못 남쪽에 녹주루(綠珠樓)가 있었다"고 하였다. 그리하여 학생들이 비로소 알게 되었고, 이 연못을 지나다니는 사람들은 녹주[121]의 빼어난 용모를 상상하였다.

연못 서남쪽에 원회사(願會寺)가 있었다. 중서시랑(中書侍郎) 왕익(王翊)[122]이

---

114) 북위에서는 대개 삼존불상을 조각하였다. 가운데 본존(本尊) 불상을 두고 좌우에 협시(脇侍) 보살상을 두었다. 불상들이 직접 나와서 맞았다는 것이 아니라 행상 온 소의니사의 불상을 맞이하기 위해 경명사의 불상을 내왔다는 뜻이다.
115) 《양서(梁書)》 권54 남해의 돈손국(頓遜國)에 "술나무가 있는데 안석류와 비슷하다. 그 꽃즙을 옹기 안에 넣어두면 며칠 안에 술이 된다[又有酒樹, 似安石榴. 其花汁停甕中, 數日成酒]"고 하였다.
116) 《남방초목장(南方草木狀)》에는 광랑수(桄榔樹)에 대해 "껍질에 밀가루 같은 가루가 있으니 많은 경우는 여러 곡이 되었다. 맛을 보면 보통의 밀가루와 차이가 없다. 나무의 성질은 대나무와 같다[皮中有屑如麪, 多者至數斛, 食之與常麪無異. 木性如竹]"고 설명하고 있다.
117) 진(晉)나라 사람으로 자(字)는 원개(元凱)이고 진남대장군(鎭南大將軍)·도독형주제군사(都督荊州諸軍事)를 거쳤다. 오(吳)를 평정한 공으로 당양현후(當陽縣侯)에 봉해졌다. 뒤에 경적(經籍) 공부에 몰두하였다. 정남대장군(征南大將軍)에 추증되어 그를 두정남(杜征南)이라고도 부른다. 저서에 《춘추좌씨경전집해(春秋左氏經典集解)》 등이 있다. 《진서》 권34 〈두예 열전〉.
118) 이 책 뒤의 지도 중 〈낙양 가람도〉를 보면 명확하게 알 수 있다. 적천은 건춘문 안에 있는 것이고, 이 연못은 동양문 안 소의니사 옆에 표시되어 있다.
119) 83~86쪽 〈건양리 동쪽〉 참고.
120) 진(晉)나라 남피(南皮) 사람으로 자(字)는 계륜(季倫)이다. 어려서부터 명민하여 산기랑(散騎郎)이 되었다. 원강(元康, 291~299) 초에 형주자사를 거쳐 위위(衛尉)로 있을 때 해상 무역을 해서 거부가 되었다. 아첨하여 가밀(賈謐)을 섬기다가 가밀이 살해당하자 파면당하였다. 하양(河陽)에 금곡원(金谷園)이란 별장을 만들어 사치스런 생활을 하였다. 녹주(綠珠)라는 미인을 금곡원의 누각에서 살게 하였는데, 당시의 실력자 손수(孫秀)가 그녀를 달라고 하자 녹주가 분하게 여겨 누각에서 떨어져 자살하였다. 손수는 매우 노하여 석숭을 참소하였고 그 가족을 몰살하였다. 《진서》 권33 〈석포(石苞) 열전〉.
121) 석숭의 애첩으로 아름다웠으며 피리를 잘 불었다고 한다.
122) 낭야(琅邪) 임기(臨沂) 사람으로 자(字)는 사유(士游)이다. 123쪽 〈보덕사〉에 자세히 나오는 왕숙(王肅)의 둘째 형인 침(琛)의 아들이다. 학자 집안 출신이어서 학문을 좋아하고 문재가 있었다. 중서시랑·제주자사·국자좨주 등을 거치고 영안 원년(528)에 서른여섯 살로 죽었다. 《위서》 권63 〈왕숙 열전〉.

집을 기증하여 건립하였다. 불당 앞에 뽕나무 한 그루가 있었는데 위로 곧게 오 척이나 뻗어 있었다. 가지는 옆으로 둥그렇게 둘러 있었고, 잎은 옆으로 퍼져 있어 마치 새 깃털로 장식된 마차 덮개 같았다. 오 척의 높이 역시 그러하였다. 다섯 층을 이루었는데 매 층의 잎과 오디가 각각 같지 않았다. 낙양의 모든 사람들이 그것을 신령스러운 뽕나무[神桑]라고 하였다. 그것을 보려고 모인 사람들이 성시를 이루었고 보시하는 사람들도 매우 많았다. 효무제는 그것을 듣고 백성들을 현혹시킨다고 생각하여 좋아하지 않았다. 급사중황문시랑(給事中黃門侍郎) 원기(元紀)[123]에게 나무를 베어 버리라고 명하였다. 그날 구름과 안개가 낙양을 뒤덮어 암흑처럼 되었고 도끼를 내리친 곳에서는 피가 땅으로 흘러나왔다. 그 광경을 보고 슬피 울지 않는 사람이 없었다.

절 남쪽에는 의수리(宜壽里)가 있었다. 의수리에는 포신현령(苞信縣令) 단휘(段暉)의 집이 있었다. 그의 집 지하에서는 항상 종소리가 들렸고 때때로 오색 빛이 집안을 비추었다. 단휘가 그것을 이상하게 여겨 마침내 빛이 나는 곳을 파서 삼 척 크기의 금불상 한 구와 보살상 두 구를 얻었다. 불상의 결가부좌 위의 명문(銘文)에는 "진(晉)나라 태시(泰始) 2년(266) 5월 15일 시중중서감(侍中中書監) 순욱(荀勗)[124]이 만든다"고 씌어 있었다. 단휘는 드디어 그 집을 희사하여 광명사(光明寺)를 지었다. 당시 사람들이 모두 "여기가 순욱의 옛 집이었다"고 말하였다. 그 후로 도둑이 이 불상을 훔치려고 하면 불상과 보살상이 소리를 합쳐 도둑을 꾸짖으니, 도둑이 놀라고 두려워 땅에 넘어져 혼절하였다. 절 안의 여러 승려들이 그 꾸짖는 소리를 듣고 쫓아와 도둑을 붙잡았다.

123) 자(字)는 자강(子綱)이고 임성왕(任城王) 징(澄)의 아들이다. 《위서》 권19 〈임성왕 열전〉.
124) 진(晉)나라 사람으로 자(字)는 공증(公曾)이다. 무제 때 중서감이 되었고, 시중을 거쳤다. 음률과 전적에 정통한 학자였다. 《진서》 권39 〈순욱 열전〉.

胡統寺

호통사

　　호통사는 영태후의 종고모[從姑 ; 아버지의 사촌 누이]가 지은 절이다. 출가해 비구니가 되어 이 절에서 살았다. 영녕사 남쪽 일 리쯤 되는 곳에 있었다. 오층탑이 있었는데 금찰(金刹)이 우뚝하게 높이 솟아 있었다. 내실[洞房]이 쭉 둘러 있었고 문은 서로 마주 보고 창은 서로 엇갈려 있었는데 붉은 기둥과 흰 벽이 매우 아름다웠다. 그 절의 여러 비구니들은 낙양에서도 덕이 높기로 이름났다. 그들은 사람들을 잘 가르쳐 이끌었고 불교의 이치를 잘 설명해 주었다. 늘 궁에 들어가 태후에게 설법하였다. 그래서 태후가 이 절의 비구니들을 돕고 공양을 바친 것은 다른 곳과 비교할 수 없었다.

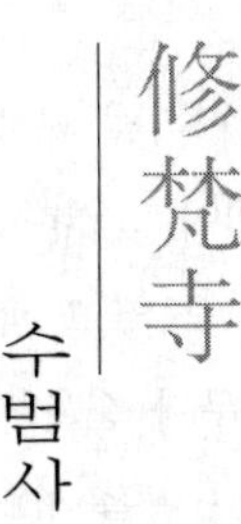

修梵寺

수범사

수범사는 청양문 안, 어도의 북쪽에 있었다. 숭명사(嵩明寺)는 수범사 서쪽에 있었다. 두 절은 모두 담을 화려하게 칠했고 건물들은 크고 높았다. 건물은 쭉 늘어서서 용마루가 서로 이어져 있었다. 모두 이름난 절이었다. 수범사에는 금강력사(金剛力士)[125]가 있어서 비둘기가 감히 절 안으로 들어오지 못했고, 참새들도 둥지를 틀지 못했다. 보리달마가 "금강력사의 제 모습을 잘 표현했다"고 하였다.

수범사의 북쪽 영화리(永和里)에는 한(漢)나라 태사(太師) 동탁(董卓)[126]의 집이 있었다. 영화리 남북에는 모두 동탁이 만든 연못이 있었다. 지금까지도 물이 있고 여름이나 겨울에도 마르지 않는다.

영화리 안에는 태부록상서사(太傅錄尙書事) 장손치(長孫稚), 상서우복야(尙書右僕射) 곽조(郭祚),[127] 이부상서(吏部尙書) 형만(邢巒),[128] 정위경(廷尉卿) 원

---

125) 금강신(金剛神)·금강수(金剛手)·인왕(仁王)이라고도 한다. 여래의 온갖 비밀 사적을 알고 오백 야차신을 시켜 현겁(賢劫) 천 불(千佛)의 법을 수호한다는 두 신을 가리킨다. 흔히 위통을 벗은 채 허리에 옷을 걸쳤고 용맹스런 모습을 하였다. 이 두 신의 형상을 절 문 양쪽에 두고 왼쪽은 밀적금강(密跡金剛), 오른쪽은 나라연금강(那羅延金剛)이라 한다. 발사라파니(跋闍羅波膩)·벌절라다라(伐折羅陀羅)라고도 음역한다.

126) 후한 말기 사람으로 영제(靈帝)가 죽자 스스로 상국(相國)이 되어 권력을 휘둘러 소제(少帝)를 폐하고 태후를 죽이고 헌제(獻帝)를 세웠다. 뒤에 여포(呂布)에게 살해되었다. 《후한서》 권72 〈동탁 열전〉.

127) 태원(太原) 사람으로 자(字)는 계우(季祐)이다. 교양과 문재를 갖추고 행정 수완도 있어서 중용되어

홍초(元洪超),[129] 위위경(衛尉卿) 허백도(許伯桃), 양주자사(涼州刺史) 위성흥(尉成興)[130] 등 여섯 사람의 저택이 있었다. 모두 문이 높고 건물들이 화려하였다. 재관(齋館:學舍)들은 넓게 탁 트였고 개오동나무[楸]와 회화나무 그늘이 길을 덮었으며 오동나무와 버드나무가 길을 따라 심어져 있었다. 당시에는 '귀리(貴里;귀한 동네)'라고 불렀다. 이 땅을 팠더니 금과 옥으로 만들어진 노리개가 나왔다. 그 당시 형만의 집에서는 자주 땅을 파서 단사(丹砂:硃砂)와 수십만 전(錢)을 얻었다. 명문에 "태사 동탁의 물건이다"라고 새겨져 있었다. 그 후 형만이 꿈을 꾸었는데 동탁이 밤중에 자신을 따라와 이 물건을 찾았으나 그가 주지 않았다. 한 해 뒤 형만은 결국 죽었다.

상서우복야까지 되었지만 명예욕이 지나쳐 왕우충(王于忠)에게 모살되었다. 《위서》 권64 〈곽조 열전〉.
128) 자(字)는 홍빈(洪賓)으로 선무제 때 상서가 되었다. 점차 전공을 세워 만년에는 전중상서(殿中尙書)가 되었다. 《위서》 권65 〈형만 열전〉.
129) 요서공(遼西公) 의열(意烈)의 현손으로 북군장군(北軍將軍)·광록대부(光祿大夫)가 되어 죽었다. 《위서》 권15 〈소성자손(昭成子孫) 열전〉.
130) 이름은 율(聿)이고 자는 성흥(成興)이다. 효명제 때 무위장군(武衛將軍)이 되었지만 원차가 권력을 장악했을 때는 벼슬을 그만둘 정도로 강직한 사람이었다. 《위서》 권26 〈위고진(尉古眞) 열전〉.

景林寺

경림사

경림사는 개양문 안, 어도의 동쪽에 위치하였다. 강전(講殿)은 첩첩이 지어졌고 회랑이 줄지어 있었다. 붉게 칠한 기둥에 해가 비쳤고, 단청을 올린 서까래가 바람을 맞았다. 정말 아름다운 곳이었다.

절의 서쪽에는 과수원이 있었는데 기이한 과일이 많았다. 봄에는 새가 지저귀고 가을에는 매미가 울어 그 소리가 끊임없이 이어졌다.

과수원 안에는 선방(禪房)이 한 군데 있었다. 그 안에 기원정사(祇洹精舍)[131]를 두었는데 규모는 작으나 만든 솜씨가 다른 것과 비교하기 어려웠다. 고요한 선방, 깊숙이 자리잡은 기원정사, 창을 가리는 나무, 섬돌을 둘러싼 향기로운 두약(杜若)[132]이 있어서 비록 번잡한 도성에 자리잡고 있어도 산골짜기에 있는 듯하였다. 수도 정진하는 승려들은 그 안에서 허리를 꼿꼿이 하고 바르게 앉아 바람을 마시고 도를 먹으며[餐風服道][133] 결가부좌한 채 숨을 세었다.[134]

---

131) 중인도 사위성 남쪽 기수급고독원(祇樹給孤獨園)에 지은 절이다. 인도의 수달장자(須達長子:수닷타)가 석가모니의 설법 수도를 위해 세웠다. 칠 층 건물로 장려하였는데 당나라 현장(玄奘)이 순례하던 때엔 이미 황폐되었다고 한다. 기원정사의 원(洹)은 원(園)으로도 쓴다. 여기서는 선방 안의 수행하는 장소를 나타낸다.
132) 두형(杜蘅), 두연(杜蓮)이라고도 한다. 따뜻한 지방의 산지 응달에서 자라는 여러해살이풀로 대개 30센티미터 정도 크고 잎은 긴 타원형이며 여름에 황적색 꽃이 핀다.
133) 고행을 두려워하지 않고 불도에 정진한다는 뜻이다.
134) 내쉬는 숨과 들이쉬는 숨을 세어 마음의 산란을 방지하는 수행법으로 수식관(數息觀), 지식념(持息念)이라고도 한다.

절 안에는 국자박사(國子博士) 노백두(盧白頭)가 지은 글을 새긴 바위가 하나 있었다. 노백두의 자는 경유(景裕)이고, 범양(范陽) 사람이다. 조용한 것을 좋아하는 성품이라 전원에서 홀로 지내며 육경(六經)을 힘써 공부하고 제자백가의 설을 두루 꿰뚫었다. 보태(普泰, 531~532) 초에 국자박사로 발탁되었다. 몸은 귀족의 반열에 올랐어도 경에 주석을 다는 일에 몰두하여 그의 《주역》 주석은 세상에서 널리 읽혀졌다.

建春門

건춘문

건춘문 안의 어도 남쪽에 구순서(勾盾署)[135]·전농서(典農署)[136]·적전서(籍田署)[137]의 세 관서가 있었다. 적전서의 남쪽에는 사농시(司農寺)[138]가 있었다. 어도 북쪽의 공터에 태자가 거처하는 동궁을 지으려고 했는데, 원래 진(晉)나라 중엽에는 태창(太倉)이 있었다.

태창 남쪽에는 적천(翟泉)이 있었는데 둘레가 삼 리나 되었다. 《춘추(春秋)》에 "왕자 호(號)와 춘추시대 진(晉)의 호언(狐偃)이 적천에서 결맹하였다"고 하였다. 적천의 물은 아직도 맑고, 바닥이 보일 정도로 투명해서 깊이 숨어 있어도 물고기인지 자라인지 구별할 수 있었다. 고조가 적천의 북쪽에 하남윤(河南尹)의 관서를 두었는데, 진나라 중엽에는 보광리(步廣里)였다.

적천의 서쪽에는 화림원(華林園)[139]이 있었는데 고조는 적천이 화림원의 동쪽에 있었기 때문에 이름을 창룡해(蒼龍海)[140]라고 하였다. 화림원 안에는 한나라

---

135) 구순(鉤盾)이라고도 하는데 한나라 이래의 관명으로 황실의 정원을 관리하였다.
136) 둔전(屯田)이 행해지는 지역에 나누어 설치하던 관서로 농업생산·민정·전조(田租) 등을 담당하였다. 한나라 말에 조조(曹操)가 처음으로 설치하였다.
137) 천자가 직접 경작하는 밭을 관리하던 관서로, 한나라 문제(文帝) 때 처음 적전령(籍田令)을 설치하였다.
138) 국가 전체의 농정을 관리하던 관서이다.
139) 삼국시대 위(魏)나라 명제 조예(曹叡)가 방림원(芳林園)이라고 만들었으나 제왕(齊王) 방(芳)이 자신의 이름자를 피해 화림원으로 고쳤다.

의 천연지(天淵池)[141]란 커다란 연못이 있었고, 연못 안에는 삼국시대 위(魏)나라 문제(文帝)가 만든 구화대(九華臺)가 있었다. 고조(효문제)가 구화대 위에 청량전(淸涼殿)을 만들었고, 세종(선무제)은 연못 안에 봉래산(蓬萊山)을 만들고 산 위에 선인관(僊人館)을 두었다. 구화대 위에는 또 조대전(釣臺殿)이 있고, 나란히 홍예각(虹蜺閣)을 만들어 구름다리로 왕래하게 하였다.

3월 계일(禊日)과 계추(季秋) 사진일(巳辰日)[142]에 황제는 뱃머리에 익새〔鷁〕를 그려 넣고, 용 문양을 조각한 큰 배를 타고 천연지 위를 유람하였다. 연못 서쪽에는 얼음을 보관하는 곳이 있었는데 6월이면 얼음을 꺼내 여러 관리들에게 나누어 주었다.

연못 서남쪽에는 경양산(景陽山), 경양산 동쪽에는 희화령(羲和嶺), 희화령 위에는 온풍실(溫風室)이 있었다. 경양산 서쪽에는 항아봉(姮娥峰), 항아봉 위에는 한로관(寒露館)이 있었다. 이들은 산을 넘고 골을 건너지르는 비각(飛閣)[143]으로 서로 통해 있었다. 산의 북쪽에는 현무지(玄武池), 남쪽에는 청서전(淸暑殿)이 있었다. 청서전 동쪽에는 임간정(臨澗亭), 서쪽에는 임위대(臨危臺)가 있었다.

경양산 남쪽의 백과원(百果園)에는 과일 나무가 종류별로 구분되어 숲을 이루고 있었다. 매 숲마다 당(堂)과 같이 넓고 평평한 곳이 있었다. 백과원에는 선인조(仙人棗;대추나무)가 있었는데 대추 크기가 오 촌(寸)이나 되어서 손으로 쥐면 양끝이 나왔다. 그 대추씨는 침과 같이 가늘었고 서리가 내리면 익었는데 맛이 아주 좋았다. 전해져 오는 이야기에 곤륜산(崑崙山)에서 난다고도 하고 어디에

140) 창룡은 동방칠수(東方七宿)의 총칭인데, 적천이 화림원의 동쪽에 있었기 때문에 이렇게 이름지은 것이다. 70쪽의 주150 참고.
141) 한나라의 천연지라고 되어 있으나, 이것은 한나라가 아니라 그보다 후대인 위나라 문제 황초(黃初) 5년(224)에 만들어진 것이다.
142) 계일(禊日)은 수계지일(修禊之日)의 준말로, 수계란 고대의 민속으로 3월 상순의 사(巳)가 들어가는 날에 물가에 모여 놀면서 난초를 캐며 나쁜 것을 떨어 버리는 것을 가리킨다. 위(魏)나라 이후로는 농력(農曆)에 대개 3월 초3일을 가리켰다. 계추 사진일은 농력에 9월의 상사일(上巳日)로 상순의 사(巳)가 들어가는 날이다.
143) 공중으로 길게 연결한 복도이다.

는 서왕모(西王母)[144]의 대추라고도 하였다. 또 선인도(仙人桃;복숭아나무)도 있었다. 붉은 색으로 속과 겉이 모두 투명하였고 서리가 내리면 익었다. 이 복숭아 또한 곤륜산에서 난다고도 하고, 또 서왕모의 복숭아라고도 하였다.

백과원의 남쪽에는 위(魏)나라 문제가 만든 비석이 하나 있었는데 "묘자(苗茨)의 비석"이라고 씌어 있었다. 고조가 비석 북쪽에 묘자당(苗茨堂)을 만들었다. 영안(永安) 중년(529) 장제(莊帝)가 화림원에서 말 타며 활 쏘는 연습을 하고 있었는데 여러 관리들이 와서 비문을 읽고 묘(苗)자가 잘못된 것이 아닌가 의심하였다. 국자박사 이동궤(李同軌)가 말하였다.

"위나라 문제는 매우 뛰어난 사람이어서 세상에서는 그를 삼조(三祖)[145]의 하나로 칭한다. 또한 공간(公幹)과 중선(仲宣)[146]이 그를 보좌하였다. 다만 원래의 뜻이 어떤지는 잘 모르겠지만 그것[苗字]이 잘못되지는 않았을 것이다."

나는 당시에 봉조청(奉朝請)[147]에 있었는데 그에 대하여 해석하여 말하였다.

"띠풀로 엮었기 때문에 묘자(苗茨)라고 하였으니 무슨 잘못이 있는가?"

거기에 있던 모든 사람들이 이 말이 맞다고 하며 그 비의 본뜻을 올바로 이해했다고 생각했다.

백과원의 서쪽에는 도당(都堂)[148]과 유상지(流觴池)가 있었고 도당의 동쪽에는 부상해(扶桑海)가 있었다. 이 커다란 물가에는 모두 돌 구멍이 있어서 땅 아래로 물이 흘러들어가 서쪽으로는 곡수(穀水)와 통했고, 동쪽으로는 양거(陽渠)[149]와 연결되었으며 적천과도 서로 이어졌다. 가뭄의 피해가 심할 때면 곡수

---

144) 곤륜산에서 사는 신화 속의 여신(女神)으로 성은 양(楊), 또는 후(侯)이고 이름은 회(回), 일명 완금(婉衿)이다. 주(周)나라의 목왕(穆王)이 서정(西征)하여 요지(瑤池) 위에서 왕모에게 제향하고, 한나라 무제는 왕모로부터 복숭아 세 개를 받았다고 한다.
145) 삼국시대 위나라 무제 조조(曹操), 문제 조비(曹丕), 명제 조예(曹叡)를 말한다.
146) 공간은 유정(劉楨)의 자(字)이고, 중선은 왕찬(王粲)의 자이다. 두 사람은 후한 건안(建安, 196~220) 연간에 시문(詩文)으로 세상에 이름을 떨쳤던 건안칠자(建安七子)에 속해 있었다. 《삼국지》 권21 위서 〈유정 및 왕찬 열전〉.
147) 봉조청은 실제 업무가 있는 관리가 아니고 궁중의 조회에만 참석하는 명예직이었다.
148) 공무에 의해 도성에 온 관리가 숙박하던 역정(驛亭)으로 도정(都亭)이라고도 한다.
149) 곡수의 물을 끌어들여 낙양성 주위에 흐르게 했던 수로를 말한다.

에서 물을 대주어 마르지 않았다. 달이 필수(畢宿)[150]를 지날 때면 비가 많이 내리는데 양거와 곡수가 그 물을 방출하여 넘치지 않게 하였다. 더욱이 기이한 종류의 물고기와 아름다운 새들이 파도에 몸을 씻고 물결에 떠 다녀서 아주 자연스러웠다.

150) 하늘의 별자리를 동·서·남·북으로 나누고 다시 방향에 따라 각각 일곱 개의 별을 나누어 이십팔수(宿)를 구분하였다. 각(角)·항(亢)·저(氐)·방(房)·심(心)·미(尾)·기(箕)는 청룡(靑龍)의 몸을 이루어 동방에 속하고, 규(奎)·루(婁)·위(胃)·묘(昴)·필(畢)·자(觜)·삼(參)은 백호(白虎)의 몸을 이루어 서방에 속한다. 정(井)·귀(鬼)·류(柳)·성(星)·장(張)·익(翼)·진(軫)은 주작(朱雀)의 몸을 이루어 남방에 속하고, 두(斗)·우(牛)·녀(女)·허(虛)·위(危)·실(室)·벽(壁)은 현무(玄武)의 몸을 이루어 북방에 속한다.

卷二 · 城東

권 2 · 성동

明懸尼寺

명현니사

　명현니사는 팽성(彭城) 무선왕(武宣王) 협(勰)[1]이 세웠다. 건춘문 밖의 석교 남쪽에 있었다. 곡수(穀水)가 낙양성을 한 바퀴 휘돌아 건춘문 밖에 이르면 동쪽으로 양거(陽渠)의 석교로 흘러들어간다. 석교에는 네 개의 돌기둥이 있었다. 길 남쪽 돌기둥에는 "한(漢)나라 양가(陽嘉) 4년(135)에 장작대장(將作大匠)[2] 마헌(馬憲)이 만든다"고 새겨 있었다. 효창(孝昌) 3년(527)에 큰 비가 내려 석교가 무너졌는데 남쪽 기둥은 땅에 묻혔고, 북쪽 기둥 둘은 지금까지도 남아 있다. 내가 살펴보건대, 유징지(劉澄之)의 《산천고금기(山川古今記)》와 대연지(戴延之)의 《서정기(西征記)》에는 모두 "이 석교는 진(晉)나라 태강(太康) 원년(280)에 만들었다"고 하였다. 이것은 정말 잘못된 것이다. 유징지와 대연지는 모두 강남에서 태어나 공무 때문에 잠시 지나친 적은 있어도 중원 지역을 유람해 보지도 않고, 옛 일은 직접 본 적도 없이 단지 주위 듣고 견강부회(牽强附會)하였으니 후학들에게 오래도록 나쁜 영향을 주었다.

　이 절에는 삼층탑이 하나 있었는데 장엄하지 않았다. 절의 동쪽에는 진(晉)나라 중엽 때의 상만창(常滿倉)이 있었다. 고조는 그것을 조장(租場)으로 만들어 온 세상의 공물과 조세를 이곳에 모아 보관하게 하였다.

---

1) 35쪽의 주28 참고.
2) 32쪽의 주13 참고.

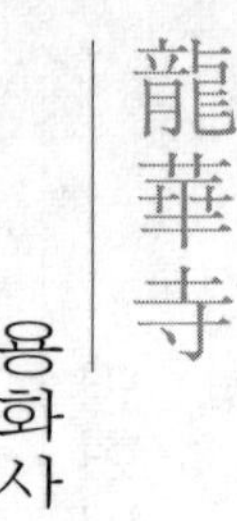

  용화사는 숙위(宿衛)³⁾ · 우림(羽林)⁴⁾ · 호분(虎賁)⁵⁾ 등이 지었다. 건춘문 밖의 양거(陽渠) 남쪽에 있었다. 절의 남쪽에는 조장(租場)⁶⁾이 있었다.

  양거 북쪽에는 건양리(建陽里)가 있었고, 건양리 안에는 흙으로 쌓은 삼 장 높이의 대(臺)가 있었는데 그 위에 정사(精舍) 두 채가 있었다. 조일(趙逸)이 "이 대는 진(晉)나라 중엽의 기정(旗亭)⁷⁾이었다"고 하였다. 대 위에는 또 이 층 누각이 있어서 북을 매달아 놓았다. 그것을 쳐서 시장이 끝나는 시각을 알렸다. 종도 하나 매달아 두었는데 종을 치면 소리가 오십 리 밖에서도 들렸다. 종소리가 멀리까지 들리기 때문에 태후가 마침내 궁 안으로 옮겨 응한당(凝閒堂) 앞에 두고 궁궐 내에서 강론하던 사문에게 그것을 쳐서 시각을 알리게 하였다. 효창(孝昌) 초년(525)에 양무제 소연(蕭衍)의 아들 예장왕(豫章王) 종(綜)이 투항할 때 이 종소리를 듣고 매우 신기하게 여겨 〈청종가(聽鐘歌)〉 세 수를 지어 세상에 널리 전했다.⁸⁾

  예장왕 종의 자는 세겸(世謙)이었다. 위제(僞齊)⁹⁾의 동혼후(東昏侯) 소보권

---

3) 궁중에서 숙직하며 지키는 자를 말한다.
4) 우림랑(羽林郎)은 황제를 보호하는 군대의 우두머리이다.
5) 호분랑(虎賁郎)은 궁중의 숙직을 담당하는 관리이다.
6) 조곡(租穀)을 저장하는 곳을 말한다.
7) 술집 · 주점 · 요리집 · 여관의 뜻이다. 기를 문 밖에 걸어두었기 때문에 이렇게 불렸다.
8) 〈청종가〉 세 수는 《양서》 권55 〈예장왕종 열전〉에 실려 전해지고 있다.
9) 제(齊)는 소도성(蕭道成)이 송(宋)을 찬탈하여 세운 왕조였는데 지은이 양현지는 북위를 정통 왕조로

(蕭寶卷)의 유복자였다. 소보권은 조정에서 방탕하게 생활하여 오(吳) 지역 사람들이 고통스러워하였다. 그래서 옹주자사(雍州刺史) 소연(蕭衍)이 남강왕(南康王) 보융(寶融)을 군주로 옹립하고 병사를 일으켜 말릉(秣陵)[10]으로 나아가 승리하였다. 소연은 나중에 보융을 죽이고 자신이 황제가 되었다. 소보권에게는 오경휘(吳景暉)라는 이름의 아름다운 여인이 있었다. 이때 그녀는 종(綜)을 임신한 지 이미 한 달이 지났다. 소연은 오경휘를 몹시 사랑하여 그녀가 종을 낳자 자신의 아이라고 생각해 연각(緣覺)이라는 이름을 지어 주고 예장왕(豫章王)으로 봉하였다. 그러나 종의 생김새와 행동거지는 죽은 소보권과 많이 닮았었다. 종의 어머니는 아들에게 사실대로 말하고 스스로 방도를 찾게 하였다.[11] 드디어 종은 우리 위나라로 귀순하여 찬(讚)이라 개명하고 자를 세무(世務)로 바꾸고, 비로소 아버지 소보권을 추모하여 삼년상을 지냈다. 이후 효명제는 종에게 태위공(太尉公)을 제수하고 단양왕(丹陽王)에 봉하였다.

영안(528~530) 연간에 종은 장제(莊帝)의 누이 수양공주(壽陽公主) 거려(莒犁)에게 장가들었다. 수양공주는 뛰어난 미인이었기 때문에 종이 매우 공경하여 함께 이야기할 때는 자신을 하관(下官)이라고 늘 칭하였다. 뒤에 종은 제주자사(齊州刺史)에 제수되고 개부의동삼사(開府儀同三司)에 봉해졌다. 이주조에 의해 낙양이 함락되자 종은 제주를 버리고 북쪽으로 달아났다. 당시 이주세륭이 권력을 잡고 있었는데 사람을 보내어 수양공주를 낙양으로 끌고 오게 하였다. 세륭이 공주를 괴롭히자, 공주가 그에게 욕하였다.

"이 오랑캐 놈아! 감히 천왕의 딸을 욕보이려고 하느냐!"

이주세륭은 분노하여 마침내 그녀를 목매달아 죽였다.

생각하고 있었기 때문에 제(齊)에 한정하지 않고 남조(南朝)의 나라 이름 앞에 모두 위(僞)자를 붙였다.
10) 건업(建業)·건강(建康)·금릉(金陵)이라고도 한다. 지금 장쑤성(江蘇省) 난징시(南京市)의 남쪽이다.
11) 오경휘는 소연의 총애를 받은 지 일곱 달 만에 종을 낳았기 때문에 궁중에서는 그가 소연의 아들이 아니라고 의심하였다. 종은 어머니 오경휘가 사실을 알려주자 큰 충격을 받아 낮에는 보통때와 같이 행동하였으나 밤이 되면 슬퍼하며 눈물을 머금고 달아날 생각을 하였다. 결국 양나라를 탈출해 북위로 도망갔다.《위서》권59〈소보인(蕭寶夤) 열전〉.

영락사는 건춘문 밖 어도의 북쪽 건양리에 있었다. 이곳은 진(晉)나라 중엽의 백사리(白社里)였고, 동위련(董威輦)[12]이 살던 곳이다. 건양리 안에는 영락사 · 자선사(慈善寺) · 휘화사(暉和寺) · 통각사(通覺寺) · 휘현사(暉玄寺) · 종성사(宗聖寺) · 위창사(魏昌寺) · 희평사(熙平寺) · 숭진사(崇眞寺) · 인과사(因果寺) 등 십여 개의 절이 있었다. 건양리 안에는 이천여 호의 사서인(士庶人)[13]들이 살고 있었는데, 불교를 신봉하였다. 많은 승려의 양식을 그들이 모두 공급해 주었다.

---

12) 진(晉)나라의 은사(隱士) 동경(董京)으로 위련은 그의 자(字)이다.
13) 관리와 농(農) · 공(工) · 상(商)에 종사하는 서민(庶民)을 말한다.

宗聖寺

종성사

　　종성사에는 불상이 하나 있었다. 삼 장 팔 척의 높이로 매우 단정하고 장엄하였으며 부처의 상호(相好)[14]를 다 갖추고 있었다. 사람들이 올려다보고는 잠시도 눈을 깜박거리지 않았다. 이 불상이 일단 행상(行像)을 나가게 되면 거리는 모두 텅 빈 채 불상만이 환하게 빛을 발하니 세상에서 보기 드문 광경이었다. 그때 펼쳐지는 묘술과 여러 가지 놀이는 유등이 세운 장추사에 버금갔다. 성의 동쪽에 사는 많은 남녀들이 이 절에 와서 구경하였다.

14) 부처는 깨달은 자이기 때문에 외모상으로도 중생들과 달리 특수한 모습을 지닌다고 한다. 크게는 서른두 가지, 작게는 여든 가지 특수한 모습을 지니는데 이를 삼십이 상과 팔십 종호를 갖추었다고 한다.
예를 들면 '몸에서 나오는 빛이 두루 비춘다〔丈光相〕', '정수리가 상투 모양으로 돋아나 있다〔頂髻相〕', '두 눈썹 사이에 흰 털이 있다〔白毛相〕' 등이다. 불상을 조각할 때나 그릴 때 이 특징들에 의거하여 형상화했다.

崇眞寺
숭진
사

숭진사의 비구 혜응(惠凝)은 죽은 후 이레 만에 다시 살아났다. 염라왕[15]의 심사를 거친 후, 잘못 불려졌다고 하여 죽지 않고 살아온 것이다. 혜응이 이에 관하여 자세하게 설명하였다.

"내가 죽었을 때 다섯 명의 비구들과 함께 심문을 받고 있었다. 한 비구는 보명사(寶明寺)의 지성(智聖)으로 좌선과 고행을 했기 때문에 천당에 올라왔다. 또 다른 반야사(般若寺)의 도품(道品)은 마흔 권의 《열반경》[16]을 읽었기 때문에 천당에 올라왔다.

융각사(融覺寺)의 비구 담모최(曇謨最)[17]는 《열반경》과 《화엄경》[18]을 강론하며 제자 천 명을 거느렸다. 염라왕이 '경을 강론하는 것은 마음속에 나와 타자의 구별을 둔 채 교만하여 남을 업신여기는 것이니 비구 가운데 제일 천박한 행동이다. 그러나 지금은 오직 좌선하고 경 읽는 것만 판별할 뿐 강론한 것에 대해서는

---

15) 귀신 세계의 수령으로서 사후의 유명계(幽冥界)를 지배하는 왕으로 염마왕(閻魔王)이라고도 한다. 본래 인도 베다 시대의 신이 불교에 섞여 들어온 것으로 흔히 염라대왕이라고 부른다.
16) 석가모니의 입멸(入滅)에 대해서 말한 경전으로 '대반열반경(大般涅槃經)' 이라고도 한다. 소승과 대승 두 가지 열반경이 있다. 소승의 열반경은 주로 역사적인 기록으로 석가모니의 입멸 전후에 걸쳐 유행(遊行), 발병(發病), 순타(純陀)의 공양, 최후의 유훈(遺訓), 멸후의 비탄, 사리 팔분(八分) 등에 관한 것이다. 대승의 열반경은 철학적, 종교적 의미가 강조되어 있다. 석가모니의 최후 설법을 통해 불심의 상주(常住), 열반의 의미, 모든 중생이 깨달음을 얻어 부처가 될 수 있다는 불성론(佛性論) 등을 밝히고 있다.
17) 168~169쪽의 〈융각사〉 참고.
18) 크고 방정하고 넓은 이치를 깨달은 부처님의 꽃같이 장엄한 경이란 뜻으로 대방광불화엄경(大方廣佛華嚴經)이라고도 한다.

묻지 않는다'고 하였다. 이에 담모최가 '소승은 출가한 이래로 오직 강론하는 것만을 좋아하였지 정말로 문을 닫은 채 경을 읽은 적은 없습니다'라고 말하였다. 염라왕이 담당관에게 명하니 푸른 옷을 입은 열 명이 와서 담모최를 서북문으로 보냈다. 그곳의 집은 모두 검은색이어서 좋은 곳이 아닌 듯하였다.

다른 한 사람의 비구는 선림사(禪林寺)의 도홍(道弘)이었다. 스스로 '나는 네 사람을 시주하도록 교화하였으며 일체경(一切經)[19]을 찍어내고 인중금상(人中金象)[20] 열 구를 만들었습니다'라고 하였다. 염라왕이 말하기를, '사문의 수행은 반드시 마음을 다스리고 도를 지키는 것이다. 좌선하고 경을 읽는 데 뜻을 두어서 세상의 일에 간섭하지 않으며 유위법(有爲法)을 행하지 않는 것이다. 비록 경과 불상을 만들었다고 하나 그것은 바로 다른 사람의 재물을 얻고자 하는 것이고, 이미 다른 사람의 물건을 얻었다면 탐욕의 마음이 일어나게 된다. 탐욕스런 마음을 이미 품게 되면 삼독(三毒)[21]이 없어지지 않게 되어 모두 번뇌하게 된다'고 말하였다. 또 담당관에게 맡기니 담모최와 같이 검은 문으로 보냈다.

또 다른 비구는 영각사(靈覺寺)의 보명(寶明)이었다. 스스로 '출가하기 전에 농서태수(隴西太守)로 있으면서 영각사를 지었는데 다 완성되자 곧 관직을 버리고 불교에 귀의하였습니다. 비록 좌선이나 경을 읽지는 않았어도 예불하는 것은 빠뜨리지 않았습니다'라고 말하였다. 염라왕이 '그대가 태수였을 때 이치를 곡해하고 법규를 제멋대로 해석하여 백성의 재물을 겁탈하여 그들의 힘을 빌려서 이 절을 만든 것이지 그대의 힘으로 만든 것이 아니다. 그런데 무엇 때문에 이렇게 시끄럽게 떠드는가!'라고 말하고, 또 담당관에게 맡기니 푸른 옷을 입은 사람이 그를 검은 문으로 보냈다."

이때 태후가 이 이야기를 듣고 황문시랑(黃門侍郎) 서흘(徐紇)[22]을 보내어 혜응이 말한 보명 등의 절을 찾아보게 하였다. 성의 동쪽에 보명사, 성 안에 반야사, 성의 서쪽에 융각사·선림사·영각사 등의 세 절이 있었다. 그리고 지성과 도품·

19) 대장경 또는 장경으로 석가모니 일대의 교설과 고승의 저술을 모은 일대 총서를 말한다.
20) 인중금상은 불상을 의미한다. 이밖에도 부처의 덕호가 매우 많은데 '인중상왕(人中象王)'·'인중사자(人中獅子)'·'인중용왕(人中龍王)' 등이 있다.
21) 탐욕·진에(瞋恚;성냄)·우치(愚痴;어리석음)이다. 모두 번뇌의 뿌리가 되는 것이다.
22) 38쪽의 주41 참고.

담모최·도홍·보명 등에 대해서 물어 보니, 모두 실제로 거기 있던 사람들이었다. 태후가 의견을 내었다.

"사람이 죽으면 벌을 받거나 복을 받는다. 곧 좌선하는 승려 백 명을 청하여 항상 내전에서 공양하게 하라."

그리고 다음과 같은 조칙을 내렸다.

"승려가 손에 불경이나 불상을 가지고 길에서 물건을 구하는 것을 허락하지 않는다. 그러나 자신의 재물로 불경이나 불상을 만드는 것은 그들의 뜻에 맡기겠다."

혜응은 백록산(白鹿山)에 들어가 은둔하면서 수도에 정진하였다. 이후부터 낙양의 비구들은 모두 좌선하고 불경을 암송하는 것에 힘을 기울이고 다시는 불경을 강론하는 데에 뜻을 두지 않게 되었다.

건춘문을 나와서 일 리 남짓 가면 동석교(東石橋)에 이르는데 이 다리는 남북으로 연결되어 있었다. 진(晉)나라 태강(太康) 원년(280)에 만들었다. 다리 남쪽에는 위(魏)나라 때의 마(馬)시장이 있었는데 혜강(嵇康)[23]이 극형을 받았던 곳이다. 동석교의 북쪽, 대도의 서쪽에는 건양리가, 대도의 동쪽에는 수민리(綏民里)가 있었다. 수민리에는 하간(河間) 사람 유선명(劉宣明)의 집이 있었다. 그는 신귀(神龜, 518~520) 연간에 직간으로 황제의 뜻을 거슬려 도성 한복판에서 참수되었다. 죽어서도 눈을 감지 못하고, 시체가 백 보를 걸어갔다. 당시 사람들은 그가 억울하게 죽었다고 말하였다. 유선명은 젊었을 때부터 이름이 알려져 있었고 경사(經史)에 정통하였는데, 정의로운 행동으로 죽음에까지 이르게 되었던 것이다.

23) 진(晉)나라 사람으로 자(字)는 숙야(叔夜)이다. 중산대부를 지냈고 죽림칠현(竹林七賢)의 한 사람이다. 〈양생론(養生論)〉(《문선》 권53에 실려 있음)을 지었고 거문고를 타면서 시를 읊으며 혼자서 즐겼다. 《진서》 권49 〈혜강 열전〉.

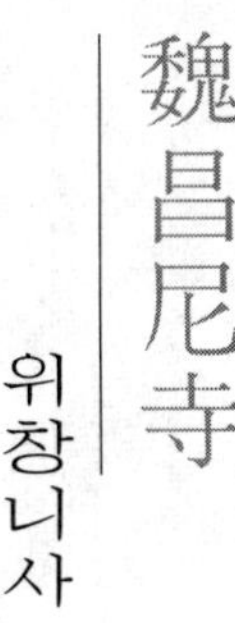

위창니사는 내시이면서 영주자사(瀛州刺史)였던 이차수(李次壽)[24]가 세웠다. 건양리의 동남쪽에 있었는데 진(晉)나라 중엽의 우마(牛馬)시장으로서 혜강이 처형된 곳이다. 동쪽에는 석교가 남북으로 연결되어 있었는데 이것이 진나라 태강(太康) 원년(280)에 세워진 시남교(市南橋)였다. 유징지(劉澄之) 등도 아마 이 다리의 명문을 보고서 태강 초에 만들어진 것이라고 생각했을 것이다.

24) 차수(次壽)는 그의 자(字)이고 이름은 견(堅)이다. 고종 때 죄를 지어 궁형에 처해져 환관이 되었지만 그 뒤 승진하여 세종 초에 안동장군(安東將軍)·영주자사(瀛州刺史) 등을 지냈다.
《위서》 권94 엄관(閹官) 〈이견 열전〉.

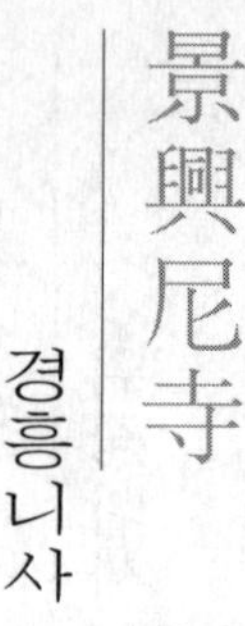

경흥니사

　석교 남쪽 길에 경흥니사가 있었는데 이 절 역시 내시들이 함께 만든 것이다. 이 절에는 삼 장 높이의 금상련(金像輦)[25]이 있었다. 그 수레 위에는 보개(寶蓋)가 펼쳐져 있었고, 사면에는 금방울과 칠보(七寶)[26]로 된 구슬이 늘어뜨려져 있었다. 기악을 연주하는 비천상은 바라보면 마치 구름 위에 있는 듯하였다. 만든 솜씨가 매우 정교하여 말로 표현하기 어려웠다. 행상(行像)하는 날에는 항상 우림군(羽林軍) 백 명에게 이 불상을 들게 하였고, 악기를 다루거나 기예를 부리는 사람들은 모두 황제의 뜻에 따라 보내졌다.

25) 행상 때 금불상을 싣는 수레를 말한다.
26) 금·은·유리·파리(頗梨)·산호·마노(瑪瑙)·거거(硨磲) 등 일곱 가지 귀한 보배이다.

建陽里東

건양리 동쪽

건양리 동쪽에는 수민리(綏民里)가 있었다. 그 안에는 낙양현(洛陽縣) 관사가 있었고 양거(陽渠)가 인접하여 흘렀다. 현문 밖에는 낙양령(洛陽令) 양기(楊機)[27]의 청덕비(淸德碑)가 세워져 있었다.

수민리 동쪽에는 숭의리(崇義里)가 있었고, 그곳에는 경조(京兆) 사람 두자휴(杜子休)의 집이 있었다. 이 집의 지형은 넓게 확 트였고 문은 어도에 접해 있었다. 이 당시 은사 조일(趙逸)이 있었는데 자신이 진(晉)나라 무제 때의 사람이라고 하여 진나라 조정의 옛일들을 많이 기록하였다. 정광(正光, 520~525) 초에 그가 도성으로 와서 두자휴의 집을 보고 탄식하였다.

"이 절은 진나라 중엽 때의 태강사(太康寺)였다."

당시 사람들은 그의 말을 믿지 않고 태강사가 만들어진 연유를 묻자 조일이 대답하였다.

"용양장군(龍驤將軍) 왕준(王濬)[28]이 오(吳)나라를 평정한 뒤 이 절을 처음 세

---

27) 자(字)는 현략(顯略)이다. 연창(延昌, 512~515) 연간에 하음현사(河陰縣事)에 임명되었을 때부터 강직하다고 칭해졌다. 희평(熙平, 516~518) 연간에 하음령(河陰令)을 거쳐 낙양령이 되었다. 차차 유능함을 발휘하여 사람들이 그의 풍모에 감탄하였다. 그러나 집안이 가난해 말이 없었기 때문에 외출할 때는 소가 끄는 수레를 이용하였다고 한다. 《위서》 권77 〈양기 열전〉.
28) 진(晉)나라 무제 때의 유명한 장군이다. 용양장군이 되어 태강 원년(280)에 오(吳)를 평정한 공으로 보국대장군(輔國大將軍)에 임명되고 양양후(襄陽侯)에 봉해졌다. 그 뒤 개부의동삼사(開府儀同三司)로 승진하였다. 《진서》 권42 〈왕준 열전〉.

웠다. 원래 벽돌로 만든 삼층탑이 있었다."

두자휴의 동산 안을 가리키면서 말하였다.

"이곳이 옛날의 그곳이다."

두자휴가 그곳을 파서 확인해 보았더니 과연 벽돌 수만 개가 나왔다. 또한 돌에는, "진나라 태강 6년(285) 을사(乙巳), 9월 갑술(甲戌),[29] 8일 신사(辛巳)에 의동삼사(儀同三司) 양양후(襄陽侯) 왕준이 삼가 만든다"라고 새겨져 있었다. 당시 이 동산에는 과일과 채소 들이 풍부하고 무성했으며 나무들도 가지와 잎이 무성하게 뻗어 있었다. 자휴는 조일의 말에 감복하여 그를 성인(聖人)이라고 불렀다. 자휴는 드디어 집을 기증하여 영응사(靈應寺)를 지었다. 땅을 파서 얻은 벽돌로 다시 삼층탑을 만들었다. 호사가(好事家)들이 물었다.

"진나라 때의 서울은 지금과 어떻게 다릅니까?"

"진나라 때는 백성들이 지금보다 적었지만 왕후의 저택들은 지금과 비슷했다."

조일이 대답하고 다시 말하였다.

"영가(永嘉, 307~313) 연간 이후 이백여 년이 지났는데 나라를 세워 왕을 칭한 자가 열여섯 명이 되었다.[30] 나는 그 도읍을 모두 지나다니며 내 눈으로 실제 일어난 일들을 보았다. 그런데 그 나라들이 멸망한 후의 역사 기록들을 보면 모두 실제의 일이 아니다. 나쁜 일은 다른 사람이 저지른 것으로 하고, 좋은 일은 자신이 한 것으로 하지 않은 경우가 없다. 부생(苻生)[31]은 비록 용기를 좋아하며 술을 즐겼으나 인정을 베풀며 무고한 사람을 함부로 죽이지 않았고 그가 다스린 법전을 살펴봐도 전혀 흉포하지 않았다. 그러나 역사책을 자세히 살펴보면 천하의 나쁜 것은 모두 그에게로 돌렸다. 그리하여 부견(苻堅)[32]은 임금을 살해하고 제위를 찬탈하고도 현명한 군주가 되었고 부생의 악행은 제멋대로 씌어졌으니, 사

29) 태강 6년의 9월은 갑술이 아니고 병진(丙辰)이다. 또한 9월이 갑술인 해는 2년 후의 태강 8년이지만 왕준은 태강 6년 12월에 죽었다. 따라서 이 날짜는 잘못된 것이다.
30) 오호십육국의 군주를 말한다.
31) 부생은 장안으로 들어가 전진(前秦)을 세운 부건(苻健)의 아들이다. 건의 뒤를 이어 제위에 올랐다. 조일이 본문에서 말한 대로 역사책에는 그의 좋은 면을 기록한 것은 없고 모두 그의 흉악무도함을 기록하였다. 부견에게 죽임을 당하였다. 《진서》 권112 〈부생재기(苻生載記)〉.
32) 부생을 죽이고 전진의 제3대 황제가 되었다. 점차 국위를 신장시켜 화북(華北) 전체를 세력에 넣었다. 동진(東晉)을 정벌하려다 크게 패하였다. 《진서》 권113 〈부견재기(苻堅載記)〉.

관(史官)들이란 모두 이런 부류이다. 사람들은 누구나 먼 것을 귀하게 여기고 가까운 것을 천하게 여긴다는데 진실로 그렇다. 요즘 사람들은 또 어리석은 사람을 살려두고 지혜로운 사람을 죽이니 미혹됨이 너무 심한 것이다."

사람들이 그 이유를 묻자 조일이 답하였다.

"살아 있을 때는 평범한 사람일 뿐인데 죽으면 비문과 묘지에 모두 그가 천지의 큰 덕을 궁구하고 백성의 능사(能事)를 다했다고 서술하여, 임금이라면 요·순에 비견되고, 신하라면 이윤(伊尹)과 고요(皐陶)[33]에 해당된다고 한다. 지방관이라면 호랑이도 그의 청렴을 사모하여 물을 건너가게 되고,[34] 법을 집행하는 관리라면 수레를 파묻고 권귀들을 탄핵하여[35] 그의 강직함에 감사하게 된다. 이것이 '살아서는 도척(盜跖)[36]이라도 죽어서는 백이(伯夷)·숙제(叔齊)[37]가 된다'는 말이다. 남을 헐뜯는 말은 반드시 정직한 사람에게 해를 입히고 아부하는 말은 반드시 진실을 손상하게 된다."

당시 문장을 짓는 선비들은 조일의 이 말에 부끄러워하였다. 보병교위(步兵校尉) 이징(李澄)이 물었다.

"태위부 앞의 전탑은 모양이나 만든 것으로 보면 매우 오래된 것 같은데도 오히려 훼손되지 않았으니 언제 만들어졌는지 모르겠습니다."

"진나라 의희(義熙) 12년(416) 유유(劉裕)가 도홍(姚泓)을 토벌할 때[38] 병사들이 만든 것이다."

33) 순임금의 신하로 법리(法理)에 뛰어나 법을 만들고 형(刑)을 제정하였으며 감옥을 만들었다.
34) 후한(後漢) 유곤(劉昆)은 광무제 때 강릉령(江陵令)이었고, 뒤에는 홍농태수(弘農太守)에 임명되었는데 임지 경내에 호랑이가 출몰하여 교통이 두절된 곳이 있었다. 그러나 그가 재임한 지 3년째 되는 해에 그의 인정에 감화되어 호랑이가 새끼들을 모두 업고 황하를 건너갔다고 한다. 《후한서》 권79 상 유림(儒林) 〈유곤 열전〉.
35) 한(漢)나라 순제(順帝)가 여덟 명의 감찰사를 각지에 파견하였는데, 장강(張綱)은 제일 어리고 관위도 가장 낮았다. 일곱 명의 감찰사는 각각 수레를 타고 출발했는데, 장강은 도중에 수레바퀴를 도정(都亭)에 묻고, "승냥이와 이리가 길을 막고 있는데 어찌하여 여우나 너구리를 문제삼는가"라고 말한 뒤 곧 중앙에서 맹위를 떨치고 있던 대장군 양기(梁冀)를 탄핵하는 상소를 올렸다고 한다. 《후한서》 권56 〈장강 열전〉.
36) 춘추시대 노(魯)나라 사람으로 큰 도적이었고 현인(賢人) 유하혜(柳下惠)의 동생이었다.
37) 형 백이와 아우 숙제는 은(殷)나라 고죽군(孤竹君)의 아들들로, 주나라 무왕이 은나라를 쳐 천하를 손 안에 넣자 주나라의 곡식 먹는 것을 부끄럽게 생각하여 수양산으로 도망가서 고사리를 캐어 먹고 살며 지조를 지키다가 결국 굶어 죽었다.
38) 남송의 무제(武帝) 유유는, 진(晉)나라의 안제(安帝)를 폐하고 제위에 올랐던 환현(桓玄)을 죽이고 북벌을 행하여 남연(南燕)을 멸하고, 도홍(後秦의 군주)의 군대를 토벌하였다. 《송서(宋書)》 권2 〈무제기〉.

여남왕(汝南王)[39]이 듣고 감탄하여 그를 의부(義父)로 섬기며 물었다.

"무엇을 복용하시어 그리도 장수하십니까?"

"나는 양생의 도를 익히지 않았습니다. 자연스럽게 오래 살게 되었습니다. 곽박(郭璞)[40]이 예전에 나를 위해 점을 쳐주며 오백 살까지 살 것이라고 하였는데 지금 겨우 반이 지났습니다."

황제가 그에게 보만거(步挽車)[41] 한 대를 내려주어 도시와 교외를 유람하게 하였다. 다닌 곳의 옛 자취를 많이 기록하였다. 3년 뒤 숨어버려 그의 소재를 알지 못하게 되었다.

숭의리(崇義里) 동쪽에는 칠리교(七里橋)가 있었는데, 돌로 만든 것이었다. 진(晉)나라 중엽 두예(杜預)가 형주(荊州)로 출정하려고 했을 때 머물던 곳이다. 칠리교에서 동쪽으로 일 리 떨어진 곳은 바깥 성문이 세 길을 향해 열려 있어서 사람들이 삼문(三門)이라고 불렀다. 이별하는 사람들은 "삼문 밖에서 서로 보낸다"고 말하였는데 도성의 사대부들도 항상 이곳에서 가는 사람을 보내고 오는 사람을 맞이하였다.

---

39) 58쪽의 주110 참고.
40) 진(晉)나라 문희(聞喜) 사람으로 자(字)는 경순(景純)이다. 박학다식하였고 사부(詞賦)는 동진에서 가장 뛰어났다. 오행(五行)·천문·복서(卜筮)에 통달하였다. 원제 때 저작좌랑(著作佐郎)·상서랑(尙書郎)을 거쳤다. 《이아(爾雅)》·《산해경(山海經)》·《삼창(三蒼)》·《방언(方言)》·《목천자전(牧天子傳)》·《초사(楚辭)》 등을 주석하였다. 《진서》 권72 〈곽박 열전〉.
41) 말이나 소가 끄는 것이 아니라 사람이 끄는 인력거 같은 것이다. 퇴직한 고령의 대관에게 하사한 예가 많았다.

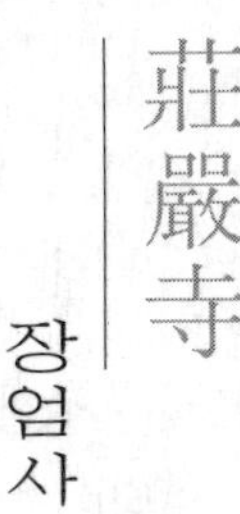

莊嚴寺
장엄사

　장엄사는 동양문 밖 일 리, 어도의 북쪽, 동안리(東安里)에 있었다. 그 북쪽은 조장(租場)이었다. 동안리 안에는 부마도위(駙馬都尉) 사마열(司馬悅),[42] 제주자사(濟州刺史) 도선(刀宣), 유주자사(幽州刺史) 이진노(李眞奴),[43] 예주자사(豫州刺史) 공손양(公孫驤) 등 네 사람의 집이 있었다.

42) 자(字)는 경종(慶宗)이다. 세종(선무제) 때 진원장군(鎭遠將軍)·예주자사(豫州刺史)를 지냈다. 어양현개국자(漁陽縣開國子)에 봉해지고 삼백 호의 식읍을 받았다. 그의 아들 비(朏)가 세종의 누이 화양공주(華陽公主)와 결혼해서 부마도위(駙馬都尉)가 되었다.《위서》권37〈사마초지(司馬楚之) 열전〉.
43) 범양(范陽) 사람으로 진노(眞奴)는 어릴 때의 이름이고 자(字)는 원성(元盛), 이름은 흔(訢)이다. 효문제가 죽은 후 시중·진남대장군(鎭南大將軍)·개부의동삼사·서주자사(徐州刺史) 등을 지냈다.《위서》권46〈이흔 열전〉.

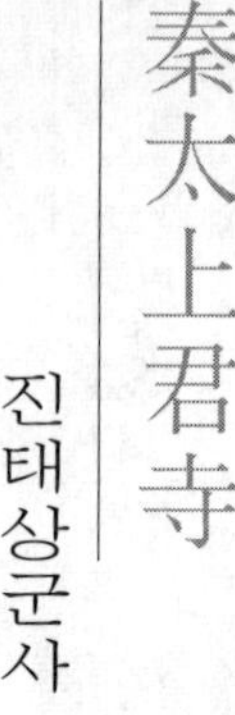

秦太上君寺 진태상군사

　　진태상군사는 호태후가 세운 것으로, 동양문(東陽門) 밖 이 리, 어도의 북쪽, 휘문리(暉文里)에 있었다. 휘문리 안에는 태보(太保) 최광(崔光),[44] 태부(太傅) 이연식(李延寔),[45] 기주자사(冀州刺史) 이소(李韶),[46] 비서감(祕書監) 정도소(鄭道昭)[47] 등 네 사람의 집이 있었다. 이 집들은 모두 크고 높이 솟아 있었으며 널찍한 높은 문이 있었다. 조일이 말하였다.

　　"휘문리는 진(晉)나라의 마도리(馬道里)였다. 이연식의 집은 삼국시대 촉(蜀)나라 임금 유선(劉禪)[48]의 집이었다. 연식의 집 동쪽에는 수화택(修和宅)이 있는데 삼국시대 오(吳)나라 임금 손호(孫皓)[49]의 집이었다. 이소의 집은 진(晉)나라

---

44) 자(字)는 장인(長仁)이고 본명은 효백(孝伯)이다. 효문제가 광(光)이란 이름을 내려주었다.
사도(司徒)·태보(太保)·태자사부(太子師傅)를 지냈고 박평현개국공(博平縣開國公)에 봉해졌다.
《위서》 권67 〈최광 열전〉.
45) 농서(隴西) 사람으로 자(字)는 희(禧)이다. 효장제 때 사지절시중(使持節侍中)·태부(太傅)·
녹상서사(錄尙書事)·청주자사(青州刺史) 등에 임명되었지만 이주조가 낙양을 점령했을 때 죽임을 당했다.
《위서》 권83 하 〈이연식 열전〉.
46) 자(字)는 원백(元伯)이다. 연주(兗州)·병주(幷州)·기주(冀州)·정주(定州)의 자사가 되어서 선정을
베풀어 널리 인망을 얻었다. 《위서》 권39 〈이보(李寶) 열전〉.
47) 개봉(開封) 사람으로 자(字)는 희백(僖伯)이다. 문교정책(文敎政策)의 진흥에 대하여 진언을 했다.
광주(光州)·청주(青州)의 자사로 지내다가 조정에 불려가 비서감(祕書監)이 되었다.
《위서》 권56 〈정희(鄭羲) 열전〉.
48) 삼국시대 촉(蜀)의 후주(後主)이다. 소열제(昭列帝) 유비(劉備)의 아들로 자(字)는 공사(公嗣)이다.
처음에 제갈량이 정치를 보필했을 때는 나라가 잘 다스려졌으나, 제갈량이 죽은 후 환관이 권세를 휘둘러
국위가 쇠약해져서 위(魏)에 멸망당했다. 그 후 낙양으로 가서 안락공(安樂公)에 봉해졌다.
《삼국지》 권33 촉서 〈후주전(後主傳)〉.

사공(司空) 장화(張華)[50]의 집이었다."

당시 태후의 정식 호칭은 숭훈(崇訓)으로, 천하의 어머니로서 자리하고 있었다. 태후의 아버지에게는 진태상공(秦太上公), 어머니에게는 진태상군(秦太上君)이란 시호를 내렸다. 어머니를 추모하고 명복을 빌기 위해 이 절을 지어 그렇게 이름지었다.

이 절에는 오층탑이 하나 있었다. 솟아오른 찰간(刹竿)이 구름 속으로 들어갔고 높은 문은 길가로 향하였다. 건물의 장엄한 장식은 영녕사와 같았다. 경을 읽는 방이나 좌선하는 곳은 중첩되어 둘러싸여 있었다. 꽃나무와 아름다운 풀들이 섬돌 위를 가득 덮었다. 항상 큰 덕을 지닌 이름난 스님이 일체경(一切經)[51]을 강의하여 가르침을 받으려고 오는 사문들이 천여 명이나 되었다.

태부 이연식은 장제의 외삼촌[52]이었다. 영안(528~530) 연간 청주자사(青州刺史)로 임명되어 출발에 앞서 인사말을 올리자, 장제가 연식에게 당부하였다.

"청주 사람들은 벽돌을 품고 다니는 풍속이 있어서 세간에는 다스리기 어려운 곳으로 소문이 나있습니다. 외삼촌께서는 전심전력하시어 조정의 기대에 어긋나지 않게 해주십시오."

"저는 벌써 연로하여 아침 이슬과 같은 목숨이라 인간 세계에서 점점 멀어져 무덤에 들어갈 날이 가까워지고 있습니다. 신은 이미 오래 전부터 사직하고 물러나 한가로이 살 것을 청했습니다. 하지만 폐하께서 외삼촌과 조카의 정〔渭陽〕[53]

---

49) 삼국시대 오(吳)나라 손권(孫權)의 손자로 자(字)는 항종(亢宗)이고 일명 호종(皓宗)이다. 《삼국지》권48 오서(吳書) 〈손호 열전〉.
50) 진(晉)나라 방성(方城) 사람으로 자(字)는 무선(茂先)이다. 박학하여 참위(讖緯)와 방기(方技)에 관한 책에 이르기까지 자세하게 보지 않은 것이 없었다. 진나라의 의례·헌장·조서는 대개 그가 기초를 잡았다. 무제 때 중서령(中書令)이 되었다. 오(吳)를 정벌한 공으로 탁지상서(度支尚書)가 되고, 광무후(廣武侯)에 봉해졌다. 혜제(惠帝) 때 태자소부(太子少傅)·우광록대부(右光祿大夫)에 이르렀다. 조왕륜(趙王倫)에게 죽임을 당했다. 《진서》권36 〈장화 열전〉.
51) 79쪽의 주19 참고.
52) 장제의 아버지인 팽성왕 협의 비가 이연식의 누이였다.
53)《시경》진풍(秦風) 〈위양(渭陽)〉에 "내가 외삼촌을 보내니, 위양에 이르시네〔我送舅氏, 曰至渭陽〕"라고 하였다. 위양은 뤄양의 서쪽, 간쑤성(甘肅省) 남동쪽에서 발원하여 산시성(陝西省) 남단을 흘러 허난성과 경계인 퉁관시(潼關市)에서 황허를 만나는 웨이수이(渭水)의 북쪽을 말한다. 후대 사람들은 이 시로 인하여

을 불러일으키고 이 늙은 신하에게까지 총애를 내리어 밤에 다니는 죄인[54]이 되게 하고 만 리 떨어진 곳을 다스리게 하셨습니다. 삼가 밝은 칙명을 받들어 감히 누(累)가 되지 않게 하겠습니다."

이때 황문시랑 양관(楊寬)[55]이 장제 옆에 있었는데 '벽돌을 지니고 다닌다(懷塼)'는 뜻을 알지 못해서 사인(舍人) 온자승(溫子昇)[56]에게 살짝 물어 보았다. 자승이 대답하였다.

"제가 듣건대, 황제의 형 팽성왕(彭城王)[57]이 청주자사가 되어 그곳의 풍속을 물었더니, 그의 빈객 가운데 청주까지 따라온 자가 '제나라 땅의 백성들은 풍속이 천박하여 허망하게 고담(高談)을 논하면서 오직 영리(榮利)에만 관심이 있습니다. 태수가 처음 이 땅에 들어올 때는 모두 벽돌을 품에 숨기고 머리를 조아리며 환영의 뜻을 나타내나 그가 교체되어 돌아가면 벽돌로 그를 칩니다'라고 말하였습니다. 이것은 그곳 백성들의 복종과 배반이 손바닥을 뒤집는 것보다 빠름을 말해주는 것입니다. 그래서 도성에는 '감옥에 갇힌 죄수가 없고 집안에 청주 사람이 없으면 집이 가난하더라도 근심하지 않네'라는 노래가 불려지게 되었습니다. '벽돌을 지니고 다닌다'는 뜻은 여기에서 생겨난 것입니다."

영천(潁川)의 순제(荀濟)[58]는 풍류로 이름난 사람으로 고매한 식견이 당시에 뛰어났다. 청하(淸河)의 최숙인(崔叔仁)[59]이 자신을 제대부(齊大夫)라고 부르자

위양을 외삼촌과 조카의 관계를 나타내는 말로 사용하였다.
54) 삼국시대 위(魏)나라의 전예(田豫)는 나이가 많은 것을 이유로 여러 번 퇴직하고자 청했으나 들어주지 않자 "내 나이 일흔이 넘었는데도 관직에 있게 되었습니다. 그래서 밤이 되었는데도 계속 다니는 사람과 같으니, 곧 죄인입니다"라고 말하며 자신의 뜻을 굽히지 않았다. 《삼국지》 권26 위서 〈전예 열전〉.
55) 45쪽의 주70 참고.
56) 태원(太原) 사람으로 자(字)는 붕거(鵬擧)이다. 일찍부터 문재(文才)가 알려져 입신하였다. 양나라 소연은 조식(曹植)·육기(陸機)가 북쪽 땅에 테이났다고 말할 성도였다. 뒤에 제(齊) 고징(高澄)의 막료가 되었지만 원근(元僅) 등의 난에 연루되어 감옥에 투옥되어 굶어 죽었다. 《위서》 권85 〈온자승 열전〉.
57) 자(字)는 언화(彦和)이고 이름은 소(劭)이다. 태화 9년(485) 시평왕(始平王)에 봉해졌다. 시중·정서대장군(征西大將軍) 등을 거치고 528년 이주영의 대학살 때 죽임을 당했다. 뒤에 효선황제(孝宣皇帝)로 추증되었다. 팽성왕 협(勰)의 큰 아들로 협이 죽은 뒤 그를 이어 팽성왕이 되었다. 《위서》 권21 하 〈팽성왕 열전〉.
58) 자(字)는 자통(子通)이다. 일찍부터 양나라 무제와 잘 알았지만 배불론(排佛論)을 주창했기 때문에 북위로 망명하였다. 뒤에 제(齊)나라 고징(高澄)을 타도하려다가 살해되었다. 《북사(北史)》 권83 문원(文苑) 〈순제 열전〉.
59) 휴(休)의 아들로 통직산기시랑(通直散騎侍郞)·사도사마(司徒司馬)·산기상시(散騎常侍)·표기장군(驃騎將軍)·영주자사(潁州刺史) 등을 거쳤다. 욕심이 지나쳐 탄핵을 받고 사사(賜死)되었다. 《위서》

순제가 이에 대해 다음과 같이 말하였다.

"제나라 사람들은 겉으로는 인의(仁義)로 포장하고 안으로는 비루함과 탐욕을 감추고 있어서 경박하기가 깃털과 같고 송곳 끝만큼의 작은 이익에도 달려간다. 허명을 좇는 것을 좋아하여 유명한 사람에게 아부한다. 권세가 있는 곳이면 어깨를 틀어서 다투어 들어가고 영리를 구하는 것에 침을 질질 흘린다. 다른 지역과 비교해 보면 위세를 좇는 것이 최고로 심하다."

제나라의 사대부를 '위세를 좇는 사내들〔慕勢諸郞〕'이라고 하였다. 도성으로 간 임치(臨淄)의 관리들은 '벽돌 품은 이야기〔懷博〕와 위세를 좇는 이야기〔慕勢〕'를 듣고 모두 부끄러워하였는데 오직 최효충(崔孝忠)[60] 한 사람만이 개의치 않았다. 그 까닭을 물으니, 효충이 대답하였다.

"영구(營丘)[61]의 풍속은 강태공(姜太公)[62]이 남긴 교화에 의한 것이고, 직하(稷下)[63]의 유림으로부터 예의가 나왔다. 비록 지금은 세월이 흘러 거의 남아 있지 않아도 천하의 모범이 될 만하다. 순제라는 사람은 허소(許劭)나 곽태(郭泰)[64]와 달리 동쪽 이웃이 누구인지도 알지 못한다.[65] 비록 그의 입에서 추잡한 말이 나왔으나 그의 말에 따라 영예롭고 욕된 것은 아니다."

권69 〈최휴 열전〉.
60) 박릉(博陵) 안평(安平) 사람으로 시어사(侍御史)·비서랑(秘書郞)을 지냈다.
《위서》 권57 〈최정(崔挺) 열전〉.
61) 지금의 산둥성(山東省) 쯔보시(淄博市) 지역으로 주나라 무왕이 여상(呂尙)을 제(齊)에 봉하고 도읍을 세운 곳이다. 뒤에 임치(臨淄)로 고쳤다.
62) 주나라 동해(東海) 사람으로 본성(本姓)이 강씨(姜氏)이다. 그 선조가 려(呂)에 봉해져서 여상(呂尙)이라 칭한다. 태공망(太公望)·사상보(師尙父) 등으로도 칭해진다. 무왕을 도와 은나라 주왕을 멸하고 천하를 평정한 공으로 제(齊)에 봉해졌다. 문왕의 스승이었다.
63) 제나라 도성 임치의 직문(稷門) 근처를 말한다. 제나라 선왕(宣王)이 환공(桓公)과 위왕(威王)의 위업을 잘 계승하여 이곳에 학궁(學宮)을 만들고 여러 학자들을 초빙하여 강학과 강론을 하였다.
64) 허소는 후한(後漢) 말기 사람으로 자는 자장(子將)이다. 향당의 인물에 대해 평론하기를 좋아하였다. 당시 조조(曹操)를 보고 "당신은 평시에는 간적(姦賊), 난세에는 간웅(姦雄)이다"라고 평하였으며, 종형 허정(許靖)과 더불어 인물 평론을 즐겨하여 매월 그 품제(品題)를 바꾸어 월단평(月旦評)이라 하였다. 이것을 청담(淸談)의 기원으로 보기도 한다. 《후한서》 권68 〈허소 열전〉.
곽태는 후한 사람으로 태(太)라고도 쓴다. 자(字)는 임종(林宗)이다. 일찍이 하남윤 이응(李膺)과 교유하였다. 인물들을 평했어도 위험한 말을 하지 않아 화를 면할 수 있었다. 《후한서(後漢書)》 권68 〈곽태 열전〉. 인물을 잘 알아보는 사람을 대표하여 비유한 것이다.
65) 《공자가어(孔子家語)》에 의하면 공자의 집 서쪽에 어리석은 사람이 살고 있었는데, 동쪽에 살고 있는 공자가 성인인지도 알지 못하고 공자를 '동쪽의 구(丘)'라고 불렀다는 이야기이다. 그래서 동가구(東家丘)를 사람을 잘 알아보지 못한다는 뜻으로 쓴다.

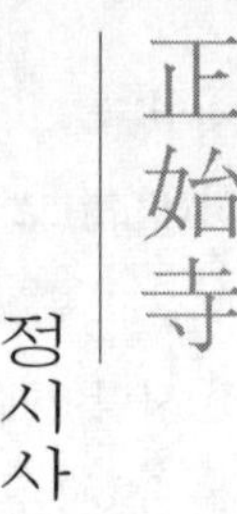

正始寺
정시사

정시사는 여러 관리가 세운 곳이다. 정시(正始, 504~508) 연간에 세웠기 때문에 그렇게 이름 붙였다. 동양문 밖 어도 남쪽 경의리(敬義里)에 있었다. 경의리 안에는 전우조(典虞曹)[66]가 있었다.

청정한 건물은 경림사보다 아름다웠다. 여러 승려의 방 앞에는 키 큰 나무들이 창문을 마주하고 푸른 소나무와 녹색 냇버들이 가지를 잇댄 채 자태를 뽐내고 있었다. 탱자나무가 많이 있었지만 열매는 먹을 수 없었다. 또 비석이 하나 있었는데 비석 뒷면에는 시중 최광(崔光)[67]이 사십만 전(錢), 진류후(陳留侯) 이숭(李崇)[68]이 이십만 전을 시주하였다고 새겨져 있었다. 다른 관리들도 각각 차이가 있지만 가장 적게 낸 자도 오천 전 이하를 내려가지 않았다. 이것은 후세 사람들이 새겨넣은 것이다.

경의리 남쪽에는 소덕리(昭德里)가 있었다. 소덕리 안에는 상서복야(尙書僕射) 유조(游肇)[69], 어사중위(御史中尉) 이표(李彪)[70], 칠병부상서(七兵部尙書)

66) 산이나 연못·동산 등을 관리하던 관서이다.
67) 88쪽의 주44 참고.
68) 돈구(頓邱) 사람으로 자(字)는 계장(繼長)이다. 고조·세종·숙종 3대에 걸쳐 벼슬한 공신이었다. 외적과 반란 평정에 큰 공을 세웠다. 전술과 탁월한 통솔력은 조야에서 변하지 않는 신임을 얻었다. 또한 재산을 모으는 것을 좋아하여 대단한 부자였다. 《위서》 권66 〈이숭 열전〉.
69) 광평(廣平) 사람으로 자(字)는 백시(伯始)이다. 고조·세종·숙종 3대에 걸쳐 벼슬한 유신(儒臣)이었다. 중서령(中書令)·태상경(太常卿)·상서우복야(尙書右僕射)가 되었다. 겉으로는 온후한 인품이었지만 신념을

최휴(崔休)[71], 유주자사(幽州刺史) 상경(常景)[72], 사농(司農) 장륜(張倫)[73] 등 다섯 사람의 집이 있었다. 이표와 상경은 유가의 집안에서 태어나 집이 검소하였다. 장륜만이 가장 사치스러웠는데 재우(齋宇:學舍)는 광채가 나도록 아름다웠고 차고 다니는 장신구는 모두 정교하고 기이하였다. 타고 다니는 수레나 말은 그곳을 다스리는 태수의 수준을 넘어섰으며, 동산과 연못의 아름다움은 다른 왕들이 미칠 수 없었다.

장륜은 자연 그대로의 모습을 지닌 경양산(景陽山)을 만들었다. 그 산은 층층의 바위와 겹겹의 고개가 서로 이어져 우뚝 솟아 있었고 깊은 오솔길과 넓은 골짜기가 구불구불 연이어 있었다. 키 큰 나무들이 빽빽이 들어선 숲에는 해와 달이 가려서 비치지 않았고 매달린 칡넝쿨과 늘어진 담쟁이는 바람과 안개를 통하게 할 수 있었다. 험준한 돌길은 막힌 듯한데 뚫려 있었고, 가파른 골짜기 길은 꼬불꼬불한 듯한데 곧았다. 그래서 산과 자연의 흥취에 흠뻑 젖은 선비들은 놀러와서 돌아갈 줄을 몰랐다. 천수(天水) 사람 강질(姜質)[74]은 세상의 자질구레한 일에 관심이 없어 베옷을 입고 머리에 갈포를 쓰고 은자(隱者)의 품격을 지녔다. 그는 이 산을 보고 매우 좋아해서 감정을 억제하지 못하고 〈정산부(庭山賦)〉를 지어 세상에 전하였다. 그 글은 다음과 같다.

산수를 매우 아끼는 사람은 옛 현자들의 순박함을 사랑하노니 순박함의 본질은 조화와 깊은 관련이 있다.
장자〔濠上之客〕[75]나 노자〔柱下之史〕[76]는 무위(無爲)를 깨달아 마음을

굽히지 않는 강직함이 있었다. 매우 청빈하였고 학문을 쉬지 않았다. 역(易)과 예(禮)에 관한 저술이 있고, 시부(詩賦) 등 75편이 세상에 전해진다. 《위서》 권66 〈유명근(游明根) 열전〉.
70) 27쪽의 주23 참고.
71) 청하(清河) 사람으로 자(字)는 사성(思盛)이다. 낙주(洛州)·유주(幽州)·청주(青州)의 자사를 지냈고, 숙종 때 칠병부상서·전중상서(殿中尚書)를 지냈다. 법제에 밝아 항상 조정에서는 그의 의견을 구해서 일을 해결하였다. 《위서》 권69 〈최휴 열전〉.
72) 권1 〈영녕사〉의 34~35쪽 참고.
73) 상곡저양(上谷沮陽) 사람으로 자(字)는 천념(天念)이다. 숙종 때 사주자사(肆州刺史)를 지냈고, 효장제 때 대사농경(大司農卿)이 되었다. 《위서》 권24 〈장연(張兗) 열전〉.
74) 《위서》 권79 〈성엄(成淹) 열전〉에 성엄의 아들 소(霄)의 친구로 소개되고 있다.
75) 《장자(莊子)》 〈추수(秋水)〉에 장자가 혜시(惠施)와 호량(濠梁) 위에서 유람하였다는 구절이 나온다. 그래서 호상지객을 장자를 가리키는 말로 쓴다.

밝게 하였고 자연에 의탁하여 뜻한 바를 도모하였다.

산수를 즐기는 사람을 부자로 생각하고 관직을 귀하다고 생각하지 않았으며 본성에 따라서 부침(浮沈)하고 담백하여 맛이 없는 듯하였다.

지금의 사농 장씨(張氏)는 정말로 그들을 따랐다.

그의 거대한 도량은 세상 밖에까지 빛나고 초월한 듯한 모습은 도의 진실에 이르니, 그 고결함은 푸른 소나무도 이길 수 없고 고귀함은 백옥과도 비교될 수 없다.

마음은 텅 빈 데[空]에 맡긴 채 유(有)에 거하고 정(情)은 옛것에 들어가도 새 것과 같으니, 이미 방탕한 것에 뜻을 두지 않은 데다 화려함에도 편중되지 않는다.

짐승과 초목이 있는 땅을 택해 살며 자연을 잊지 않아서 정원의 반은 언덕을, 반은 골짜기를 만들어 그에 따라 눈으로 보고 마음속으로 상상한다.

관직에 나아가도 명성과 영예를 얻으려 하지 않고, 물러나도 숨어서 고고한 척하지 않는다.

돌을 뚫어 샘이 흐르게 하고, 처마 앞에는 우뚝 솟은 산봉우리가 비스듬히 구름과 그 높이를 다투며 옆으로는 굽은 마룻대와 서로 이어져 있어, 하늘 높은 곳에서는 안개가 내려오고 멀리 창해에서는 연무가 들어온다.

섬세하게 줄지어 있는 모습은 태고와 같고 기울어지고 깎인 듯한 기세는 천년이나 지난 듯하니, 깎아지른 듯한 산봉우리와 험한 비탈에서는 발을 헛디뎌 넘어질 듯하고 샘물은 물결이 가파른 듯 넘실거리며 산의 돌은 높거나 낮거나 위험한 것이 많다.

다섯 심(尋)의 높이라도 백 번을 기어올라야 하고, 열 보(步)의 길이라도 천 번의 발걸음을 해야 하니,[77] 무산(巫山)[78]도 그 산의 험준함에 미치

---

76) 《사기(史記)》 권96 〈장승상 열전〉 색은(索隱)에 의하면 "노자는 주나라의 주하사였다〔老子爲周柱下史〕"라고 하였다. 이 관직은 한(漢)나라 이후의 어사(御史)를 말한다. 그래서 주하지사를 노자를 가리키는 말로 쓴다.

77) 일 심(尋)은 팔 척이고, 일 보(步)는 육 척이다.

78) 지금의 쓰촨성(四川省)과 후베이성(湖北省)의 변경에 위치한 산이다. 창강(長江:양쯔강)이 그 사이를 흘러 삼협(三峽)이 되었다. 형태가 무(巫)자와 같아서 이렇게 이름 붙였다. 열두 봉우리가 있고 그 봉우리 아래에 신녀묘(神女廟)가 있다.

지 못함을 알고, 봉래산(蓬萊山)[79]도 그와 비교하면 어떻겠는가.

산 여기저기에는 안개 속에 덮인 꽃과 이슬 먹은 풀들이 기울어져 있거나 엎어져 있고, 서리 맞은 줄기와 바람 맞은 가지 들은 반은 솟아나고 반은 늘어져 있으니, 옥 같은 잎과 금 같은 줄기는 섬돌에 흩어져 가득하다.

눈을 현혹시키는 고운 색과 코를 아찔하게 하는 향기가 봄볕과 함께 무성하고 흰 눈과 나란히 깨끗하다. 혹 신명(神明)의 요체와 음양(陰陽)의 정수를 되뇌더라도 알지 못하는 사이에 천지가 이를 만들어 내니 사람과 귀신 들이 어찌 그 바른 실체를 알겠는가.

푸른색과 황색이 섞인 새들도 이곳에서 얽히어 지내고, 녹색 머리와 자주색 뺨을 한 새들의 멋진 비취색 날개는 향기로운 풀과 연이어 있으니, 다른 현에서 태어난 백학이나 타향에서 출생한 붉은 다리의 새도 모두 먼 곳에서 날아와 수목에 모여 의지하며 지낸다.

그들은 사막의 땅에서 봄을 보내던 것을 기억하지 않게 되고 가을에 따뜻한 곳으로 높이 날아가던 일도 이내 잊어버리게 되니, 이 사람의 감화가 아니라면 어떻게 철새들이 날아갈 방향을 잃겠으며 어찌 속인들이 힘쓴 것이겠는가. 이것은 실제 신령의 또 다른 멋이다.

여기에 이르는 자들은 반드시 시를 읊고, 왔다간 자들은 모두 부(賦)를 짓는다. 혹 바람이 많이 부는 곳이나 구름이 많은 곳에 들어가 국화가 피는 고개나 매화가 피는 봉우리에서 봄과 가을을 맞이한다.

멀리는 신선들이 칭찬하고, 가까이는 조정의 관리들이 진가를 알아서 관복을 벗어 버리고 반드시 이 산 근처에서 섞이어 머무르려 한다.

자영(子英)은 아름다운 물고기를 타고 하늘에 올랐고[80] 왕교(王喬)는 소나무 가지에 학을 묶어 두었으니,[81] 방장산(方丈山)이 비록 묘하기는

---

79) 영주산(瀛州山)·방장산(方丈山)과 함께 삼신산(三神山)의 하나이다.
80) 《열선전(列仙傳)》에 나오는 이야기이다. 자영은 고기 잡는 것으로 생계를 꾸려 나갔는데, 어느 날 붉은 잉어를 잡아서 연못에서 길렀다. 일 년 뒤에 일 장 남짓 될 정도로 컸고, 뿔과 날개까지 생겨났다. 보통 잉어가 아니라고 생각하고 잉어에게 절을 하였더니, 잉어는 "당신을 맞이하러 온 것입니다. 등에 타십시오. 함께 하늘로 올라갑시다"라고 말하였다. 그러자 갑자기 큰 비가 내리고 그는 잉어의 등을 타고 승천했다.
81) 《열선전》에 나오는 이야기이다. 왕교는 주(周)나라 영왕(靈王)의 태자였다. 도인 부구공(浮丘公)과 함께 숭산으로 들어가 학을 타고 날아갔다고 한다.

하지만 이 산과는 비교할 수 없다.

이곳을 읊어 노래한 것 가운데에는 기이한 것이 많아서 사종(嗣宗)[82]과 숙야(叔夜)[83]가 그것을 보고 듣는다면 그들의 혼백이 놀라 달아날 것이니, 한 번이라도 무덤을 뚫고 나와 이 산문에 심취할 수 없음을 한스럽게 생각할 것이다.

특히 모습을 감추고 은둔하며 산수를 염두에 둔 왕손 공자들은 수레를 타고 서로 따라와, 봉우리를 만나면 그 굽이진 것을 좋아하고 바위를 만나면 기어오르며 정원을 산수의 밭[仁智之田][84]으로 만들려고 하여 여기에 돌산을 가꾸었다.

초목은 빽빽이 늘어섰고, 바람과 안개는 늘 일었다. 한 그루 소나무도 늙음을 멈추게 하고, 조각난 돌조차 수명을 연장시키니, 만약 그 옆에 앉거나 눕지 않고, 봄과 여름에 함께 유람하여 오르지 않는다면, 백골은 헛되이 스스로 썩게 될 것이고, 마음속에는 무엇이 기억되겠는가.

82) 완적(阮籍)을 말한다. 26쪽의 주20 참고.
83) 혜강(嵇康)을 말한다. 완적의 친구였다. 80쪽의 주23 참고.
84) 《논어》〈옹야(雍也)〉에 "지혜로운 자는 물을 좋아하고, 인자는 산을 즐긴다〔智者樂水, 仁者樂山〕"고 하였다. 인지(仁智)의 밭이란 곧 산수(山水)를 말한다.

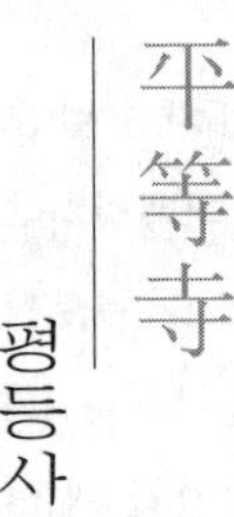

平等寺

평등사

　평등사는 광평(廣平)의 무목왕(武穆王) 회(懷)[85]가 집을 기증하여 만든 것이다. 청양문(靑陽門) 밖 이 리, 어도 북쪽 경의리(敬義里)에 있었다. 건물이 크고 아름다웠고 나무들은 울창하였다. 평대(平臺)와 복도(複道)[86]는 당대에 가장 뛰어났다.

　절 문 밖에는 이 장 팔 척 높이의 금불상이 하나 있었다. 상호(相好)[87]가 단아하고 엄숙하여 항상 영험이 있었다. 나라의 길흉에 대해서는 먼저 상서로움과 괴이함으로 알려 주었다. 효창(孝昌) 3년(527) 12월에 이 불상이 슬픈 표정으로 두 눈에서 눈물을 흘리며 몸 전체가 축축해졌다. 당시 사람들은 '부처의 땀〔佛汗〕'이라고 하였다. 낙양의 남녀들은 거리를 비워두고 가서 구경하였다. 한 비구가 마른 솜으로 그 눈물을 닦자 순식간에 솜이 온통 축축해져서 다른 솜으로 바꾸어도 곧 다시 젖었다. 사흘 동안 계속되다가 그쳤다. 다음해(528) 4월, 이주영이 낙양으로 들어와 백관을 죽이니 시체가 길에 널렸다.

　영안(永安) 2년(529) 3월 이 불상이 다시 땀을 흘려 낙양 사람들이 또 구경갔

---

85) 고조의 넷째 아들로 자(字)는 선의(宣義)이다. 시중·태보·영사도공(領司徒公)을 지냈다.
무목은 그의 시호이다. 《위서》 권22 〈광평왕 열전〉.
86) 평대는 휴식과 전망을 위한 앞이 트인 정자이고, 복도는 누각 사이의 상하 양 층으로 통하는 길이다.
87) 77쪽의 주14 참고.

다. 5월 북해왕(北海王) 원호(元顥)가 낙양으로 들어왔을 때 장제는 북쪽 지역을 순행하고 있었다. 7월 북해왕이 대패하자 그가 거느렸던 강회(江淮)[88]의 자제 오천 명은 모두 포로가 되어 한 명도 돌아오지 못하였다.

영안 3년(530) 7월, 이 불상이 처음과 같이 슬퍼하며 눈물을 흘렸다. 영험을 경험할 때마다 온 나라가 두려워하였기 때문에 사람들이 이것을 보러 가지 못하도록 금지하였다. 12월 이주조가 낙양에 들어와 장제를 감금한 뒤, 장제는 진양에서 죽었다. 낙양의 궁전은 텅 비어 백 일 동안 주인이 없었다. 오직 상서령 사주목 낙평왕 이주세륭이 도성을 진압하고 있어 행상들이 사방을 통행하고 도적들은 나타나지 않았다.

건명(建明) 2년(531) 장광왕(長廣王)[89]이 진양에서 낙양으로 달려와 성곽 밖에 이르렀다. 이주세륭은 장광왕이 방계인 데다 정치적인 공적이 없다는 이유로 광릉왕(廣陵王) 공(恭)[90]에게 선양할 것을 협박하였다. 공은 장제의 사촌형〔從父兄〕이었다. 정광(正光, 520~525) 연간에 황문시랑이 되었으나 원차(元叉)가 정권을 장악하여 정치가 그들 무리에게 돌아간 것을 보고 이내 벙어리 행세를 하여 말을 하지 않고 세상의 일에 관여하지 않았다. 영안(528~530) 연간에 상락산(上洛山)으로 도망가 숨었다. 그러나 그 주의 자사 천기(泉企)[91]가 잡아서 낙양으로 호송하였다. 장제는 공이 간교한 꾀로 자신을 속인다고 의심하여 밤에 사람을 보내 그의 옷과 물건을 훔쳐오게 하고 또 칼을 뽑아 죽이려고 하였다. 그래도 공은 입을 크게 벌리고 손으로 혀를 가리키면서 끝까지 아무 말도 하지 않았다. 장제는 그가 진짜 벙어리가 된 것으로 믿고 방면하여 집으로 돌려보냈다. 공은 항상 용화사(龍華寺)에 머물렀는데 이때 이주세륭 등이 장광왕을 폐하고 그를 세웠다.

88) 지금의 창촨(長川)과 화이허(淮河) 유역의 지방.
89) 46쪽의 주71 참고.
90) 시호가 절민제(節閔帝)이다. 광릉혜왕(廣陵惠王) 우(羽)의 아들이고 자(字)는 수업(修業)이다.
효장제가 죽자 이주세륭에 의해 옹립되었다.
고환(高歡)이 이주씨를 토벌하기 위해 입성하여 공을 폐하고 효무제를 세운 뒤 공을 죽였다.
전폐제(前廢帝)라고도 한다. 《위서》 권11 〈전폐제 광릉왕기〉.
91) 북주(北周)의 풍양(豐陽) 사람으로 자(字)는 사도(思道)이다. 개부의동삼사(開府儀同三司)를 지냈고
상락군공(上洛郡公)에 봉해졌다. 《주서》 권44 〈천기 열전〉.

장광왕의 선양문(禪讓文)은 다음과 같다.

　　황제가 광릉왕 공에게 고하노라. 우리 황위(皇魏)가 천하를 다스린 이 래로 대대로 성군이 나와 왕위를 다지고 기초를 튼튼히 하여 왕업을 더욱 넓혀 나가 만방을 지배하고 사해를 차지하게 되었다. 그리하여 도는 여러 왕에게로 넘쳐흐르고 덕은 이르지 않는 곳이 없었다. 효명제가 승하하자 사람도 신(神)도 주인을 잃어 버렸다. 그러므로 주국대장군 대승상 태원 왕 영이 다스리는 땅은 주공과 소공이 봉해진 섬(陝)[92]과 같고, 지방의 장 관으로 있으면서 그 마음을 왕실에 두어 크게 붕괴될 것을 걱정하였다. 그 리하여 장락왕 자유(효장제)를 옹립해서 끊어진 업을 잇게 하여 우리 위 나라의 제업이 날로 융성해져 칠백 년의 황위가 영원하기를 바랐다. 그러 나 천하가 어지러워 편안하지 않고 큰 혼란에 빠져 이리가 사방을 힐끔거 리듯이, 올빼미가 눈을 치뜨고 보듯이 모두 서로 의심하며 대치하였다. 승 상 이주영의 지휘 아래 사해가 크게 안정되었다.

　　그런데 자유는 종묘와 사직을 돌보지 않고 공로와 덕이 있는 신하들을 원수처럼 회피한 채 경박한 협사들을 불러들이고 아부하는 사람들을 좌 우에 두었다. 포학함이 충신의 심장을 드러낼 정도로 심하며[93] 그 고통은 이가 부러지는 것과 같았다.[94] 어찌 금판(金版)이 나와서 원한을 알리고[95] 큰 새가 덕에 감동할 뿐이겠는가.[96]

---

92)《공양전(公羊傳)》은공(隱公) 5년에 천자를 보좌하는 삼공 가운데 섬(陝)의 동쪽은 주공(周公),
섬의 서쪽은 소공(召公)을 봉해서 다스리게 하였다. 여기서는 이주영의 지위와 공적은 주공·소공과 같으니
재상으로서 천자의 위임을 받았다는 뜻이다.
93)《한시외전(韓詩外傳)》에 의하면, 은(殷)나라 주왕(紂王)이 포악무도하여 비간(比干)이 간언을 하자
주왕은 그를 죽여 심장을 드러내었다고 한다.
94) 전국시대의 유세가인 범저(范雎)는 위(魏)의 수고(須賈)에게 가서 벼슬살이 하였는데 제(齊)에 사신으로
갔다가 제의 양왕(襄王)이 그의 변설에 탄복하여 금과 소와 술을 내렸다. 그러자 수고는 자신이 후한 우대를
받은 것은 위나라의 기밀을 말하는 것이라고 하면서 거절하였다. 이것으로 그는 매를 맞아 갈비뼈와 이가
부러졌다고 한다.《사기》 권79〈범저 열전〉.
95) 하(夏)나라 걸(桀)이 충신 관용봉(關龍逢)을 죽이자 마당의 땅 속에서 글이 새겨진 금판이 나와서
관용봉의 원한을 고하였다는 이야기이다.
96) 후한 안제(安帝) 때 태위(太尉)로 있던 양진(楊震)은 고결한 인격자였다. 그러나 참언에 의해 면직되자
독약을 먹고 자살했다. 순제(順帝)가 등극하여 조칙을 내려 후하게 장사 지내려고 했는데 장사 지내기 열흘

그래서 천하의 기대가 갑작스럽게 옮겨졌다. 내가 생각건대 천자의 지위는 오래 비워둘 수 없는 것이니 보좌에 어찌 주인이 없을 수 있는가. 그러므로 임시로 여러 의견을 좇아 잠시 백성들을 다스렸다. 지금은 육군(六軍)이 남쪽으로 전진하여 이미 하포(河浦)에 머물러 낙양을 바라보고 있으니 매우 부끄럽다. 내가 덕이 없고 방계이면서 어찌하여 위로는 천명을 거스르고 아래로는 백성의 기대를 어그러뜨리겠는가. 오직 광릉왕의 덕은 백성에게 나타나고 명성은 만고에 높다. 이전에는 운이 나빠서 많은 어려움을 겪으며 몸을 숨기고 은둔하며 말하지 않은 채 몇 년을 보냈다. 지금은 하늘이 밝은 덕을 지닌 사람을 보호하고 백성들은 훌륭한 황제를 기대하고 있다. 운수가 다 모이고 그대를 찬미하는 노래가 다 모였다. 이에 광릉왕은 서서히 나라의 정무를 행하여 백성의 간절한 소망에 부응하기 바란다. 삼가 이 옥새〔璽綬〕[97]를 바치고 별궁으로 돌아가니, 왕은 공손히 황제의 업을 계승하여 진실로 중용의 도를 행하고, 비록 아름다운 덕을 행하더라도 스스로 잘했다고 여기지 말며, 매일 하루하루를 조심하라!

공이 사양하면서 말하였다.

"천명은 매우 무겁고, 운세도 가볍지 않아서 덕이 천·지·인 삼재와 합쳐지고 공이 사해에 미치지 않는다면 황제의 지위에 오르는 데 여러 사람의 천거를 받을 수 없습니다. 신은 이미 어리석고 부덕하며 혜안도 없기 때문에 천명이 이미 내려졌다고 해도 감히 우러러 받들 수가 없습니다. 말씀하신 뜻을 거두어 어리석은 저의 마음을 헤아려 주시기 바랍니다."

다시 장광왕이 말하였다.

"왕의 덕은 이미 예언서에도 응하고 모든 사람들의 기대를 모으고 있으니 곧 중용의 도를 행하여 황제의 지위에 오를 만하다. 쓸데없이 사양함으로써 사람과

전부터 일 장 정도 되는 큰 새가 관 앞에서 멈춰 슬프게 눈물을 흘리며 울고 있었다. 그러다가 장례가 끝나자 날아가 버렸다. 《후한서》 권54 〈양진 열전〉.
97) 새수(璽綬)란 도장에 달아 놓은 채색된 끈을 말하는데 여기서는 천자의 지위를 상징하는 천자의 인장(印章)이란 뜻으로 사용되었다.

신들의 기대를 저버리지 말라."

공은 세 번이나 사양한 뒤에야 황제에 즉위하였고, 연호를 '보태(普泰)'라고 하였다. 황문시랑 형자재(邢子才)[98]가 사면문을 쓸 때에 장제가 태원왕을 억울하게 죽인 상황을 서술하였다. 광릉왕이 말하였다.

"장제가 직접 권신을 죽인 것은 덕을 잃어서가 아니라 곧 하늘이 세상의 혼란을 싫어하지 않았기 때문에 성제(成濟)의 재앙[99]을 만나게 된 것이다."

또 좌우의 신하들에게 명령하였다.

"붓을 가져 와라. 내가 직접 쓰겠다."

"문하성(門下省)이여! 내가 덕이 없는데도 흔쾌히 나를 추대해 주는 운세를 만나 백성들과 함께 이 커다란 경사를 맞게 되었다. 사면령은 똑같이 관례를 따르라."

광릉왕은 입을 다문 채 여덟 해를 보냈으나 이때 이르러 비로소 입을 연 것이다. 전국의 모든 사람들이 성군(聖君)이라 칭하였다. 그리고 장광왕을 동해왕(東海王)으로 봉하고, 세륭은 의동삼사(儀同三司)·상서령(尙書令)·낙평왕(樂平王)을 더하여 주고 나머지 관직은 전과 같이 하였다. 태원왕에게는 상국진왕(相國晉王)을 추증하며 구석(九錫)[100]을 내려주고 망령(芒嶺)의 수양산(首陽山)[101] 위에 사당을 세워 주었다. 옛날에는 주공(周公)[102]의 사당이 있었는데 세륭이 태원왕의 공을 주공과 나란히 하려고 여기에 사당을 세웠던 것이다. 사당을 세우고

98) 북제(北齊) 사람으로 자재(子才)는 자(字)이고 이름은 소(劭)이다. 어려서부터 문재(文才)가 있었다.
장(章)·표(表)·조(詔)·고(誥)의 문장이 아름답고 뛰어나 당시에 독보적인 위치를 점하였다.
위나라에서 중서시랑(中書侍郎)·국자좨주(國子祭酒)·중서감(中書監) 등을 거쳤다. 제(齊)로 돌아가 죽었다.
불사(佛寺) 건립에 막대한 국비를 들이는 것에 비판적 시각을 갖고 있었다.
《북제서》 권36 〈형소 열전〉, 권3 〈경명사〉 115~117쪽 참고.
99) 위(魏)나라의 고귀향공(高貴鄕公) 조모(曹髦)가 정권을 장악하고 있던 사마소(司馬昭)를
쓰러뜨리려다가 역으로 태자사인(太子舍人) 성제에게 죽임을 당했던 일을 장제가 이주조에게 죽임을 당한
일에 비유하였다. 《삼국지》 권4 위서 〈삼소제기(三少帝紀)〉, 권1 〈영녕사〉 43쪽의 주63 참고.
100) 고대의 제왕이 대신을 존대하기 위하여 내려준 아홉 가지의 기물이다. 거마(車馬)·의복(衣服)·
호분(虎賁)·악기(樂器)·납폐(納陛)·주호(朱戶)·궁시(弓矢)·부월(斧鉞)·거창(秬鬯)이다.
101) 허난성(河南省) 언시현(偃師縣) 서북에 있다. 북쪽은 멍진현(孟津縣)과 접한다.
망산에서 가장 높은 곳이다. 춘추시대에는 수대(首戴)라고 하였다.
102) 주나라 문왕의 아들이자 무왕의 동생으로 이름은 단(旦)이다. 무왕을 도와 주(紂)를 토벌하였다.
무왕이 죽고 나이 어린 성왕이 제위에 오르자, 섭정하며 무경(武庚)과 관숙(管叔)을 죽이고 채숙(蔡叔)을
몰아냄으로써 나라를 안정시켰다. 예악(禮樂) 및 관혼상제의 의례를 정하였다.

는 불이 났으나 기둥 하나만 불에 탔다. 사흘 후에 천둥을 동반한 비가 내리면서 이 사당에 여러 번 벼락이 내리쳤다. 기둥 아랫돌과 사당의 기와가 모두 부서져 산 아래로 떨어졌다. 다시 백관에게 명하여 태원왕을 배향하는 것을 의논하게 하였다. 사직(司直) 유계명(劉季明)이 의견을 말하였다.

"합당하지 않습니다."

세륭이 그 연고를 묻자, 계명이 대답하였다.

"만약 세종(선무제) 묘에 배향한다면 이주영은 선무제에 대하여 공이 없고, (효)명제 묘에 배향한다면 몸소 그 황제의 어머니를 살해하였으며, 또 장제 묘에 배향한다면 신하로서 불충하여 장제에게 죽임을 당하였으니, 이러한 것으로 본다면 배향할 곳이 없습니다."

세륭이 화를 내며 말하였다.

"그대도 죽어 마땅하다."

계명이 대답하였다.

"저는 신하된 자로서 예에 따라 말씀드렸으니 군의 뜻에 맞지 않아 죽는다 해도 그것은 저의 운명일 뿐입니다."

의논한 자들은 모두 계명이 권세에 굴복하지 않은 것에 대해 감탄하며 탄복하였다. 세륭이 이미 화를 내어 말했지만 계명은 결국 죽음을 면하였다.

처음에 세륭이 북쪽에서 반란의 깃발을 들었을 때 장제는 안동장군(安東將軍) 사건룡(史件龍)과 평북장군(平北將軍) 양문의(楊文義)를 보내 각각 병사 삼천 명을 이끌고 태행령(太行嶺)을 지키게 하고, 시중 원자공(源子恭)[103]은 하내를 지키게 하였다. 이주조가 남쪽으로 말머리를 돌리자 건룡과 문의 등은 병사를 이끌고 먼저 투항하였고, 자공은 건룡과 문의 등이 투항하는 것을 멀리서 바라보면서 흩어져 도망갔다. 이주조가 드디어 승세를 타고 도망가는 자를 추격하여 곧바로 낙양으로 들어와 대궐 아래까지 이르러 화살을 왕실에 날렸다. 그때의 공을 논하여 건룡과 문의에게 각각 천 호를 봉해주자고 하였으나 광릉왕은 "건룡과 문의는 왕을 위한 공은 있으나, 국가에는 공이 없다"고 하며 끝내 허락하지 않았다.

103) 45쪽의 주69 참고.

이에 대해 당시 사람들은 광릉왕이 강직하다고 하였다.

팽성왕 이주중원(爾朱仲遠)[104]은 세륭의 형이었다. 활대(滑臺)를 다스릴 때에 표(表)를 올려 부하 도독(都督) 을원(乙瑗)을 연주자사(兗州刺史)로 삼았는데, 먼저 등용한 후에 표를 올렸다. 광릉왕이 이에 답하였다.

"이미 가까이에서 관리를 임명하고 어찌 수고롭게 멀리까지 알리는가?"

세륭이 광릉왕을 모시고 연회하고 있을 때마다 광릉왕은 말하였다.

"태원왕은 하늘의 공을 탐내어 자기 것으로 만들었으니, 그 죄가 죽어 마땅하다."

세륭 등은 매우 놀랐다. 이후로는 감히 조정에 다시 들어가지 않았다. 그러나 나라의 권력을 멋대로 차지하여 흉포함은 더욱 심하였다. 대성(臺省)을 좌우에 두고,[105] 집에서 국가의 모든 일을 처리하였다. 큰 일이건 작은 일이건 먼저 세륭의 집에 보고된 뒤에야 시행토록 하였다. 광릉왕은 천자의 위치에서 팔장을 낀 채 간섭하지 않았다.

영희(永熙) 원년(532) 평양왕(平陽王)[106]이 황제의 자리를 빼앗고 나서, 처음으로 오층탑 하나를 세웠다. 평양왕은 무목왕(武穆王)의 막내아들이었다. 중서시랑(中書侍郎) 위수(魏收)[107] 등에게 조칙을 내려 절의 비문을 짓게 하였다. 영희 3년(534) 2월에 토목공사가 모두 끝나고 효무제는 백관을 거느리고 '만승회(萬僧會)'[108]를 열었다. 그 날 절 문 밖에 있던 돌 불상이 아무 이유 없이 스스로 움직여

104) 이주영의 사촌동생이며, 이주세륭의 형이었다. 간교하고 탐욕스럽고 잔인하여 승냥이와 이리〔豺狼〕에 비유될 정도였다. 팽성왕에 봉해졌고, 태재(太宰)까지 되었지만 뒤에 이주천광(爾朱天光)과 싸우다 패하여 강남으로 도망가서 죽었다. 《위서》 권75 〈이주언백(爾朱彥伯) 열전〉.
105) 대성은 상서령(尙書令)을 말하는 것으로, 이 당시 상서랑(尙書郎) 송유도(宋游道)와 형흔(邢昕)을 자신의 집에 데려다 놓고 일을 보게 하였는데 동과 서로 자리를 구별하여 소송을 처리하게 하였다.
106) 48쪽의 주81 참고.
107) 북제(北齊)의 거록(鉅鹿) 사람으로 자(字)는 백기(伯起)이다. 형자재·온자승과 함께 북조의 삼재(三才)라고 칭해졌다. 조령(詔令)이나 율령의 기초가 모두 그의 손에서 이루어졌다. 조칙을 받아 《위서》를 썼다. 성질이 급하였으며, 원망하는 자에 대해서는 좋은 점을 기록하지 않아 많은 사람들의 원망을 샀기 때문에, 그가 지은 《위서》는 더러운 역사라는 뜻으로 예사(穢史)라고도 불렸다. 《북제서(北齊書)》 권37 〈위수 열전〉.
108) 만 명의 승려를 청해서 닦는 공양으로 인도의 '반차월사(般遮越師)'와 유사하다. 당시 전국의 사문을 모두 모이게 하여 발원보시하였다.

서 머리를 숙였다 들었다 하다가 날이 저물어서야 그쳤다. 효무제가 몸소 와서 절을 올리고 괴이하게 생각하였다. 중서사인 노경선(盧景宣)[109]이 말하였다.

"돌이 서고 사당의 나무[社樹]가 움직이는 것은 옛날에도 있었는데 폐하께서는 어찌 그리도 괴이하게 생각하십니까?"

효무제는 궁으로 돌아왔다.

7월에 효무제는 시중 곡사춘(斛斯春)[110]의 협박을 받아 장안(長安)으로 도망갔다. 10월이 끝나갈 무렵 업(鄴)으로 천도하였다.

---

109) 북주(北周) 사람으로 경선은 그의 자(字)이고, 이름은 변(辯)이다. 고전에 통달하여 태학박사가 되었다. 효무제가 장안으로 도망갔을 때 그를 따라가 범양군공(范陽郡公)에 봉해졌다. 붕괴된 조정의 여러 제도를 재건하는 데 힘썼다. 《북사》 권30 〈노동(盧同) 열전〉.

110) 48쪽의 주82 참고.

景寧寺
경녕사

경녕사는 태보사도공(太保司徒公) 양춘(楊椿)[111]이 건립하였다. 청양문(靑陽門) 밖 삼 리, 어도의 남쪽 경녕리(景寧里)에 있었다. 고조가 낙양으로 천도한 뒤에 양춘이 이곳에서 처음 살다가 집의 일부를 기증해 절을 만들어 그 이름을 붙였다. 형태와 장식이 매우 아름다웠는데 기둥을 곱게 채색하고, 발〔簾〕에는 구슬을 달았다. 양춘의 동생 순(順)은 기주자사(冀州刺史)였고, 순의 동생 진(津)은 사공(司空)이었다. 모두 성품이 관대하고 온화하며 의리를 귀히 여기고 재물을 가볍게 생각하였다. 사대(四代)가 함께 살면서 한 집안에 삼종(三從)[112]이 있었다. 이렇게 조정에서 높은 지위에 오르면서 가정에서도 화목한 집안은 없었다. 보태(普泰, 531) 연간에 이주세륭에게 죽임을 당하였다. 뒤에 집을 희사하여 건중사(建中寺)를 지었다.

청양문 밖 삼 리, 어도 북쪽에는 효의리(孝義里)가 있었다. 효의리 서북쪽에는 전국시대 소진(蘇秦)[113]의 무덤이 있고 무덤 옆에는 보명사(寶明寺)가 있었다.

---

111) 화음(華陰) 사람으로 자(字)는 연수(延壽)이다. 고조 이래 사 대에 걸쳐서 벼슬한 공신이다. 많은 전공(戰功)을 세웠지만 형제 세 명이 서로 경계하며 예절을 지키고 깊이 삼가 천자의 깊은 신임을 얻었다. 《위서》 권8 〈세종기(世宗紀)〉.

112) 종조조부(從祖祖父)·종조부(從祖父)·종부(從父)를 말한다. 즉 아버지의 백부와 숙부, 그들의 자식, 그리고 아버지의 형제를 통칭한 것이다.

113) 전국시대 낙양 사람으로 자(字)는 계자(季子)이다. 연(燕)·조(趙)·한(韓)·위(魏)·제(齊)·초(楚)의 여섯 나라가 합종(合從)하여 진(秦)나라에 대항해야 한다고 주장하였다. 이에 반해 장의(張儀)는

여러 중들은 죽은 소진이 이 무덤을 출입하는 것을 늘 보았는데 그의 거마 장식이 지금의 재상과 같았다.

효의리 동쪽에는 낙양소시(洛陽小市)가 있었다. 북쪽에는 거기장군(車騎將軍) 장경인(張景仁)의 집이 있었다. 경인은 회계(會稽) 산음(山陰)[114] 사람이었다. 경명(景明, 500~503) 초에 소보인(蕭寶寅)[115]을 따라 귀화하여 우림감(羽林監)에 임명되었고 성의 남쪽 귀정리(歸正里)의 집을 하사받았다. 이런 이유로 귀정리를 민간에서는 오인방(吳人坊)이라고 불렀고 남쪽에서 귀화한 자들은 대개 이 안에서 살았다. 가까이에 이수(伊水)와 낙수(洛水)가 있어서 마음대로 물에서 놀 수 있었다. 귀정리에는 삼천여 가(家)가 있어 자체적으로 시장을 세웠다. 파는 음식물은 대개가 수산물이어서 당시 사람들이 어별시(魚鼈市)라고 하였다. 경인은 이곳에서 사는 것을 부끄럽게 여겨 마침내 효의리로 이사하였다. 당시 조정에서는 먼 변방의 종족들을 회유하려고 했기 때문에 오(吳) 지역 사람들을 우대하였다. 그래서 옷을 걷어올리고 강을 건너는 자는 모두 관직에 발탁되었다. 경인은 전쟁에서 공이 없는데도 고관에 올랐다.

영안(永安) 2년(529) 양나라 무제 소연(蕭衍)이 주서(主書) 진경지(陳慶之)[116]를 북해왕(원호)에게 파견하여 낙양에 들어가 황제의 지위를 찬탈하게 하면서 경지를 시중으로 삼았다. 경인이 강남에 있던 때부터 경지와 오랜 교분이 있었으므로 주연을 열어 그를 집으로 초대하였다. 사농경(司農卿) 소표(蕭彪)와 상서우승(尙書右丞) 장숭(張嵩)도 모두 그 자리에 있었다. 표 역시 강남사람이었으나 중대부(中大夫) 양원신(楊元愼)과 급사중대부(給事中大夫) 왕후(王昫)만은 중원

열국(列國)이 진나라를 섬겨야 한다는 연횡책(連衡策)을 주장하였다. 《사기》 권69 〈소진 열전〉.

114) 회계군 산음현을 말한다. 지금의 저장성(浙江省) 사오싱시(紹興市)로 바다와 가까운 곳이다. 원래 춘추시대 월왕(越王) 구천(句踐)의 나라가 있던 곳이다. 진나라 때 산음현을 회계군에 속하게 하였다.

115) 자(字)는 지량(智亮)이고 남제(南齊) 명제(明帝)의 여섯째 아들로 동혼후(東昏侯) 소보권(蕭寶卷)의 동생이다. 양나라 무제가 건업(建業)을 공략한 후 남제의 종실에 속한 자들을 모두 죽이려고 했기 때문에 난을 피하여 북위로 망명하여 우대받았다. 북위를 위해 공도 세웠지만 527년 반기를 들어 자립을 꾀하고자 하였다. 그러나 북위의 토벌에 패하여 도망가다 잡혀 사사(賜死)되었다. 《위서》 권59 〈소보인 열전〉.

116) 양나라 국산(國山) 사람으로 자(字)는 자운(子雲)이다. 무위장군(武威將軍)·가절총지군사(假節總知軍事)를 지냈다. 원호가 낙양으로 들어갔을 때, 원호로부터 거기대장군(車騎大將軍)을 제수받았다. 원호가 패배하자 다시 돌아와서 영흥현공(永興縣公)에 봉해졌다. 《양서(梁書)》 권32 〈진경지 열전〉.

의 사대부였다. 경지가 취해서 소표와 장숭 등에게 말하였다.

"위나라 조정은 매우 강성하지만 오히려 오호(五胡)[117]라고 한다. 그러나 천하를 통일하여 계승한 것[正朔相承][118]이 강의 동쪽[梁]에 있고, 진시황제의 옥새[119]도 지금 양(梁)나라에 있다."

양원신은 이에 대해 정색하며 말하였다.

"양나라는 지금 잠시 안정을 얻었지만 원래 궁벽한 곳에 위치한 데다 땅은 습지가 많아서 벌레들이 자라는 것을 도와 풍토병이 많이 생긴다. 개구리와 맹꽁이들이 동굴에 같이 살며 사람과 새가 함께 무리 지어 산다. 짧은 머리의 군주는 장수의 상이 없고 문신을 새긴 백성들은 왜소하고 볼품이 없다. 삼강(三江)에서 헤엄치고 오호(五湖)[120]에 배를 띄우며 살아 예악의 가르침을 받지 못하고 법과 제도[憲章]도 고칠 수 없다. 비록 진(秦)·한(漢)나라에서 옮겨온 사람들이 중원의 말을 섞어 쓰더라도 민(閩)·초(楚)의 어려운 말[21]을 다시 사용하여 바꿀 수 없다. 비록 군신의 관계가 있어도 윗사람은 거만하고 아랫사람은 횡포하다. 앞서서는 유소(劉劭)가 아버지를 죽이고[122] 후대에는 휴룡(休龍)이 어머니와 간음하였다.[123] 인륜을 어그러뜨렸으니 금수와 다를 바 없다. 더욱이 산음공주(山陰公主)는 남자를 청하여 지아비를 기만하고 집안에서 그 남첩들과 정을 통하여[124] 사람

---

117) 한나라·진나라 때 북방에서 중국 본토로 이주한 다섯 종족. 몽고의 흉노(匈奴)·갈(羯),
몽고계와 퉁구스계의 혼혈인 선비(鮮卑), 티베트계의 저(氐)·강(羌). 당시 위나라는 선비족이었다.
118) 정삭이란 1월 1일을 말한다. 정은 한 해의 처음, 삭은 한 달의 개시를 뜻한다. 옛날에는 왕조가 바뀌면
신왕조에서 '응천승운(應天承運)' 하여 반드시 다시 정삭을 정하여 새 역법을 반포하였다.
이 정삭상승이란 말은 천하를 통일했다는 뜻을 포함하고 있다.
119) 진시황이 변화의 옥[卞和璧] 또는 남전의 옥[藍田玉]에 새긴 도장이다. 뒤에 진시황의 아들 영(嬰)이
한나라 고조에게 바친 것을 전국새(傳國璽)라고 한다.
서한 이후, 동한(東漢)·위(魏)·진(晉)·송(宋)·양(梁) 나라로 계승되어 전해졌다고 하나 확실하지 않다.
120) 삼강과 오호에 대해서는 여러 가지 설이 있으나 본문의 오 지역의 삼강은 송강(松江), 누강(婁江),
동강(東江)을 말한다. 《오월춘추(吳越春秋)》의 위소(韋昭)의 주(注)에는 오호를 서호(胥湖), 여호(蠡湖),
조호(洮湖), 격호(滆湖), 태호(太湖)라고 하였다.
121) 민은 푸젠성(福建省), 초는 후베이성(湖北省) 지역으로 이곳에서 사용하는 남방 사투리를 말한다.
122) 유소는 송(宋) 문제(文帝)의 태자였다. 그는 잘못이 많은 데다 엄도육(嚴道育)이라고 하는 여자 무당과
한패가 되어 요술을 부리기도 하였다. 원가(元嘉) 30년(453) 문제는 그를 태자의 지위에서 폐했다.
그러자 반란을 일으켜 아버지 문제를 살해했다. 《송서》 권99 〈원흉소(元兇劭) 열전〉.
123) 휴룡은 송 문제의 셋째 아들 유준(劉駿)이다. 문제를 이어 즉위하여 효무제가 되었지만 음란하여
그 어머니 로태후(路太后)와 불의한 행동을 했다. 《남사(南史)》 권11 후비 〈효무소로태후 열전〉.
124) 산음공주는 효무제의 비인 왕씨(王氏)가 낳은 딸로 폐제(廢帝) 유자업(劉子業)의 누이였다. 지나치게

들이 흉보는 것도 아랑곳하지 않았다. 그대는 그 유습에 젖어서 예의를 알지 못하니 양적(陽翟)의 백성들이 혹이 추한 것을 모르는 것과 같다.[125]

우리 위나라는 천명을 받아 낙양으로 천도하여 오산을 진(鎭)으로 삼고[126] 사해를 집으로 삼았다. 풍속을 바꾸는 법식은 오제(五帝)와 그 자취를 같이 하고 예악 헌장의 융성함은 여러 왕들을 능가하여 단연 뛰어나다. 바다에서 살던 너희 무리들이 인의를 앙모하여 우리 위나라에 내조하여 우리의 연못물을 길어 먹고 우리의 곡식을 먹으면서 어찌 이리도 불손한가."

경지 등은 양원신의 청아한 어구와 거침없는 말을 듣고 입을 다물고 땀을 흘리며 소리를 삼킨 채 한마디도 하지 못했다. 며칠 사이에 경지가 병이 나서 가슴에 갑작스런 통증이 있었기 때문에 치료할 수 있는 사람을 찾아다녔다. 원신이 자신이 고칠 수 있다고 하여 경지는 마침내 그의 도움을 받기로 하였다. 원신은 입에 물을 머금었다가 경지에게 내뿜으며 말했다.

"오 지역 놈들은 건강(建康)[127]에 살면서 관모를 조그맣게 만들고 의상을 짧게 만들어 자신을 '아농(阿儂)'이라 부르고, 상대와 이야기할 때는 '아방(阿傍)'이라고 한다.[128] 줄[菰]이나 피로 밥을 삼고 찻물로 음료수를 대신하며 순채국을 후루룩 들이키고 게 속을 쩝쩝거리며 먹는다. 손으로는 두구(荳蔲)[129]를 잡고 입으로는 빈랑(檳榔)[130]을 씹어 먹는다. 중원에 이르자마자 고향을 생각하고 급히

음란하고 방자하여 황제에게 "나와 당신은 남녀의 차이는 있어도 똑같이 돌아가신 황제의 자식입니다. 그런데 당신은 수많은 후궁이 있는데 나는 부마 한 사람만 있으니 공정하지 못합니다"라고 말하자, 황제가 그녀를 위해 남첩 서른 명을 두게 하였다고 한다. 《송서》권7 〈전폐제기〉.
125) 양적은 지금의 허난성 유시안(禹縣)이다. 이곳은 암석이 많고 녹색 야채가 없는 산간이어서 그곳 주민들은 지금의 티베트나 네팔의 산지 주민들과 같이 목 부분의 임파선이 비대해져서 생긴 커다란 혹이 있었다고 한다.
126) 오악(五嶽)이라고도 하는데 시대마다 조금씩 다르다. 이때의 오산은 태산(泰山)·화산(華山)·곽산(霍山)·항상(恒山)·숭산(嵩山)을 말한다. 주(州)마다 명산 가운데 큰 산을 그 주의 진(鎭)으로 삼았다.
127) 75쪽의 주10 참고. 같은 인용문 안에 단양(丹陽)·양주(揚州)도 모두 건강에 속한 지명이다.
128) 오 지역에서는 사람의 성(姓)·이름·자(字)의 앞에 '아(阿)'자를 붙여 불렀을 뿐 아니라 아야(阿爺)·아모(阿母)·아수(阿誰) 등 2인칭 대명사에도 이것을 붙였다.
본문의 아농은 '나'라는 뜻의 농(儂)자에, 아방은 '당신'이란 뜻의 방(傍)자에 아를 붙인 것이다.
본문에서는 사투리 쓰는 것을 빗대어 말한 것이다.
129) 육두구(肉荳蔲)이다. 상록 교목으로 열대 지방에 나며 약 20미터 정도 자란다.
열매는 달걀 모양으로 익어서 늘어진다. 열매의 씨앗과 껍질은 약이나 조미료로 쓴다.
130) 야자과의 상록 교목이다. 말레이 지방에서 과수로 재배하는데, 약 20미터 정도 자란다.
잎은 줄기 끝에 모여 달리며 암수 서로 다른 꽃이 잎 사이에 핀다. 열매는 달걀 모양으로 황적색이고 달고 떫다.
식용이나 한약재로 쓰인다.

떠나 단양(丹陽)[131]으로 돌아간다. 미천한 집안의 놈들은 그 머리가 육포와 같다. 강의 모래톱에서 물고기와 자라를 잡고 마름과 연근을 씹어 먹으며 계두(鷄頭)[132]를 따고 개구리국과 조개국을 별미로 여긴다. 베옷과 짚신을 신고 물소의 등에 거꾸로 매달려 원강(沅江)·상강(湘江)·장강(長江)·한수(漢水)에서 노를 저어 유람한다. 물결을 따라가기도 하고 거슬러 가기도 하면서 마치 물고기들이 물 위에 입을 내놓고 벌름거리듯이 떴다 가라앉았다 한다. 하얀 모시를 입고 춤을 추며 파도에 맞추어 큰 소리로 노래를 부르지만, 또 조급히 양주(揚州)로 돌아간다.”

경지는 베개에 엎드려 말하였다.

“나는 양군에게 심한 수모를 받았다.”

이후로 오 지역 사람들은 병을 치료해 달라고 청하지 않았다. 얼마 되지 않아 북해왕이 죽임을 당하자 경지는 다시 소연에게 도망갔고 소연은 그를 사주자사(司州刺史)로 등용하였다. 경지는 특별히 북방인을 신임하였다. 주이(朱异)[133]가 그것을 이상하게 여겨 반복해서 물어 보니, 경지가 대답하였다.

“진(晉)·송(宋) 이래 낙양을 황무지[荒土]라고 불렀고, 여기에서는 장강 이북을 모두 오랑캐[夷狄]라고 하였습니다. 전에 낙양에 이르러 보니 의관을 차린 사대부가 모두 중원에 살고 있다는 것을 알았습니다. 예의가 모두 갖춰지고 인물이 풍부한 것은 눈으로 알 수 없고 입으로 전할 수 없습니다. 이른바 천자의 수도는 번성하여 사방의 본보기가 되었습니다. 마치 태산을 오르는 자는 언덕을 낮다고 생각하고 강해(江海)를 건너는 자는 상수(湘水)와 원강(沅江)을 협소하다고 생각하는 것과 같습니다. 그러니 어찌 북쪽 사람들을 신임하지 않겠습니까!”

경지는 이로 인하여 수레의 장식이나 복식을 모두 위나라의 법식대로 하였다. 강남의 사서인들은 너도나도 그것을 법으로 삼아 넓고 큰 옷을 입고 커다란 허리

131) 108쪽의 주127 참고.
132) 권1 〈요광사〉의 55쪽에 나오는 계두는 맨드라미이지만, 여기에 나오는 계두는 맨드라미와는 조금 다른 것 같다. 다년생 수중 식물로 보통 계두미(鷄頭米)라고 불리는 것으로 식용할 수 있다.
133) 양나라 전당(錢塘) 사람으로 자(字)는 언화(彦和)이다. 예악(禮樂)에 정통하여 국가의 전장(典章)을 주관하였지만 뇌물이나 재물을 탐하였다. 뒤에 후경(侯景)이 그를 토벌하는 것을 명분으로 내세워 반란을 일으키자 울분을 참지 못하고 죽었다. 《양서》 권38 〈주이 열전〉.

띠를 하였는데 말릉(秣陵)[134]에까지 퍼지게 되었다.

양원신(楊元愼)은 홍농(弘農) 사람이다. 진(晉)나라 기주자사(冀州刺史) 교(嶠)의 육세손(六世孫)이다. 그의 증조 태(泰)는 송(宋) 무제(武帝)를 따라 입관(入關)하여 상락태수(上洛太守)가 되었다. 7년(421)[135] 송나라를 배신하고 위나라로 돌아왔다. 명원제(明元帝)는 임진후(臨晉侯)란 작위를 내려주고 광무군(廣武郡)과 진군(陳郡)의 태수로 삼았다. 그가 세상을 떠난 후에는 양주자사(涼州刺史)를 추증하고 열후(烈侯)란 시호를 내려 주었다. 원신의 조부 무(撫)는 경(經)에 밝아서 중박사(中博士)가 되었다. 아버지 사(辭)는 산골 생활에 만족하여 왕후(王侯)를 섬기지 않았다. 숙부 허(許)는 하남령(河南令)·촉군태수(蜀郡太守)였다. 이와 같이 대대로 학행(學行)이 높은 것으로 알려져 고을에서 명성이 높았다.

원신은 사람됨이 맑고 고상하였다. 어릴 때부터 높은 뜻을 지녀 뜻한 바대로 자유로웠으며 시세에 구속되지 않았다. 산을 좋아하고 물을 사랑하며 수풀과 계곡에서 노니는 것을 좋아하였다. 모든 문장에 박식하여 청담(淸談)은 신의 경지에 들었고 잠깐 동안의 응대에도 따를 자가 없었다. 《노자》와 《장자》를 읽어 그 오묘한 이치에 대해서도 잘 말할 수 있었다. 술을 좋아하여 한 석(石)을 마셔도 정신이 혼미하지 않았는데 완적(阮籍)[136]과 동시대에 살지 못함을 늘 탄식하며 안타까워하였다. 그는 벼슬살이를 원하지 않아서 중산대부(中散大夫)가 되었어도 언제나 병을 핑계로 사직하여 한가롭게 지내려고 하였다. 그는 여러 귀족들에게 존경의 뜻을 나타내지도 않았고 친지들의 경조사에도 가지 않았다. 교제가 드물었기 때문에 당시 사람들은 그를 잘 알지 못하였다. 혹 그의 높은 의리를 사모하여 그의 문 앞에서 명함을 내밀며 뵙기를 청하는 사람이 있어도 병을 핑계로 누워서 일어나지 않았다. 더욱이 그는 깊이 생각하고 멀리 내다보아 해몽을 잘했다.

효창(孝昌, 525~527) 연간에 광양왕(廣陽王) 원연(元淵)이 처음 의동삼사(儀

---

134) 75쪽의 주10 참고.
135) 태상이 빠지고 그냥 7년으로 되어 있는데, 판상용(范祥雍)은 《교주》 129쪽 주47에서는 송나라의 무제가 태상 7년에 죽었기 때문에 그를 따라갔던 양태가 이때 북위로 돌아갔다고 설명하였다.
136) 26쪽의 주20 참고.

同三司)에 제수되어[137] 밤에 곤룡포를 입고 회화나무[槐]에 기대어 서 있는 꿈을 꾸었다. 길조라고 생각하여 원신에게 물었다. 원신이 대답하였다.

"삼공의 상서로운 징조입니다."

원연은 원신의 말에 매우 기뻐하였다. 원신은 집에 돌아와 사람들에게 말하였다.

"광양왕은 죽을 것이다. 괴(槐)자는 나무[木] 옆에 귀신[鬼]이 있는 것이니, 당연히 죽은 후에 삼공이 될 것이다."

광양왕은 과연 갈영(葛榮)에게 죽임을 당하고 사도공(司徒公)으로 추증되었다. 결국 원신이 말한 대로였다. 건의(建義, 528) 초에 양성태수(陽城太守) 설령백(薛令伯)은 태원왕이 백관을 죽이고 장제를 세웠다는 말을 듣고 다스리던 지역을 버리고 동쪽으로 도망가다가 우연히 화살로 기러기를 잡는 꿈을 꾸고서 원신에게 물었다. 원신이 말하기를,

"경(卿)은 새끼양[羔]을 올리고 대부(大夫)는 기러기를 올리니[138] 그대는 마땅히 대부의 직을 얻을 것이다."

원신의 이 해몽 후에 설령백은 곧 간의대부(諫議大夫)가 되었다. 낙양의 허초(許超)는 양을 훔쳐 감옥에 들어가는 꿈을 꾸고서 물었다. 원신이 대답하였다.

"그대는 성양령(城陽令)이 될 것이다."

그 후 그는 공적이 있어서 성양후(城陽侯)가 되었다. 원신의 해몽은 그 이치가 방술(方術)에서 나온 것으로 자유자재로 상대의 실정을 꿰뚫었기 때문에 모두 신기하게 적중하였다. 비록 허초의 꿈은 령(令)이 될 것이라고 해몽하여 실제 후(侯)가 된 것과는 약간의 차이가 있지만 사방 백 리를 다스리는 지금의 령은 고대의 제후에 해당하기 때문에 이것으로 본다면 역시 묘하게 들어맞는다. 당시 사람들이 그를 삼국시대 위나라의 주선(周宣)[139]에 비유하였다. 이주조가 낙양에 들어오자, 원신은 관직을 버리고 화음은사(華陰隱士) 왕등(王騰)과 더불어 상락산

---

137) 이 일은 《위서》 권9 〈숙종기〉에 의하면 효창 2년(526) 5월의 일이다. 그러나 같은 책 권18 〈광양왕 열전〉에는 그의 이름이 심(深)으로 나오고 있다.

138) 《주례(周禮)》 춘관(春官) 대종백(大宗伯)에 나온다.

139) 삼국시대 위(魏)나라 낙안(樂安) 사람으로 자(字)는 공화(孔和)이다. 점몽(占夢)에 매우 뛰어났다. 《삼국지》 권29 위서 〈주선 열전〉.

(上洛山)에서 주유(周遊)하였다.

　　효의리(孝義里) 동쪽, 시장 북쪽에는 식화리(殖貨里)가 있었다. 식화리에는 태상민(太常民) 유호(劉胡) 형제 넷이 도살을 생업으로 하며 살고 있었다. 영안(永安, 528～530) 연간에 유호가 돼지를 죽이려고 하는데, 돼지가 갑자기 살려달라는 소리를 내어 그 소리가 사방 이웃에까지 퍼졌다. 이웃 사람들이 유호 형제가 서로 싸운다며 와서 보니 돼지였다. 호는 바로 집을 희사하여 귀각사(歸覺寺)를 세우고 가족 모두 출가하였다. 보태(普泰) 원년(531) 이 절의 금불상에 털이 나기 시작하여 눈썹과 머리털이 모두 생겨났다. 상서좌승(尙書左丞) 위계경(魏季景)[140]이 사람들에게 말하였다.

　　"장천석(張天錫)[141]에게도 이런 일이 있어 그 나라가 드디어 멸망하였다. 이것은 상서롭지 않은 징조이다."

　　다음해 광릉왕은 제위에서 폐함을 당한 뒤 죽었다.

---

140) 하곡양(下曲陽) 사람이다. 박학하고 문재(文才)가 있어서 족형인 자수(子收)와 함께 이위(二魏)라고 칭해졌다. 효장제 때 중서시랑(中書侍郎)이 되었고, 뒤에 대사농경(大司農卿)·위군윤(魏君尹)이 되었다. 이주세륭이 특히 좋아하였다.《북사》권56〈위계경 열전〉.
141) 오호십육국 가운데 전량(前涼)의 제8대왕으로 13년간 왕위에 있다가 376년에 부견에게 멸망당했다. 그 뒤 진(晉)나라로 가서 호강교위양주자사(護羌校尉涼州刺史)를 지냈다.《진서》권86〈장궤(張軌) 열전〉.

卷三 · 城南

권 3 · 성남

景明寺

경명사

경명사는 선무제(宣武帝)가 건립하였다. 경명(景明, 500~503) 연간에 세웠기 때문에 이름을 이렇게 지었다. 선양문(宣陽門) 밖 일 리, 어도의 동쪽에 있었다. 이 절은 동서남북 사방이 각각 오백 보였다. 앞에는 숭산(嵩山)의 소실봉(少室峰)[1]이 보이고 뒤로는 낙양성을 끼고 있었다. 푸른 수풀의 그림자가 드리워지면 파란 잔물결이 일었다. 지세가 뛰어난 땅으로 앞이 탁 트여 매우 아름다웠다. 산허리에 걸리어 장엄의 극치를 이루는 전당과 누관[堂觀]이 천여 칸이나 되었다. 불전이 층층이 이어지고 승방(僧房)은 겹쳐 있었으며 장식한 창은 서로 마주한 채 처마를 맞대었다. 푸른 누대와 자주색 누각은 공중의 통로[浮道]를 통해 서로 연결되었다. 비록 밖에는 사시사철이 있으나 안에는 춥고 더운 것이 없었다. 건물 밖에는 모두 산과 연못이었다. 소나무·대나무와 난초 등의 향초 들이 섬돌 옆의 뜰에서 줄지어 자라나 바람을 머금고 이슬을 모아 향기를 발산하였다.

정광(正光, 520~525) 연간에 태후가 처음으로 칠층탑을 하나 세웠다. 높이가 백 인(仞)[2]이나 되었다. 그래서 형자재(邢子才)[3]가 쓴 비문에 "내려다보면 격렬한 천둥소리를 듣고 옆으로는 유성(流星)을 볼 수 있다"고 한 것은 이를 말한다. 화려한 장식은 영녕사와 같았다. 금반(金盤)과 보탁(寶鐸)은 환하게 구름 밖까지

---

1) 오악(五嶽) 중의 중악(中嶽)이 숭산으로 그 숭산의 서쪽 봉우리가 소실봉이다.
2) 일 인(仞)은 팔 척이다.
3) 101쪽의 주98 참고.

비쳤다.

절에는 연못이 세 곳 있었는데 그 안에는 물억새·부들·마름·연꽃 등 수중 식물들이 자라났다. 혹 누런 등껍데기의 자라나 자줏빛 나는 물고기가 무성한 수초 사이에 출몰하기도 하였고, 또 청둥오리나 흰 기러기가 푸른 물 속에서 떴다 가라앉았다 하였다. 물레방아로 곡식을 찧고 갈고 까부르는 데 모두 이 물의 힘을 이용하였다. 이 절의 기묘함은 천하 제일이라고 할 만하였다.

당시는 복을 빌기 좋아하여 4월 7일에는 도성의 모든 불상들이 이 절로 모여들었다. 상서사부조(尙書祠部曹)[4]에 등록된 불상은 모두 천여 구나 되었다. 8일에 차례대로 선양문으로 들어가 창합궁 앞을 향하면 황제가 꽃을 뿌려 예를 표했다. 이때 금으로 만든 연꽃[金花]에 해가 비치고, 보개(寶蓋)는 구름 속에 떠 있었으며, 깃발[旛幢]은 숲과 같았고, 향의 연기는 안개처럼 피어났다. 범패와 설법 소리가 천지에 울렸다. 여러 가지 기예들이 펼쳐져 가는 곳마다 사람들이 늘어섰다. 덕이 높은 이름난 스님들이 석장을 의지하여 한 무리를 이루었고 꽃을 지닌 신도와 승려 들이 또 한 무리를 이루었다. 수레는 도로를 꽉 메우고 서로 이어져 있었다. 당시 서역의 사문이 이것을 보고 불국(佛國)이라고 감탄하며 말하였다. 영희(永熙, 532~534) 연간에 비로소 국자좨주(國子祭酒) 형자재에게 비문을 지으라는 조칙을 내렸다.

형자재는 하간(河間) 사람이다. 뜻이 크고 성격이 민첩하며 온화한 인품을 지녔다. 발을 치고 깊이 생각하며 옛 것을 익혀서 새 것을 알아나갔다. 문장과 학문에 있어서는 사마천(司馬遷)[5]·반고(班固)[6]를 뛰어넘어 그 위에 홀로 위치하였

---

4) 삼국시대 위나라 상서(尙書)에 사부(祠部)가 있어 예제(禮制)를 관장하였다. 북주(北周) 때 처음 예부(禮部)라고 고치고 수당(隋唐) 때는 사부조(祠部曹)를 두어 예부에 소속시켰다. 천문(天文)·누각(漏刻)·국기(國忌)·묘휘(廟諱)·복축(卜祝)·의약(醫藥)과 승니(僧尼)의 부적(簿籍)을 담당하였다.
5) 전한(前漢) 사람으로 자(字)는 자장(子長)이다. 무제 때 흉노에게 항복한 이릉(李陵)의 일족을 몰살하려는 논의가 있었는데 그의 충심을 변호하다 무제의 격노를 사서 궁형(宮刑)을 당했다. 아버지 담(談)이 끝내지 못한 업을 계승하여 이십여 년 동안 《사기(史記)》 백삼십 권을 저술하였다. 뒤에 중서령(中書令)이 되었다가 죽었다. 《한서》 권62 〈사마천 열전〉.
6) 후한 사람으로 자(字)는 맹감(孟監)이다. 아버지 표(彪)의 유지를 받들어 이십 년 걸려 《한서(漢書)》를 썼다. 팔표(八表)와 천문지(天文志)만은 옥사(獄死)로 인해 완성하지 못하고, 누이 소(昭)가 완성했다.

고 출중한 자질은 허소(許劭)·곽태(郭泰)[7]를 능가하여 제일 높았으니, 의관을 갖춘 선비들이 그의 문에 모여들었고 도의를 품은 사람들도 오고가며 그의 집을 가득 메웠다. 그의 마루에 오르는 자는 마치 공자의 문하에 들어가는 것 같이 느꼈고, 그의 칭찬을 받는 자가 있으면 동오의 구[東吳之句]를 듣는 것[8]과 같이 여겼다. 당시에 그의 명성은 대단하여 가깝고 먼 곳에 모두 퍼졌다. 정광(正光, 520~525) 말년에 관직에 나아가 세종의 만랑(挽郎)[9]과 봉조청(奉朝請)[10]이 되었다가 얼마 되지 않아 중서시랑(中書侍郎)·황문시랑(黃門侍郎)으로 승진하였다. 그는 박식하여 통하지 않는 것이 없었고 군국 제도에 대해서도 찾아와 묻지 않는 사람이 없었다. 왕실이 불안정하게 됨에 따라 국자학은 쇠하였지만 그는 뒤에 국자좨주가 되어 대학에서 학생들을 가르치는 데 온 힘을 기울였다. 그가 게으른 학생에게는 벌을 주고 근면한 사람에게는 상을 주면서 전심을 다하니, 학생들은 다투어 유학에 뜻을 품었고 수사(洙泗)의 학풍[11]은 여기서 다시 성하게 되었다.

영희 말년(534)에 어머니가 연로하시어 벼슬에서 물러나려고 하였으나 효무제가 받아들이지 않았다. 자재가 거듭하여 매우 간절하게 청하며 눈물을 흘리자 효무제가 허락하였다. 조직을 내려 광록대부(廣祿大夫)의 신분으로 집에 돌아가 어머니를 모시게 하였다. 그가 사는 곳에 종 다섯 명을 내려주었고 한 해에 한 번씩 조정에 들어와 가르침을 줄 것을 당부하였다. 왕후들은 한나라 때 이소(二疏)[12]를 보내는 것처럼 그를 송별하였다.

두헌(竇憲)이 흉노를 정벌할 때 중호군(中護軍)으로 출전하였으나 패하여 옥중에서 죽었다. 《후한서》 권40 〈반표 열전〉.
7) 91쪽의 주64 참고.
8) 동오의 구를 들었다는 것은 오하아몽(吳下阿蒙)이란 고사에서 유래한다. 삼국시대 오나라에 여몽(呂蒙)이란 사람이 있었는데 임금 손권(孫權)이 그에게 글읽기를 권했다. 뒤에 노숙(魯肅)이 여몽과 만나서 그가 매우 박식해진 것을 보고 감동하여 그대는 더 이상 오하(오나라)의 어리석은 사람이 아니라고 하였다. 《삼국지》 권54 오서 〈여몽 열전〉.
9) 천자의 대상(大喪)이나 대신을 장사지낼 때 영구를 끌면서 만가를 부르는 사람이다.
10) 69쪽의 주147 참고.
11) 공맹(孔孟)의 학, 즉 유학을 말한다. 수사는 수수(洙水)와 사수(泗水)를 말하는데 공자가 이 근처에서 제자들에게 도를 가르쳤으므로 전하여 공자의 문하를 가리키게 되었다.
12) 한나라 소광(疏廣)과 그의 조카 소수(疏受)를 말한다. 광은 태자태부(太子太傅), 수는 태자가령(太子家令)을 지냈다. 그들의 덕행은 널리 존경을 받았으나 연로함을 이유로 사직하여 고향으로 돌아갔다. 그때 공경대부 이하가 수백 량의 수레를 끌고 와서 그를 송별하며 "현명한 두 대부였다"고 찬미하면서 감동하여 눈물을 흘렸다. 《한서》 권71 〈소광 열전〉.

업(鄴)으로 천도한 후, 백성들의 송사가 매우 많아져서 앞에서는 고쳤다가 뒤에서는 그대로 사용하여 서로 어긋나게 되었다. 법을 다루는 관리들이 옥사를 제대로 판결하지 못하여 그에 관한 문서들이 산을 이루었다. 그래서 자재와 산기상시(散騎常侍) 온자승(溫子昇)[13]에게 칙령을 내려《인지신제(麟趾新制)》십오 편[14]을 편찬하게 하였다. 중앙관청에서는 이것에 의해 의심나는 송사를 해결하였고, 지방의 주군에서도 이것으로 다스림의 근본을 삼았다. 무정(武定, 543~550) 연간에 표기대장군(驃騎大將軍)·서연주자사(西兗州刺史)에 임명되었다. 정사를 다스림이 깨끗하여 관리나 백성 들이 모두 편안하였다. 뒤에 중서령(中書令)으로 부름을 받았다. 당시는 전쟁중이어서 조정이 여러 가지 일로 복잡하였는데 국가조정의 의례가 모두 그에게서 나왔다. 그가 지은 시(詩)·부(賦)·조(詔)·책(策)·장(章)·표(表)·비(碑)·송(頌)·찬(讚)·기(記) 등의 오백 편은 모두 세상에 전해졌다. 이웃 나라에서도 모두 그 규범을 따르니, 온 나라에서 그것을 미담으로 여겼다.

13) 90쪽의 주56 참고.
14) 궁중의 인지각(麟趾閣)에서 심의하여 만들었기 때문에 이 이름을 붙였다.
동위(東魏) 효정제 흥화 2년(541)에 제정하여 10월에 반포하였다.《위서》권12〈효정제기〉.

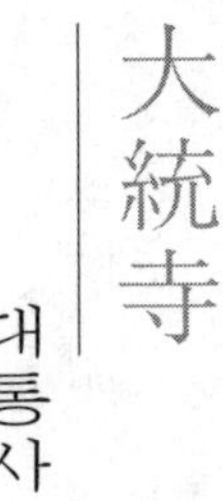

대통사는 경명사의 서쪽 이민리(利民里)에 있었다.

절의 남쪽에는 삼공령사(三公令史) 고현락(高顯洛)의 집이 있었다. 밤마다 붉은 빛이 집 앞을 비춘 것이 한두 번이 아니었다. 빛이 나오는 곳을 일 장 남짓 파서 금 백 근을 얻었다. 명문에 "이것은 소진(蘇秦)[15]의 집 금이니, 이것을 얻는 자는 나를 위해 공덕을 베풀라"고 새겨져 있었다. 고현락은 드디어 초복사(招福寺)를 지었다. 사람들은 이곳을 소진의 옛날 집이라고 하였다. 당시에 원차(元叉)가 정권을 잡고 있었는데 현락이 금을 얻었다는 것을 듣고 그의 집에 가서 금을 찾으니 그가 스무 근을 주었다. 내가 생각건대 소진이 살던 때는 불법이 있기 전이고 또 공덕이란 것이 반드시 절을 지으라는 의미도 아닐 것이다. 분명히 비명(碑銘) 같은 것을 세워서 자신의 공적을 칭송해 달라는 뜻일 것이다.

이 절의 동쪽에는 진태상공(秦太上公)[16]의 두 절이 경명사의 남쪽 일 리에 있었다. 두 절 가운데 서쪽 절은 태후가 지었고, 동쪽 절은 효명제의 이모[17]가 세

---

15) 105쪽의 주113 참고.
16) 진태상공의 이름은 호국진(胡國珍)이고 자(字)는 세옥(世玉)이다. 그의 딸은 세종(선무제)과 결혼하여 숙종(효명제)을 낳은 영태후(靈太后) 호씨이다. 숙종이 제위에 오르자 광록대부가 되었다. 영태후가 섭정하면서 시중에 제수되었고 안정군공(安定郡公)에 봉해졌다. 여든한 살에 죽었는데 매우 늙어서까지 불법을 독실하게 숭상했다. 《위서》 권71 하, 외척 하 〈호국진 열전〉.
17) 원차(元叉)의 처로 영태후의 동생이다. 신평군군(新平郡君)에 봉해졌다가 나중에 풍익군군(馮翊郡君)으로 옮겼다. 여시중(女侍中)에 제수되었다. 《위서》 권16 〈원차 열전〉.

운 것이다. 모두 그들 아버지를 추모하고 명복을 빌기 위한 것이어서 이름을 그렇게 지었다. 당시 사람들은 쌍녀사(雙女寺)라고 불렀다. 문은 모두 나란히 낙수(洛水)에 인접해 있었고 수목의 가지와 잎들이 무성하게 녹음을 드리우고 있었다. 각각 오층탑이 하나씩 있었는데 높이가 오십 장이었고 채색의 정교함은 경명사와 비슷하였다. 매달 육재일(六齋日)에는 항상 중황문(中黃門)[18] 한 사람이 승려들의 거처를 돌보며 필요한 물건들을 보시하였으니 다른 절이 미칠 바가 아니었다.

절의 동쪽에는 영대(靈臺)가 하나 있었다. 그 터는 비록 쇠락하였으나 다섯 장 정도 높이는 남아 있는데 한나라 광무제가 만든 것이었다. 영대의 동쪽에는 삼국시대 위나라 무제가 만든 벽옹(辟雍)[19]이 있었다. 위나라 정광(正光, 520~525) 연간에 벽옹의 서남쪽에 명당(明堂)[20]을 만들었는데 위는 둥글고 아래는 모가 난 형태로 여덟 개의 창문과 네 개의 문이 있었다.

여남왕(汝南王)[21]이 또 영대 위에 전탑을 만들었다. 효창(525~527) 초에 요사스런 적들이 사방으로 침입하였으나 주군(州郡)에서 막아내지 못했다. 조정에서는 명당의 북쪽에 모정격(募征格)[22]을 설치하고 종군하는 자들을 광액장군(曠掖將軍)·편장군(偏將軍)·비장군(裨將軍)에 임명하였다. 당시 싸우러 온 병사들을 명당대(明堂隊)라고 불렀다.

그 당시 호분랑 낙자연(駱子淵)이란 사람이 있었는데 자신을 낙양 사람이라고 하였다. 그는 이전 효창 연간에 팽성(彭城)의 변방을 지켰다. 당시 같은 군영의 번원보(樊元寶)가 휴가를 얻어 낙양으로 가게 되자 편지 한 통을 그에게 주며 집에 전달해 줄 것을 부탁하면서 말하였다.

"우리 집은 영대의 남쪽, 낙수 가까이에 있다. 네가 거기에 이르기만 하면 우리

---

18) 궁실을 다스리는 일을 맡았던 소부(少府)에 소속된 환관을 말한다.
19) 태학(太學)으로 주(周)나라 때 처음 설치되었다.
20) 고대 제왕이 정교를 펼치던 곳이다.
21) 58쪽의 주110 참고.
22) 《위서(魏書)》 권9 〈숙종기(肅宗紀)〉에 의하면 효창 원년(525) 12월에 내린 조칙이다. 군율을 어겨 탈주하거나 둔지(屯地)로부터 도망가 산속에 숨어서 도적질하는 자들을 모두 군대로 복귀시키기 위해 특별히 '모격(募格)'을 설치하여 그들의 전과를 묻지 않고 각 주군의 부대에 출두하도록 호소하였다.

집안 식구가 보러 나올 것이다."

원보는 그의 말대로 영대의 남쪽에 이르렀으나 물어볼 인가가 전혀 없었다. 주위를 배회하다가 막 떠나려고 하는데 갑자기 한 노인이 나타났다.

"어디에서 왔는데 이곳에서 헤매고 있는가?"

원보가 상세하게 설명하니, 노인이 말하였다.

"그 아이는 나의 아들이다."

노인은 편지를 받고 원보의 손을 끌어 집으로 데리고 갔다. 집은 매우 크고 넓어 확 트여 있었고 건물은 아름다웠다. 자리에 앉으니 노인이 여종에게 술을 가져오라고 하였다. 잠시 후 여종이 죽은 아이의 시체를 안고 지나갔다. 원보는 처음에 매우 괴이하게 생각하였다. 잠시 후 술이 나왔는데 색이 아주 붉고 향이 이상하였다. 아울러 산해진미가 다 갖추어진 진수성찬이 나왔다. 음식을 다 먹은 후 이별하고 돌아가려 하였다. 노인이 원보를 배웅하기 위해 나오면서 말하였다.

"뒤에 다시 만나기 어렵겠군요."

노인은 몹시 슬퍼하고 이별을 매우 애석하게 여겼다. 노인이 집으로 들어가자 원보는 다시 그 집으로 들어가는 길을 볼 수 없었다. 단지 물을 마주하고 있는 높은 언덕과 동쪽으로 흘러가는 푸른 물결이 보일 뿐이었다. 다만 열다섯 살쯤 되어 보이는 사내아이 하나가 막 물에 빠져 죽었는데 코에서 피가 흐르고 있었다. 그제야 자신이 마신 술이 피였음을 깨달았다. 팽성으로 돌아오니 자연(子淵)은 이미 없었다. 원보는 자연과 함께 세 해 동안 변방을 지켰으나 그가 낙수의 신(神)[23]임을 알지 못했던 것이다.

23) 이 이야기는 괴기소설 같은 느낌을 준다. 그러나 사람의 피를 먹고 사는 낙수의 신은 바로 당시 백성의 고혈을 빨아먹는 통치계급을 비유하는 것으로도 볼 수 있다. 양현지는 뚜렷한 주제 의식을 갖고 신기하고 기이한 일들을 소개하고 있다. 《교주》 서문 21쪽 참고.

報德寺

보덕사

　보덕사는 고조 효문황제(孝文皇帝)가 세운 것이다. 풍태후(馮太后)[24]를 추모하여 명복을 빌기 위해 만들었으며 개양문 밖 삼 리에 있었다. 개양문 밖 어도 동쪽에는 한나라의 국자학당(國子學堂)이 있었다. 학당 앞에는 세 가지 서체로 쓴 석경(石經) 스물다섯 기의 비석이 있었다. 그 비의 앞뒤에는 《춘추》·《상서》를 베껴 썼으며, 전서·과두(科斗)[25]·예서의 세 종류 서체는 한나라 우중낭장(右中郎將) 채옹(蔡邕)의 필적[26]이었다. 지금은 열여덟 기의 비석이 남아 있고 나머지는 모두 없어졌다. 또 비석 마흔여덟 기가 있었는데 앞뒤에 예서로 《주역》·《상서》·《공양전(公羊傳)》·《예기》를 베껴 썼다. 또 찬학비(讚學碑) 하나가 학당 앞에 있었다. 삼국시대 위(魏)나라의 문제가 쓴 《전론(典論)》[27] 비석 여섯 기 중 태화 17년(493)까지 네 기의 비석이 남아 있었다. 고조는 이곳을 권학리(勸學里)라고 이름 붙였다. 무정(武定) 4년(546)에 대장군 고징(高澄)[28]이 석경을 업(鄴)으로 옮겼다.

24) 문성제(文成帝)의 황후로 효문제의 조모(祖母)이다. 그의 아버지는 풍랑(馮郎)이었다.
《위서》 권13 〈황후(皇后) 열전〉.
25) 과두문자는 본래 춘추시대 진(晉)나라에서 쓰던 특수 서체로 필획 위가 굵고 끝은 가늘거나
필획 끝이 뾰족하고 중간이 통통하여 올챙이 모양 같아서 과두라고 이름 붙여졌다. 과두(蝌蚪)라고도 쓴다.
26) 한나라 채옹이 쓴 비는 예서로 씌어진 후한 희평(熹平, 172~177) 연간의 일자석경(一字石經)이다.
본문의 비는 위나라 정시 연간에 건립된 비이나 이 비를 쓴 사람은 알려져 있지 않다.
양현지가 이 두 비를 혼동한 것이다. 《교석》 62쪽, 《교주》 150~151쪽 참고.
27) 천자가 칙령으로 편찬한 최초의 책이다. 《수서》 권32 〈경적지〉1에는 총 5권으로 씌어 있다.
명제(明帝) 때 돌로 새겨서 당(唐)나라 석비의 일부가 전해졌지만 송나라 이후 없어져 버렸다.
다만 그 원형이 《문선(文選)》에 전해지고 있다.

권학리에는 대각사(大覺寺)·삼보사(三寶寺)·영원사(寧遠寺)의 세 절이 있었다. 주위에는 과수원이 있어 진귀한 과일들이 생산되었다. 대곡(大谷)의 함소리(含消梨)와 같은 배가 있었는데 무게가 열 근이었고 나무에서 땅에 떨어지면 모두 물이 되었다. 당시 사람들이 "보덕사의 배는 승광사(承光寺)의 능금과 같다"고 하였다. 승광사에도 과일 나무가 많았는데 능금의 맛이 매우 좋아서 낙양에서 제일이었다.

권학리 동쪽에는 연현리(延賢里)가 있었다. 이곳에는 정각사(正覺寺)가 있었는데 상서령 왕숙(王肅)이 세운 절이다. 왕숙의 자는 공의(公懿)이고, 낭야(琅琊) 사람이다. 위제(僞齊) 옹주자사(雍州刺史) 환(奐)의 아들이다. 박학다식하고 재주와 글솜씨가 뛰어나서 제(齊)나라의 비서승(秘書丞)이 되었다. 태화 18년(494)에 제나라에 등을 돌리고 우리 왕조로 귀순하였다. 당시는 고조가 새로 낙양에 도읍을 건설할 때여서 새로운 제도를 많이 만들었다. 왕숙은 옛일에 박학하여 많은 도움을 주었기 때문에 고조가 그를 매우 중시하여 항상 '왕생(王生)'이라고 불렀다. 연현(延賢;현자를 불러들인다는 뜻)이라는 마을 이름은 왕숙으로 인해 붙여진 것이다. 왕숙이 강남에 있을 때 사씨(謝氏)의 딸을 처로 맞이하였으나 낙양에 와서는 다시 공주에게 장가들었다. 그 후 사씨는 출가하여 비구니가 되었다. 그리고 왕숙에게 달려갔는데 그가 공주에게 장가든 것을 보고 오언시를 지어 그에게 주었다.

본래 잠박 위의 누에였는데	本爲箔上蠶
지금은 베틀 위의 실이 되었네	今作機上絲
북을 얻어 바디를 쫓아가니	得路逐勝去[29]
서로 얽혀 함께 했던 때가 몹시도 그립구나	頗憶纏綿時

28) 북제(北齊) 사람으로 자(字)는 자혜(子惠)이고 환(歡)의 장자이다. 문양황제(文襄皇帝)로 추증되었고 묘효(廟號)는 세종(世宗)이다. 위나라 천평(天平, 534~537) 연간에 업(鄴)으로 들어가 정치를 보필하여 이부상서(吏部尙書)가 되었다. 무정(543~550) 연간에 환이 죽자 대승상·발해왕에 봉해졌다. 《북제서》 권3 〈문양제기〉.
29) 로(路)는 락(絡)으로 베틀의 북을 가리키고 승(勝)은 바디를 말한다. 현재의 왕숙을 비유한 것이다.

공주가 왕숙을 대신하여 이 시에 답하였다.

바늘은 실을 꿰는 물건이라	針是貫線物
바늘귀에는 언제나 실이 자유롭게 넘나드니	目中恒任絲
비단을 얻어 새 옷을 짓는데	得帛縫新去
어찌 헌 실을 받겠는가!	何能納故時

왕숙은 사씨에게 부끄러운 마음이 들어서 드디어 정각사를 지어 살게 하였다. 왕숙은 아버지가 무고하게 화를 당했음을 기억하여 초나라에 원수를 갚으려던 오자서(伍子胥)[30]와 같은 마음을 늘 품고 있었다. 그래서 항상 소복을 입고 음악을 듣지 않아 당시 사람들이 그를 칭찬하였다. 왕숙이 처음 위나라에 귀순했을 때는 양고기와 발효시킨 양젖[酪漿][31] 등을 먹지 않고 항상 붕어국을 먹고 목이 마르면 차를 마셨다. 낙양의 사대부들은 왕숙이 한 번 술을 마시면 한 말[斗]을 마신다 하여 '누치(漏卮:새는 잔)'라고 호를 붙였다.

몇 년이 지난 후 왕숙이 고조를 모시고 궁전에서 연회할 때 양고기와 양젖을 아주 많이 먹었다. 고조가 그것을 괴이하게 생각하였다.

"그대는 지금 위나라의 음식을 먹고 있는데 양고기를 붕어국과 비교하면 어떻고, 차를 양젖과 비교하면 어떤가."

"양고기는 육지에서 나는 최고의 음식이고, 생선은 물에서 나는 최고의 것입니다. 사람들이 좋아하는 것이 같지 않지만 모두 진귀한 것입니다. 맛으로 말하면 우열이 있습니다. 양고기를 제와 노 나라 같은 큰 나라에 비교한다면 생선은 주(邾)와 거(莒) 나라 같은 작은 나라에 비교할 수 있습니다. 다만 차는 양젖과 비교도 할 수 없는 것으로 그것의 종이 될 것입니다[與酪作奴]."

고조가 크게 웃으며 술잔을 들어 말하였다.

---

30) 춘추시대 초(楚)나라 사람으로, 사(奢)의 아들이며 상(尚)의 동생이다. 자서는 자(字)이고 이름은 원(員)이다. 아버지와 형이 모두 초나라 평왕(平王)에게 살해되자 오(吳)나라를 도와 초나라를 쳤다. 뒤에 월(越)나라의 뇌물을 받아 태재(太宰) 비(嚭)에게 참소되어 사사(賜死)되었다.《사기》권66〈오자서 열전〉.
31) 소나 양·말의 젖을 끓여서 만든 음료이다. 지금의 우유나 요구르트와 비슷한데 여기서는 양젖으로 번역하였다. 북위를 세운 선비족의 유목 습속이다.

"3·3은 가로, 2·2는 세로가 되는 것이 무엇인가?[32] 이것을 알아맞히는 사람에게 금종을 주겠다."

어사중위(御史中尉) 이표(李彪)[33]가 말하였다.

"술을 파는 노파가 술항아리에서 술단지에 술을 따르고, 푸주간에서 저울추를 이용해 고기를 똑같이 자르는 것입니다."

상서좌승 견침(甄琛)[34]이 말하였다.

"오 지역 사람이 수영을 하면서 스스로 잘한다고 하고, 기녀가 공중에 먹줄을 능숙하게 던지는 것입니다."

팽성왕 협이 말하였다.

"저는 이제야 이 글자가 습(翫)[35]자인 것을 알았습니다."

고조가 금종을 이표에게 내려주었다. 조정에서는 그의 총명하고 지혜로움과 견침이 빠르게 응한 것에 감탄하였다. 팽성왕이 왕숙에게 말하였다.

"그대는 제와 노나라 같은 큰 나라를 중요하게 여기지 않고 주와 거나라 같은 소국을 사랑하는구나."

"고향의 맛있는 것은 좋아하지 않을 수 없습니다."

"그대가 내일 우리 집을 방문하면 그대를 위해 주와 거 나라의 음식을 차려주겠다. 또한 낙노(酪奴)도 준비해 두겠다."

이로 인하여 차를 낙노라고 부르게 되었다. 이때 급사중(給事中) 유호(劉縞)가 왕숙의 풍모를 사모하여 차 마시는 것을 열심히 익혔다. 팽성왕이 유호에게 말하였다.

"그대는 왕후의 여덟 가지 진귀한 음식을 좋아하지 않고 노비의 수액(水厄;차)

---

32) 고조는 글자 풀이 수수께끼를 낸 것이다.
33) 27쪽의 주23 참고.
34) 무극(無極) 사람으로 자(字)는 사백(思伯)이다. 거기장군(車騎將軍)·시중(侍中)을 지냈다. 경박한 성격으로 사람들을 놀리거나 조롱하는 것을 즐겼다. 《위서》 권68 〈견침 열전〉.
35) 습(翫)자는 북위 시대에는 '翫'으로 썼다. 이 글자의 가로는 아홉 획이고, 세로는 네 획이다. 이표와 견침은 고조의 수수께끼에 곧바로 습자라고 말하지 않고 습자가 쓰이는 경우를 예로 들어 대답한 것이다. 이표가 말한 술을 파는 노파가 술을 따르는 일이나 푸주간에서 고기를 자르는 것은 그들에게 너무나 익숙한 일이다. 그리고 견침이 말한 물가에 사는 오 지역 사람들이 수영을 잘하는 거나 재주 부리는 기녀가 줄 던지기를 하는 것 역시 익숙하다는 뜻의 습자를 풀이한 것이다.

을 좋아하는구나. 바다에는 악취를 따라다니는 사내가 있고,[36] 마을 안에는 찡그림을 배우는 부인들이 있다[37]고 한 것은 바로 그대를 두고 하는 말이다."

팽성왕의 집에는 오 지역에서 온 노비가 있었는데, 왕은 이런 말로 그를 놀렸다. 이로부터 조정의 귀족들이 연회를 할 때 차를 내놓긴 했지만 모두 부끄러워하여 마시지 않았다. 오직 강남에서 온 사람들이나 멀리서 귀순한 자들은 좋아하였다. 뒤에 소연(蕭衍)의 아들 서풍후(西豊侯) 소정덕(蕭正德)[38]이 귀순했을 때 원차(元叉)는 그를 위해 차를 내어주면서 먼저 물었다.

"당신은 수액(水厄)을 어느 정도 하십니까?"

소정덕이 원차의 말뜻을 이해하지 못하고 답하였다.

"저는 비록 물가[水鄕;강남]에서 태어났으나 입신(立身)한 후로 물의 재앙[陽侯之難]을 겪지 않았습니다."

원차와 앉아 있던 객들이 모두 함께 웃었다.

36) 몸에서 냄새가 많이 나는 사람이 있었는데 형제·친척·처첩 들이 모두 그와 같이 살 수가 없었다. 그래서 스스로 바다로 옮겨가 살았는데 거기에는 그 사람의 냄새를 좋아하는 사람이 있어 밤낮으로 그를 따라다니며 떠나지 않았다고 한다. 《여씨춘추(呂氏春秋)》〈우합(遇合)〉.
37) 월나라 미인 서시(西施)가 통증이 나서 얼굴을 찌푸리고 다녔다. 동네의 아녀자들이 서시가 예쁜 것은 찡그린 모습 때문이라고 생각하여 찡그린 채 다녔다. 그것을 본 부자들은 문을 닫고 나가지 않았고, 가난한 사람들은 처자들을 데리고 떠나갔다고 한다. 남의 결점을 장점인 줄로 알고 본뜨는 것, 맥락도 모르고 덩달아 흉내내는 것을 효빈(效顰;效矉)이라고 한다. 《장자》〈천운(天運)〉.
38) 양나라 사람으로 자(字)는 공화(公和)이다. 어려서부터 거칠고 예절이 없었다. 무제는 처음에 아들이 없어 그를 양자로 들였다. 서풍후에 봉해졌고, 대통 연간에 후경(侯景)이 추대하여 제위에 올라 연호를 정평(正平)이라고 하였으나 후에 후경에게 살해당했다. 《양서》 권55 〈임하왕 정덕 열전〉.

龍
華
寺

용
화
사

용화사는 광릉왕(廣陵王)이 세우고, 추성사(追聖寺)는 북해왕이 세웠다. 모두 보덕사(報德寺)의 동쪽에 있었다. 불사에 관련된 일과 승방은 진태상공사에 견줄 수 있었다. 낙양의 절에는 모두 여러 종류의 과일 나무를 심었는데 이 세 절의 원림(園林)이 매우 무성하여 비교할 만한 곳이 없었다.

선양문 밖 사 리, 낙수 가에 이르면 영교(永橋)라고 부르는 부교(浮橋)가 있었다. 신귀(神龜, 518~519) 연간에 상경(常景)이 〈낙예송(洛汭頌)〉을 지었다. 그 문장은 다음과 같다.

> 넓고 넓은 큰 강이여! / 깊고 깊은 푸른 낙수여!
> 웅이산(熊耳山)에서 발원하여 / 거대한 골짜기에 물을 끌어 놓았구나
> 곡수(穀水)를 받아서 이수(伊水)에 토해내고 / 낙양을 관통하여 호(毫)로 흘러간다
> 가까이로는 황하에 이르고 / 멀리로는 북해에 다다른다
> 점을 쳐서 오직 낙양이 길함을 얻었지만 / 실제로도 땅의 중앙에 있다
> 위로는 장(張)과 류(柳)의 별[39]에 응하고 / 아래로는 황하와 숭산에 의지

---

39) 장과 류는 주작칠수(朱雀七宿)를 이루는 별이다. 70쪽의 주150 참고.

하여

추위와 더위가 그에 따르고 / 해와 달도 그에 따라 밝아진다

황제의 밝은 은택은 두루 천하를 덮어 / 온 나라가 함께 교화되었다

앞으로는 소실산(少室山)에 임하고 / 뒤로는 태행산(太行山)을 등졌고

동쪽에는 험한 제읍(制邑)이 있고 / 서쪽에는 커다란 효산(崤山)이 막아
섰다

사방이 험준한 땅이나 / 사통팔달의 도로가 뚫려 있다

덕에 의지하면 견고해지고 / 도를 잃으면 망하게 된다

옛일을 자세히 관찰하고 / 《구(邱)》와 《분(墳)》[40]의 옛 책을 살펴보면

선양했다가 혁명하였고 / 혹은 질박하였다가 화려하였다

주나라 말에 구주(九州)로 분열되고 / 한나라 말에는 삼국으로 나뉘어졌
으며

위풍(魏風)이 쇠퇴하여 사그러들고 / 진(晉)의 그림자도 어슴푸레하게 저
물었다

천지가 빛을 발하여 / 하도(河圖)와 낙서(洛書)로 명을 받고

황제가 나라를 세워 법도를 갖추니 / 그 신기한 공적은 경쟁할 상대가 없
었다

위나라는 예언서대로 하늘을 우러러 / 거울을 잡듯이 천명을 따랐고

황제의 운명은 크게 복을 이루어 / 용이 짊어지고 나온 하도의 명을 받게
되었다

그리하여 천하의 통일을 보고 / 영원히 안정시킬 것을 생각하였으니

이에 대업을 펼치시어 / 대법을 유포하였다

우리의 관면(冠冕)을 계승하여 / 우리의 정권을 바로잡으니

낙양은 수륙이 모두 합하여져 / 주나라와 정나라가 통했던 요로(要路)가
되었다

이에 〈낙예(洛汭)〉를 새기어 / 감히 온 나라에 알린다

40) 이 책의 서(序)에 나오는 《삼분》·《오전》과 같은 고대의 책 이름이다. 《구》는 《대구(大邱)》, 《분》은
《삼분(三墳)》이다.

남과 북의 양쪽 언덕에 화표(華表)[41]가 있었는데 높이 스무 장이었다. 화표 위에 봉황을 만들어 놓았는데 마치 하늘로 높이 날아 올라갈 것 같은 기세였다. 영교 남쪽과 환구(圜丘) 북쪽, 이수와 낙수 사이에 어도를 끼고 동쪽에 금릉관(金陵館)·연연관(燕然館)·부상관(扶桑館)·엄자관(崦嵫館)의 사이관(四夷館)이 있었다. 길 서쪽에는 귀정리(歸正里)·귀덕리(歸德里)·모화리(慕化里)·모의리(慕義里)의 사이리(四夷里)가 있었다.

오 지역에서 귀순해 오는 사람은 금릉관에 머물렀다가 3년이 지나면 귀정리에 있는 집을 하사받았다. 경명(景明, 500~503) 초에 위제(僞齊)의 건안왕(建安王) 소보인(蕭寶夤)[42]이 귀순하자 회계공(會稽公)에 봉하고 귀정리에 집을 지어 주었다. 그 뒤 제왕(齊王)의 작위를 주어 남양공주(南陽公主)와 결혼시켰다. 소보인은 오랑캐들과 함께 거처하는 것을 부끄럽게 여겨 공주를 통해서 세종에게 성 안으로 들어갈 것을 청했다. 세종은 그것을 허락하고 영안리에 집을 주었다. 정광(正光) 4년(523) 소연의 아들 서풍후 소정덕이 귀순하자 금릉관에서 지내게 하고 귀정리에 집을 지어 주었다. 뒤에 정덕은 집을 희사하여 귀정사(歸正寺)를 세웠다. 북쪽 오랑캐 가운데 귀순하는 자들은 연연관에 머무르게 하고 3년이 지나면 귀덕리에 집을 주었다. 정광 원년(520)에 연연(蠕蠕)[43]의 추장 욱구려아나굉(郁久閭阿那肱)이 내조(來朝)하였는데 일을 맡은 자가 어떻게 처리해야 할지 몰랐다. 중서사인 상경이 의견을 내었다.

"함녕(咸寧, 275~280) 연간에 선우(單于)가 내조하였을 때 진(晉)나라의 무제는 왕공(王公)과 특진(特進)[44]의 아래 관계(官階)로 대우해 주었습니다. 욱구려아나굉은 번왕(蕃王)과 의동삼사(儀同三司)의 중간에 해당합니다."

조정은 그 의견을 따라서 그를 연연관에 지내게 하고 귀덕리에 집을 주었다. 북쪽 오랑캐의 추장은 아들을 보내 입시(入侍)하게 하였는데 항상 가을에 왔다가

---

41) 높은 기둥 위에 나무를 가로질러 만든 일종의 도로표지이다.
42) 106쪽의 주115 참고.
43) 4세기 중엽부터 6세기 중엽까지 몽고를 지배했던 유목민족이다. 북위 때에는 세력이 극성하여 북위를 자주 침략하고 때로는 수교하기도 하였다. 유연(柔然)·예예(芮芮)·여여(茹茹)라고도 쓴다. 《위서》 권103 〈연연 열전〉.
44) 공덕이 뛰어난 제후에게 특진을 내려주었다. 삼공(三公)의 아래 지위이다.

봄에 가서 중국의 더위를 피하였기 때문에 당시 사람들이 '안신(雁臣;기러기 신하)'이라고 불렀다.

동쪽 오랑캐 중에서 귀순하는 자들은 부상관에 머물게 하고 모화리에 집을 주었다. 서쪽 오랑캐 중에서 귀순하는 자들은 엄자관에서 지내게 하고 모의리에 집을 주었다.

총령(葱嶺)[45] 서쪽으로부터 대진국(大秦國;동로마제국)에 이르는 모든 나라와 성에서 진심으로 복종하지 않음이 없었고 대상(隊商)이나 행상인 들이 날마다 변경으로 달려왔다. 온 천지를 아울렀다고 할 수 있다. 중국의 풍토와 습속을 좋아하여 정착한 사람은 헤아릴 수도 없었고 귀화한 백성들이 만여 가(家)나 되었다. 문으로 들어가는 길이 정비되고 궁문은 줄지어 늘어섰다. 푸른 회화나무 그늘이 도로에 드리워지고 초록빛 버드나무가 정원을 채웠다. 천하에서 구하기 어려운 물건도 모두 이곳에 모였다. 따로 낙수의 남쪽에 시장을 세우고 '사통시(四通市)'라고 불렀는데 민간에서는 '영교시(永橋市)'라고 불렀다. 이수와 낙수의 물고기들은 대개 여기에서 팔렸기 때문에 사람들은 회를 구하러 모두 이곳으로 왔다. 고기 맛이 매우 좋았기 때문에 낙양에서는 "낙수의 잉어와 이수의 방어는 소와 양보다 귀하다"고들 말했다.

영교의 남쪽 도로 동쪽에 백상방(白象坊;흰 코끼리 마을)과 사자방(獅子坊;사자 마을)이 있었다. 흰 코끼리는 영평 2년(509)에 건타라국(乾陀羅國)[46]의 왕이 바친 것이다. 등에 다섯 색깔의 병풍과 칠보로 꾸민 좌상(坐床)이 있어 여러 명이 앉을 수 있었다. 참으로 진귀한 짐승이었다. 코끼리는 언제나 승황조(乘黃曹)[47]

---

45) 지금의 파미르(Pamir) 고원으로 세계의 지붕이라고 한다. 《대당서역기》 권12에 의하면 "파〔葱〕가 많이 나기 때문에 총령(葱嶺)이라고 부른다. 또 산과 벼랑이 푸르고 푸르러〔葱翠〕 이런 이름이 붙여졌다"고 하였다.
46) 간다라(Gāndhāra)를 말하며 건타위(乾陀衛)·향행국(香行國)·향편국(香遍國)이라고도 한다. 카불(Kabul) 강 하류, 아프가니스탄 령(領)의 쿠마(Kumar) 강과 파키스탄의 인더스 강 사이에 위치한 지역으로 지금 파키스탄의 페샤와르(Peshāwar) 지역에 해당한다. 기원전 4세기 알렉산더 대왕의 동정(東征) 이래 그리스 인과 페르시아 인의 왕래가 많았다. 쿠샨(Kushān) 왕조 시절에는 그 중심지가 되었고 4세기에는 소월지(小月氏), 5세기에는 훈(Hun)족의 지배 아래 들어갔으며, 7세기 당나라 초기에는 가필시국(迦畢試國)의 치하에 있다가 8세기 혜초가 인도를 방문할 당시에는 돌궐족에게 복속되었다. 예로부터 여러 민족의 침입을 받고 정복되어, 동서 문화 교류의 무대가 되었다. 특히 헬레니즘 문화의 영향을 보여주는 불교미술, 특히 불상조각이 유명하다. 《대당서역기(大唐西域記)》 권2 건타라국.

에서 길렀는데 우리와 담을 훼손시키고 밖으로 도망가곤 하였다. 나무를 보면 뽑아버리고 담을 만나면 무너뜨렸다. 백성들은 놀라고 두려워 달아났다. 태후가 드디어 코끼리를 이 백상방으로 옮겼다. 사자는 파사국(波斯國)[48]의 국왕이 바친 것인데 역적 만사추노(万俟醜奴)가 빼앗아 그의 군영에 두고 있었다. 영안(528~530) 말에 만사추노가 파멸되자 비로소 낙양으로 옮겨왔다.

장제가 시중 이욱(李彧)[49]에게 "내가 듣기에 호랑이는 사자를 보면 반드시 굴복한다고 한다. 호랑이를 구해서 시험해 보자"고 말하였다. 그리하여 산에서 가까운 군현에 조칙을 내려 호랑이를 잡아오게 하였다. 공현(鞏縣)과 산양현(山陽縣)에서 모두 호랑이 두 마리와 표범 한 마리를 보냈다. 장제는 화림원에서 구경하였다. 호랑이와 표범은 사자를 보자마자 모두 눈을 감고 감히 우러러보지 못하였다. 화림원에는 이전부터 눈 먼 곰이 한 마리 있었는데 성질이 매우 온순하였다. 장제는 한 번 시험해 보게 하였다. 사육사[虞人]가 눈 먼 곰을 끌고 와서 사자의 기척을 들려주었더니 놀라 날뛰면서 사슬을 끌고 달아났다. 장제는 크게 웃었다.

보태 원년(531)에 광릉왕이 즉위하여 "금수를 가두는 것은 본성을 거스르는 것이다. 그러니 산림으로 돌려보내는 것이 마땅하다"고 조칙을 내려 사자를 본국으로 돌려보내게 하였다. 사자를 보내는 사람이 파사국이 너무 멀어 보낼 수 없자 마침내 길에서 사자를 죽이고 돌아왔다. 관리가 천자의 뜻을 어겼다는 죄로 그를 탄핵하였다. 광릉왕은 "사자 때문에 사람을 벌하겠는가"라고 말하며 그를 방면해 주었다.

---

47) 승황서를 말한다. 49쪽의 주85 참고.
48) 36쪽의 주33 참고.
49) 농서(隴西) 사람으로 자(字)는 자문(子文)이고 연식(延寔)의 아들이다.
효장제의 누이 풍정공주(豐亭公主)에게 장가들었다. 시중·좌광록대부(左光祿大夫)·중서감(中書監)·
표기대장군(驃騎大將軍)·개부의동삼사(開府儀同三司)·광주자사(廣州刺史) 등을 지냈다.
효정제 때 죄를 지어 기시(棄市)되었다.《위서》권83 하〈이연식 열전〉.

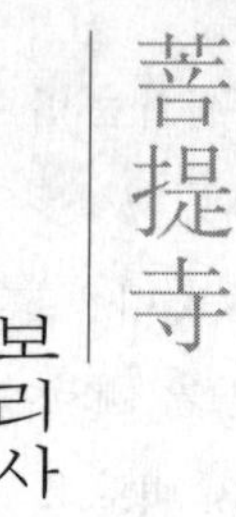

菩提寺

보리사

보리사는 서역인이 세운 것인데 모의리(慕義里)에 있었다.

사문 달다(達多)가 무덤을 파고 벽돌을 캘 때 산 사람을 발견하여 조정에 바쳤다. 당시 태후는 명제와 화림원(華林園)의 도당(都堂)에 있었는데 매우 요사스럽고 괴이한 일이라고 생각하여 황문시랑 서흘(徐紇)에게 물었다.

"예로부터 이런 일이 꽤 있었는가?"

"옛날 위나라 때는 무덤을 팠더니 한나라 곽광(霍光)[50]의 사위 범명우(范明友)의 가노(家奴)가 살아 나왔습니다. 그가 한나라의 흥망에 대한 이야기를 하였는데 역사책과 부합되었다고 합니다. 이것은 괴이한 일이 아닙니다."

태후가 서흘에게 그의 성명과 죽은 지 몇 년이 지났는지, 또 무엇을 먹었는가를 물어보게 하였다. 그 죽은 자가 대답하였다.

"저의 성은 최(崔)이고 이름은 함(涵), 자는 자홍(子洪)이며, 박릉현(博陵縣) 안평(安平) 사람입니다. 아버지의 이름은 창(暢), 어머니의 성은 위(魏)이고 집은 성의 서쪽 부재리(阜財里)에 있습니다. 죽을 때의 나이가 열다섯이었고 지금은 만 스물일곱이니 무덤에서 열두 해를 보냈습니다. 항상 취해 누워 있는 듯하여 먹은 것이 없습니다. 때때로 이리저리 돌아다니다 혹 음식을 만나도 꿈속에 있는 듯 확실히 알 수가 없었습니다."

50) 37쪽의 주39 참고.

태후는 곧 문하록사(門下錄事) 장준(張雋)을 보내 부재리에 가서 함의 부모를 찾아보게 하였더니 과연 최창(崔暢)과 부인 위씨가 있었다. 준이 창에게 물었다.

"당신의 아이가 죽었는가?"

"아들 함이 열다섯 살에 죽었습니다."

"어떤 사람이 묘를 팠는데 오늘 당신 아들이 소생하여 화림원 안에 있다. 그래서 태후께서 일부러 나를 보내서 조사해 보도록 한 것이다."

그것을 듣고 창이 놀라 두려워하였다.

"실은 나에게는 그런 아이가 없습니다. 먼저 말씀드린 것은 거짓말입니다."

장준이 돌아와 상세하게 들은 것을 보고하였다. 태후가 준을 보내어 함을 집으로 돌려보냈다. 창은 함이 왔다는 말을 듣고 문 앞에 불을 지르고 손에는 칼을 쥐고, 위씨는 복숭아나무 가지[51]를 쥐고서 말하였다.

"너는 올 필요가 없다. 너는 내 아들이 아니다. 빨리 떠나서 재앙을 면할 수 있게 하라."

결국 함은 집을 떠나 낙양 거리를 배회하다가 절 문 아래에서 항상 밤을 보냈다. 여남왕이 황의(黃衣) 한 벌을 내렸다. 함은 해를 두려워해서 감히 올려다보지 못하였다. 또 물과 불, 병장기의 칼날 같은 것들을 두려워하였다. 항상 도로를 달리다가 피곤해지면 멈추었으나 천천히 걸을 수는 없었다. 당시 사람들은 그가 귀신이라고 말하였다. 낙양의 대시(大市) 북쪽에 봉종리(奉終里)가 있었는데 그곳 사람들은 대부분 장례도구나 관곽을 팔았다. 함이 말하였다.

"잣나무로 관을 만들되 뽕나무로 그 안을 덧대지 말라."

사람들이 그 까닭을 물으니, 함이 대답하였다.

"내가 땅 속에 있으면서 병사로 징발되는 귀신을 보았는데 어떤 귀신이 자신의 관이 잣나무 관이라며 면제해 줄 것을 호소하였다. 그러나 병무를 담당하는 관리

---

51) 중국 신화에 활을 잘 쏘는 예(羿)가 있었는데, 복숭아나무로 맞아 죽었다. 예는 죽어 귀신이 되어서도 복숭아나무를 무서워했다고 한다. 그래서 복숭아나무가 귀신을 제압한다고 생각해서, 위씨가 복숭아나무를 쥐고 귀신을 물리치려 했던 것이다. 우리나라에서도 제사를 지낼 때 복숭아를 놓지 않거나, 무당이 굿을 할 때 복숭아나무 가지를 이용하는 것도 이러한 이유 때문이다.

가 '너는 잣나무 관이기는 하지만 뽕나무로 안을 덧대었으니 면제해 줄 수 없다'
고 하였다."

　　이것을 듣고 낙양의 잣나무 값이 몹시 뛰었다. 사람들은 관을 파는 자들이 함
을 매수하여 이런 말을 했다고 의심하였다.

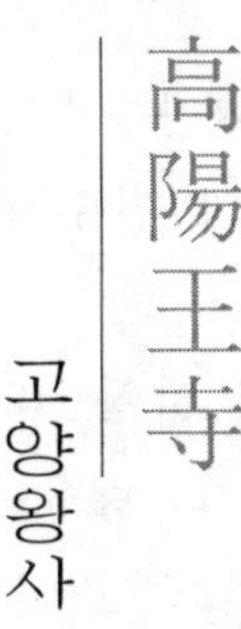

高陽王寺

고양왕사

고양왕사는 고양왕(高陽王) 옹(雍)의 집이었다. 진양문 밖 삼 리, 어도 서쪽에 있었다. 옹이 이주영에게 살해되자 집을 희사하여 절을 만들었다.

정광(正光, 520~525) 연간에 옹이 승상(丞相)이 되어 우보(羽葆)[52] · 취타대 · 호위병 백 명을 받았다. 귀함(貴)은 신하 가운데 최고였고, 부(富)는 산해의 풍요를 모두 아울러 그의 저택은 황제의 궁궐에 필적하였다. 흰 벽과 붉은 기둥은 안으로 깊숙이 길게 이어졌고 처마는 나는 듯이 올라가 넓게 두루 통해 있었다. 육천 명의 종과 오백 명의 기녀가 있었고 수후(隋侯)의 구슬[53]이 햇빛에 반짝였으며 비단 옷이 바람에 나풀거렸다. 한과 진(晉) 나라 이래 여러 왕들의 호화스러움도 이보다 더하지 않았다. 나갈 때는 앞에서 하인이 소리 높여 길을 열며 의장행렬을 이루었고, 징을 치며 연주하니 피리 소리가 애련하게 울렸다. 집에 들어가면 노래하고 춤추는 여인들이 축(筑)[54]을 치고 생황을 불며 관악기와 현악기를 교대로 연주하면서 밤을 새우고 날을 넘겼다. 대나무 숲과 물고기 뛰노는 연못은 천자의 금원(禁苑)과 같이 향기로운 풀들이 가득하였고 진귀한 나무들이 그늘을 이어주고 있었다. 옹은 맛있는 음식을 좋아하고 자신이 먹고 마시는 것을 전혀

52) 새의 깃털로 장식한 화개(華蓋)를 단 수레로 남북조 시대에는 여러 왕과 대신 가운데 공이 있는 자들은 모두 이 수레를 타고 다녔다.
53) 수후가 상처 입은 커다란 뱀을 약으로 치료해 주니, 뒤에 뱀이 강에서 커다란 구슬을 물고 와서 보은하였다. 《회남자(淮南子)》〈남명훈(覽冥訓)〉.
54) 대나무로 만든 거문고 비슷한 악기이다.

아끼지 않아서 한 번 밥을 먹을 때마다 수만 전을 썼다. 산해진미를 갖추어 앞에 사방 한 장 정도의 음식을 차렸다. 진류후(陳留侯) 이숭(李崇)[55]이 사람들에게 말하였다.

"고양왕의 한 끼 식사는 나의 천 일 동안의 식사에 해당한다."

이숭은 상서령·의동삼사여서 그의 부유함도 천하에서 뒤지지 않았고 종도 천 명이나 되었다. 그러나 성격이 검소하고 인색하여 거친 옷을 입고 거친 밥을 먹었다. 고기는 항상 먹지 않았고 삶은 부추[韭茹]와 부추 김치[韭菹]만을 먹었다. 숭의 식객인 이원우(李元佑)가 사람들에게 말하였다.

"이 영공(令公)은 한 끼에 열여덟 가지를 먹습니다."

사람들이 그 까닭을 물으니 다음과 같이 대답하였다.

"구(九)가 둘(二)이면 열여덟[56]이기 때문입니다."

그것을 듣는 자들이 크게 웃었다. 세상 사람들은 이것으로 그를 조롱하고 비웃었다. 옹이 죽은 뒤에 기녀들을 모두 불교에 귀의시켰지만 간혹 시집간 이도 있었다. 미인 서월화(徐月華)는 공후(箜篌)를 매우 잘 연주하였다. 그 가운데 〈명비출새(明妃出塞)〉[57]라는 노래를 잘 연주하여 그것을 듣고 감동하지 않는 사람이 없었다. 영안(528~530) 연간에 위장군(衛將軍) 원사강(原士康)의 첩이 되었는데 그 집이 청양문에서 가까웠다. 월화가 공후를 연주하며 노래를 부르면 그 구슬픈 노래 소리가 구름에까지 올라가 길 가는 사람들이 그것을 듣고 순식간에 성시를 이루었다. 월화는 원사강에게 늘 말하였다.

"고양왕에게는 두 명의 미희가 있었습니다. 한 명은 수용(修容)이고, 한 명은 염자(艶姿)입니다. 모두 초승달 모양의 눈썹과 하얀 치아의 깨끗한 모습을 한 경국지색입니다. 수용은 〈녹수가(淥水歌)〉에 능하고 염자는 〈화봉무(火鳳舞)〉를 잘 하여 여러 애첩 가운데 고양왕의 사랑을 독차지하였습니다."

원사강은 이 말을 듣고는 월화에게 〈녹수〉와 〈화봉〉의 악곡을 항상 연주하게

55) 92쪽 주68 참고.
56) 구(九)는 구(韭)와 발음이 같기 때문에 고기를 먹지 않고 두 종류의 부추 반찬을 먹는 이숭의 인색함을 비웃어 말한 것이다.
57) 한나라 원제(元帝)의 궁녀 왕소군(王昭君:明妃)이 흉노의 선우에게 시집가 국경을 넘어 사막으로 가는 슬픈 이야기를 노래한 것이다.

하였다.

　고양왕 집의 북쪽에 중감리(中甘里)가 있었다. 그곳에는 열세 살 된 영천(潁川)의 순자문(荀子文)이 있었다. 어려서부터 총명하고 신정(神情)이 특별나서 비록 황완(黃琬)[58]이나 문거(文擧)[59]라도 그보다 더 뛰어나지는 않을 것이다. 정광(正光, 520~525) 초에 광종군(廣宗郡)의 반숭화(潘崇和)가 성의 동쪽 소의리(昭義里)에서 《복씨춘추(服氏春秋)》[60]를 강연할 때 자문이 옷을 가다듬고 예를 갖추어 가르침을 받으려 하였다. 그때 조군(趙郡)의 이재(李才)가 자문에게 물었다.

　"그대는 어디에 사는가?"

　"저는 중감리에 삽니다."

　"왜 성의 남쪽에 사는가?"

　성의 남쪽에는 사이관(四夷館)이 있기 때문에 이재는 그를 비웃어 물어본 것이다. 자문이 이에 말하였다.

　"낙양의 남쪽은 좋은 땅인데 당신은 무엇 때문에 이상하게 여기십니까? 만약 하천을 갖고 말한다면 이수와 낙수는 발원이 깊고 깊으며, 옛일로 말한다면 그곳에는 영대와 석경(石經)이 있습니다. 아름다운 사원으로는 보덕사와 경명사가 있고, 당대의 부귀한 자로는 고양왕과 광평왕이 있습니다. 또 여러 나라와 곳곳의 성에서 온 사람들로 사방의 풍속이 그곳에 다 모여 있습니다. 만약 인물로 논하다고 해도 나는 있지만 당신은 없습니다."

　이재는 아무런 대꾸도 하지 못했다.

---

58) 후한 사람으로 자(字)는 자염(子琰)이다. 어려서부터 매우 명민하였다. 진번(陳蕃)과 함께 정치를 보필하여 지사(志士)를 등용하였다. 예주목(豫州牧)에 임명되고 관내후(關內侯)에 봉해졌다. 동탁이 정권을 장악한 뒤, 사도(司徒)·태위(太尉) 등을 지내고 양천경후(陽泉卿侯)에 봉해졌다. 뒤에 사도 왕충(王充)과 모의하여 동탁을 죽였으나, 동탁의 장수 이최(李催)와 곽범(郭汜)에게 하옥되어 죽임을 당했다. 《후한서》 권61 〈황경(黃瓊) 열전〉.
59) 공융(孔融)을 말한다. 후한 사람으로 공자의 후손이다. 문거는 그의 자(字)이다. 어려서부터 총명하여 헌제 때 북해상(北海相)이 되었고 태중대부(太中大夫)를 지냈다. 만년에는 조조의 미움을 받아 죽임을 당했다. 《후한서》 권73 〈공융 열전〉.
60) 한나라 복건(服虔)이 《춘추좌전》에 주를 단 것으로 《춘추좌전해의(春秋左傳解誼)》를 말한다.

"여수(汝水)와 영수(潁水)의 선비는 송곳처럼 날카롭고, 연(燕)·조(趙) 지역
의 선비는 추 같이 어리석다고 했는데[61] 참으로 빈 말이 아니다."

반숭화가 이렇게 말하자 모든 학생들이 웃었다.

61) 여수(汝水)와 영수(潁水)는 모두 허난성(河南省) 지역으로 성의 남쪽에 사는 순자문을 가리키는 것이고,
연과 조는 모두 허베이성(河北省) 지역으로 조군의 이재를 말하는 것이다.

崇虛寺

숭허사

숭허사는 성의 서쪽에 있었다.[62] 한나라의 탁용원(濯龍園)이 있었던 곳이다. 연희(延熹) 9년(166) 환제(桓帝)가 탁용원에서 노자(老子)의 제사를 지내고 천자가 사용하는 화개(華蓋)의 자리를 설치하고 하늘에 제사 지내는 음악을 연주하던 바로 그 땅이었다. 고조가 낙양으로 천도한 처음에 이 땅을 백성들에게 나누어주었다. 그러나 이곳에 와서 쉬는 자들이 요상하고 괴이한 것을 많이 보게 되어 사람들이 모두 떠나게 되자 마침내 절을 세웠다.

---

62) 권3은 성의 남쪽에 있는 절에 대한 기록이다. 그런데 숭허사는 성의 서쪽에 있는 절로 권4에 들어가야 하는데 이곳에 들어가 있으니 양현지가 혼동한 것이다.

卷四 · 城西

권 4 · 성서

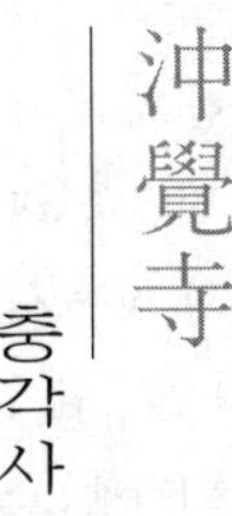

충각사는 태부(太傅) 청하왕(淸河王) 역(懌)[1]이 집을 희사하여 세운 것으로 서명문 밖 일 리, 어도의 북쪽에 있었다. 역은 친왕(親王) 가운데 명성과 덕행이 가장 뛰어났기 때문에 세종이 그를 좋아하여 여러 동생들 중에서 각별하게 대우하였다. 연창(延昌) 4년(515)에 세종이 죽자, 역은 고양왕 옹(雍)[2]과 광평왕 회(懷)[3]와 함께 세종의 유언에 따라 효명제를 보좌하였다. 당시 명제의 나이는 여섯 살밖에 되지 않아 태후가 나라의 모든 정사를 대신 처리하였다. 역은 밝은 덕을 지닌 황제의 친척이었고 항상 정도를 실천하였기 때문에 태후는 큰 일이건 작은 일이건 상관하지 않고 역에게 많은 자문을 구하였다. 그래서 희평(熙平, 516~518)과 신귀(神龜, 518~520) 연간에는 역의 권세가 황제를 눌렀고 저택은 광대하여 고양왕의 것을 능가하였다.

서북쪽에 높은 누각이 있었는데 능운대보다 높아 궁궐과 시장을 내려다보고, 한 눈에 낙양을 다 볼 수 있었다. 옛 시에 "서북쪽에 높은 누각이 있는데 하늘 위의 구름과 나란하다"고 말한 것이 이것이다. 누각 아래에는 유림관(儒林館)과 연빈당(延賓堂)이 있었는데 화림원 안의 청서전(淸暑殿)처럼 만들었다. 흙으로 만든 산과 고기 낚는 연못은 당대에 가장 훌륭하였다. 경사진 봉우리가 창 안으로

1) 57쪽의 주107 참고.
2) 50쪽의 주94 참고.
3) 97쪽의 주85 참고.

들어왔고 굽이진 연못은 건물을 한 바퀴 휘돌았다. 나무 사이에는 새들이 지저귀며 날아다녔고, 섬돌에는 작약이 만발하였다.

역은 빈객을 좋아하고 시문을 잘 짓는 사람을 대우하였기 때문에 전국의 재주 있는 자들은 그의 문에 이르지 않는 사람이 없었다. 그는 부하나 신하 들을 모두 영특한 사람으로 뽑았다. 청명한 아침에는 남대(南臺)를 멀리서 바라보며 진수성찬을 차려놓고 거문고와 생황을 연주하며 술잔 가득 맛있는 술을 따르고 빈객들이 그 자리를 가득 메웠다. 한나라 양왕(梁王)이 토원(兎園)의 놀이[4]를 부끄럽게 여기고, 진사(陳思)가 동작대(銅雀臺)의 연회[5]를 부끄러워할 정도였다.

정광(正光, 520~525) 초에 원차(元叉)가 정권을 장악하여 태후를 후궁에 유폐시키고, 역을 문하성에서 죽였다. 효창(孝昌) 원년(525) 태후가 다시 정권을 잡게 되자 역에게 태자태사(太子太師)·대장군(大將軍)·도독중외제군사(都督中外諸軍事)를 추증하고 황금 도끼[黃鉞][6]를 내려주었다. 또 구류(九旒)와 난로(鸞輅)·황옥(黃屋)·좌독(左纛)[7]·온량거(轀輬車),[8] 앞뒤의 우보·취타대·호위병 백 명, 두 편의 만가(挽歌)를 내려주고 장례는 진(晉)나라 안평왕(安平王) 부(孚)[9]의 전례에 의거하여 후하게 치르고 문헌(文獻)이란 시호를 내려 주었다. 건시전(建始殿) 안에는 그의 초상을 그려 놓았다. 아울러 청하왕(淸河王)의 낭중령(郎中令) 한자희(韓子熙)를 발탁하여 황문시랑(黃門侍郞)으로 삼았다.[10] 제후에

4) 양(梁) 지역에 봉해진 한나라의 효왕(孝王)은 호사한 생활을 좋아하여 방대한 궁실이나 원림(園林)을 지어 음악을 즐기면서 날을 지냈다. 그 대표적인 장원(莊園)이 토원(兎園)이었다. 《사기》 권58 〈양효왕 세가〉.
5) 건안(建安) 15년(210)에 조조는 업(鄴)에 동작대를 건설하고 여러 사람을 초대하여 연회를 베풀었다. 그 자리에서 모두에게 부(賦)를 지으라고 하였다. 그때 진사왕(陳思王)은 붓을 쥐고 선 채로 써서 바쳤다고 한다. 《삼국지》 권19 위서 〈진사왕식 열전〉.
6) 본래 천자의 의장용인데 뒤에 대신에게 내려주어 그의 지위가 높음을 나타내주었다.
7) 모두 수레와 관련된 것들이다. 구류는 깃발의 이름이고, 난로는 난령(鸞鈴)이란 방울을 단 천자의 수레를 말한다. 황옥은 누런 비단으로 수레 덮개의 안에 덧댄 것이고, 좌독은 황제의 수레 장식물로 검정소나 꿩의 꼬리를 이용해 만들었다.
8) 상여(喪輿)로, 창이 있어서 닫으면 따뜻하고 열면 서늘하여 온량거라고 하였다.
9) 진(晉)나라를 건국한 사마의(司馬懿)의 동생으로 무제에 의해 안평왕(安平王)에 봉해졌고, 272년 아흔세 살로 죽었을 때 황제가 친히 장례를 치르는 등 매우 후하게 대우하였다. 《진서》 권37 〈안평헌왕부(安平獻王孚) 열전〉.
10) 왕(제후)에 봉해진 자들은 독자적으로 관료를 임명하였다. 한자희는 청하왕에게 벼슬하여 삼경(三卿)의 하나였던 낭중령에 임명되었다. 원차에 의해 청하왕이 살해된 뒤 태후가 재집권하자, 한자희는 동료와 함께 태후에게 원차 등의 간교함을 알리고 청하왕의 억울함을 호소하는 상소를 올렸다. 그 뒤 태후는 원차 일당을

게 딸린 경(卿)을 옮겨서 궁정 시위관으로 삼은 것은 근래에는 없는 일이었다. 문
헌공을 추모하고 명복을 빌기 위하여 오층탑 하나를 세웠는데, 요광사의 탑과 비
슷하였다.

소탕하고 한자회를 중서사인(中書舍人)에 특별히 박탈하였고 여러 관직을 거친 후 건의(528) 초에
황문시랑이 되었다.《위서》권60 〈한기린(韓麒麟) 열전〉.

宣忠寺

선충사

　선충사는 시중 사주목(司州牧) 성양왕(城陽王) 휘(徽)[11]가 만들었다. 서양문 밖 일 리, 어도의 남쪽에 있었다. 영안(永安, 528~530) 연간에 북해왕(北海王)이 낙양에 입성할 때 장제는 북쪽 지역을 순행하고 있었다. 다른 왕들은 각각 관망하고 있었으나 오직 휘만은 장제를 따라 장자성(長子城)에 이르렀다. 대군이 황하로 막혀 있었기 때문에 승부가 결정나지 않았다. 휘는 낙양으로 가서 집을 희사하여 절을 세우려고 하였다. 북해왕이 패주하여 나라의 도가 다시 빛을 발하게 되자 드디어 집을 기증하였다.

　영안(永安) 말년에 장제는 이주영을 죽이려고 했으나 일이 계획대로 되지 않을 것을 두려워하여 휘에게 그 계획을 의논하였다. 휘가 말하였다.

　"태자가 탄생하였다고 말을 하면 이주영이 반드시 입조할 것이니, 그때 죽입시다."

　"태후가 임신한 지 열 달이 되지 않고 지금 겨우 아홉 달인데, 과연 그 말을 믿겠는가?"

　"산모가 아이를 낳을 때 한 달 늦거나 빠르기도 하기 때문에 이상하게 생각하

---

11) 자(字)는 현순(顯順)이다. 성양왕을 세습받고 하내태수(河內太守)에 임명되었다.
효장제 때 태보(太保)가 되었다가 이주조가 낙양으로 들어오자 산남(山南)으로 도망갔으나 살해당했다.
《위서》 권19 하 〈성양왕 열전〉.

지 않을 것입니다."

　장제는 휘의 계책을 받아들여 드디어 태자를 낳았다고 크게 말하였다. 휘를 특별히 태원왕의 집으로 보내어, "황태자께서 탄생하셨습니다"라고 알렸다. 마침 이주영은 상당왕(上黨王) 원천목과 박희(博戱)[12]를 하고 있었다. 휘는 이주영의 모자를 벗겨 들고 즐겁게 춤을 추며 기뻐하였다. 휘는 본래 도량이 큰 사람이어서 즐겁고 화나는 것을 얼굴에 드러내지 않았는데 전(殿)의 안팎을 왔다갔다하며 환호하자 이주영도 마침내 그를 믿고 원천목과 함께 조정에 들어갔다. 장제는 이주영이 온다는 소리를 듣고는 자기도 모르게 얼굴색이 변하였다. 중서사인(中書舍人) 온자승(溫子昇)이 "폐하 얼굴색이 변하셨습니다"라고 말하자 장제는 계속 술을 청해 마신 후에야 일을 진행하였다. 이주영과 원천목이 죽임을 당한 후, 휘는 태사사마(太師司馬)에 제수되었고 나머지 관위는 그대로 두었다. 장제는 그를 특별히 신임하여 근위병[禁兵]의 통솔을 맡겼다. 이주조가 장제를 유폐시키자 휘는 전 낙양령(洛陽令) 구조인(寇祖仁)[13]에게 몸을 맡겼다. 구조인 집안의 자사(刺史)는 모두 휘의 장교로 과거에 휘에게 은혜를 입었으므로 휘가 그에게 몸을 맡긴 것이다. 조인이 자제들에게 말하였다.

　"나는 이주조가 성양왕 휘를 몹시 찾고 있다고 들었다. 그를 사로잡은 자는 천호의 봉읍을 준다고 하니, 오늘에야 부귀를 이루겠다."

　드디어 휘의 목을 베어 보냈다. 휘가 처음 조인의 집에 몸을 맡길 때 금 백 근과 말 쉰 마리를 가지고 갔는데 조인이 그 재물을 탐내어 이런 일을 저질렀던 것이다. 얻은 금과 말은 먼 친척까지 균등하게 나누었다. "필부는 죄가 없으나 옥(玉)을 지니면 죄가 생겨난다"는 말이 있는데 그 말대로이다. 이주조는 휘의 목을 얻었으나 조인의 공을 논하여 상을 주지 않았다. 이주조는 어느 날 꿈을 꾸었는데, 휘가 나타나서 말하였다.

　"내가 가지고 있던 황금 이백 근과 말 백 마리가 조인의 집에 있으니 당신이 그

---

12) 박희란 원래 돈을 걸고 승부내기를 하는 것이다. 바둑이나 장기 같은 것도 여기에 포함된다.
13) 구미(寇彌)를 말하며 조인은 그의 자(字)일 것이다. 아버지 진(瑧)은 정주자사(郢州刺史), 형 치(治)는 동형주(東荊州)·하주(河州) 자사, 치의 아들 비지(毗之)는 동형주자사를 지냈다. 《위서》 권42 〈구찬(寇讚) 열전〉.

것을 가지시오."

꿈을 깬 이주조가 혼자 생각해 보았다. '성양왕은 지위도 높고 녹봉도 많이 받았으나 청빈하다고는 듣지 못했다. 내가 그의 집에서 물건을 빼앗아 왔어도 애당초 금은이 없었으니 이 꿈은 진실일 것이다.' 새벽이 되자 곧바로 조인을 잡아와서 금과 말을 내놓으라고 하였다. 조인은 누군가가 밀고하였다고 생각하여 순순히 자백하였다.

"실제 제가 가진 것은 금 백 근과 말 쉰 마리입니다."

그러나 이주조는 그가 은닉한 것이라고 의심하여 꿈에서 들은 대로 그에게 요구하였다. 조인의 집안에는 원래 금 서른 근과 말 서른 마리가 있었는데 이를 모두 이주조의 집으로 보내도 오히려 그 수를 채울 수 없었다. 이주조는 화를 내며 조인을 잡아서 높은 나무에 매달아 놓고 큰 돌을 발에 매달아 매질을 하여 죽였다. 당시 사람들은 '교보(交報;앙갚음)'라고 하였다. 나는 다음과 같이 생각한다.

"선을 쌓는 집안은 반드시 남은 경사가 있고〔崇善之家 必有餘慶〕, 악을 쌓는 집안은 재앙이 모두 이르게 된다〔積禍之門 殃所畢集〕. 조인은 은혜를 입고서 원수로 갚았고 재물을 탐내어 휘를 죽였다. 그러자 휘는 꿈에 나타나 금과 말의 수를 늘리고 이주조의 손을 빌려 마침내 그를 죽였다. 조인이 매질을 당하고 극한 고통에 처했던 것은 위후(魏侯)가 전분(田蚡)을 매질하고[14] 부견(苻堅)이 요장(姚萇)을 찌른 일[15]과 비교하더라도 더 심한 것이다."

---

14) 위후란 한나라의 두영(竇嬰)이다. 그의 친구 관부(灌夫)는 전부터 승상 전분(田蚡)과 사이가 좋지 않았다. 전분이 연왕(燕王)의 딸과 결혼하는 축하 자리에서 관부는 술에 취하여 전분을 욕했다. 화가 난 전분은 관부를 붙잡아 사형에 처하고 거기에 항의한 두영도 처형하였다. 그 뒤 원광(元光) 4년(기원전 131), 전분은 병이 나서 전신의 고통을 호소하면서 "내가 나빴다"고 반복해서 소리쳤다. 무당에게 물어보니 두영과 관부가 전분을 때려 죽이려고 하는 것이라고 답했다. 곧 전분은 죽었다. 《사기》 권107 〈위기무안후(魏其武安侯) 열전〉.
15) 처음 요장은 부견에게 벼슬하여 공이 있었다. 그런데 부견의 아들 예(叡)가 모용홍(慕容泓)의 반란을 토벌할 때 그의 부장이 되어 돕는 도중 예가 죽었다. 요장은 부견에게 사신을 보내어 사죄했지만 부견은 화가 나서 사신을 죽였다. 요장은 위북(渭北)으로 도망가 서주(西州) 호족(豪族)의 맹주가 되어 진왕(秦王)이라고 칭하였다. 부견이 모용충(慕容沖)의 추격을 받아 오장산(五將山)으로 도망갔을 때 군대를 보내 그를 죽였다(385). 다음해 요장은 장안으로 들어와 제위에 오르고 부견의 묘를 파헤쳐 시체를 매질하고 가시나무를 가득 넣은 무덤에 매장하였다. 뒤에 요장은 병이 나서 꿈을 꾸었다. 그 꿈에 부견이 귀병(鬼兵)을 보내어 쫓자 후궁으로 도망갔는데 궁녀가 귀병에게 찌른 창이 잘못하여 요장의 음부를 찔렀다. 창을 뽑자 피가 많이 흘렀다. 꿈에서 깼더니 음부에 종기가 나서 의원들이 피를 뽑자 꿈에서 본 대로 많은 양의 피가 나왔다. 드디어 그는 발광해서 죽었다. 《진서》 권116 〈요장재기〉.

王典御寺 왕전어사

　선충사 동쪽에 내시 왕도탕(王桃湯)[16]이 세운 왕전어사가 있었다. 당시 내시들이 세운 절은 모두 비구니 절[尼寺]이었는데 오직 왕도탕만이 승사(僧寺)를 지었기 때문에 당시 사람들이 그를 영웅이라고 하였다. 문에 삼층탑이 하나 있었는데, 만든 솜씨가 소의니사를 능가하였다. 내시들이 만든 절로는 가장 뛰어났다. 육재일(六齋日)에는 항상 북을 두드리며 노래하고 춤을 추었다.

---

16) 난성(欒城) 사람으로 도탕(桃湯)은 그의 자(字)이고 이름은 온(溫)이다. 광록경(光祿卿)을 지냈고 무양현개국후(武陽縣開國侯)에 봉해졌다. 이주영의 하음 대학살 때 죽었다. 《위서》 권94 〈엄관 열전〉.

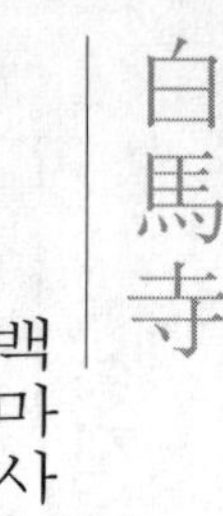

백마사는 한나라 명제(明帝)가 세웠다. 불교가 중국에 들어온 초기에 이 절은 서양문 밖 삼 리, 어도의 남쪽에 있었다. 명제의 꿈에 금빛 몸을 한 신인이 나타났는데 키가 일 장 육 척이었다. 목에는 해와 달의 밝은 빛이 있었다. 호인(胡人)들이 부처라고 불렀다. 사신을 서역으로 보냈더니 불경과 불상을 구해 왔다. 당시 흰 말이 불경을 싣고 왔기 때문에 절의 이름을 그렇게 지었다. 명제가 죽자 무덤 위에 정사(祇洹)를 만들었다. 이후에 백성들이 무덤 위에 탑을 세우기도 하였다. 절에는 경함(經函)이 있었는데 지금까지 남아 있다. 항상 향을 태워 공양을 하였고, 때때로 경함에서 빛이 나와 당우(堂宇)를 환하게 비추었다. 그러면 승려나 일반인 들이 예를 취하여 부처의 얼굴(眞容)을 우러르듯이 공경하였다.

탑 앞에 심어진 도림(茶林)[17]과 포도는 다른 곳과 달랐다. 가지와 잎이 무성하게 늘어지고 열매도 매우 컸다. 도림은 열매의 무게가 일곱 근이었고 포도 열매는 대추보다 컸는데, 모두 맛이 아주 좋아서 낙양에서 제일이었다. 명제는 열매가 익을 때마다 와서 그것을 따 먹고 궁인들에게 나누어주기도 하였다. 그것을 얻은 궁인들은 특이한 맛이라고 생각하여 친척들에게 보냈다. 그것을 얻은 자들은 감히 먹지 못하고 여러 집을 거쳤다. 낙양에서는 다음과 같은 말이 떠돌았다.

"백마사의 달콤한 석류, 열매 하나 소 한 마리 값."

17) 도림(塗林)이라고도 하는데 석류의 별칭이다.

보공(寶公)이란 사문이 있었는데 어느 지역 출신인지 모르겠다. 못생겼으나 신통력이 있어서 과거·현재·미래의 세 세상 일을 훤히 꿰뚫었다. 참언(讖言)하듯이 말하여 잘 알아들을 수 없었다. 일이 지난 뒤에야 비로소 그 실제를 증험할 수 있었다. 호태후가 그것을 듣고 세상의 일을 물어보니 보공이 말하였다.

"조를 닭에게 줄 때 주주(朱朱)라고 외친다."

당시 사람들은 이 말을 이해할 수 없었다. 건의(建義) 원년(528) 태후가 이주영에게 살해당하고서야 비로소 그 말이 실증된 것이다.[18] 당시 낙양인 조법화(趙法和)가 조만간 작위를 받을 수 있을 것인가에 대하여 점을 쳐달라고 하니, 보공이 말하였다.

"큰 대로 만든 화살은 날개를 필요로 하지 않는다.[19] 동쪽의 별궁을 급히 만들라."

당시 사람들은 그 뜻을 깨닫지 못했다. 열흘 남짓한 후에 조법화는 부친상을 당하였다. 큰 대로 만든 화살이란 부모님 상에 쓰는 지팡이고 동쪽의 별궁은 여막이었다. 그는 〈십이진가(十二辰歌)〉[20]를 짓고 더 이상 말하지 않았다.

---

18) 주주는 이주(二朱)로 이(二)와 이(爾)는 발음이 비슷하기 때문에 이주영을 가리키는 것이다.
사람이 닭을 잡을 때 조를 주면서 유인하는 소리를 '주주'라고 표현한 것은 바로 호태후에게
이주영을 경계하라는 의미였다.
19) 옛날 화살 꼬리 부분에는 날개가 있었다.
20) 하루를 열두 시각으로 나누어 십이지를 짝지어 숫자풀이 형식으로 노래하는 것이다. 열두 시는
야반자(夜半子)·계명축(鷄鳴丑)·평단인(平旦寅)·일출묘(日出卯)·식시진(食時辰)·우중사(隅中巳)·
정남오(正南午)·일측미(日昃未)·포시신(晡時申)·일입유(日入酉)·황혼술(黃昏戌)·인정해(人定亥)이다.
당나라에서는 '십이시가(十二時歌)'라고 하였다. 한 해를 열두 달로 나누어 인간의 일생을 비유하거나
인생 백 년을 십 년씩 구별지어 노래하는 '백년가(百年歌)'와 같은 형태이다.

寶光寺

보광사

　보광사는 서양문 밖 어도 북쪽에 있었다. 기단이 돌로 된 삼층탑이 하나 있었는데, 만든 지가 매우 오래된 것이나 조각 솜씨가 뛰어났다. 은사 조일(趙逸)이 보고 감탄하여 말하였다.

　"진(晉)나라 석탑사가 지금의 보광사이다."

　사람들이 그 까닭을 물었다.

　"진나라에는 마흔두 개의 절이 있었는데 모두 없어지고 이 절만이 유일하게 남았다."

　조일이 답하고 과수원의 한 곳을 가리켰다.

　"여기는 욕실이었고, 앞으로 다섯 걸음 가면 우물이 하나 있을 것이다."

　승려들이 그곳을 파보았더니 과연 욕실과 우물터가 나왔다. 우물은 비록 매워져 있었으나 벽돌로 된 입구는 처음과 같았다. 욕실 터에서는 또 수십 개의 돌이 나왔다. 당시 과수원의 땅은 평평하고 넓어서 과일과 채소 들이 푸르고 무성하여 감탄하지 않는 사람이 없었다.

　과수원 안에는 '함지(咸池)'라는 연못이 한 군데 있었다. 갈대와 억새가 그 주위를 덮고 마름과 연꽃이 물 위에 가득하였다. 그 옆에는 푸른 소나무와 대나무가 늘어서 있었다. 낙양의 사대부들은 날씨가 좋은 날이나 길일에는 이 연못에서 목욕하고 돌아가기도 하고, 친구를 불러서 이 절로 놀러오기도 하였다. 우레와 같은 소리를 낼 정도로 수레가 많이 와서 그 덮개가 그늘을 만들어 주었다. 때로는 물이 흐르는 숲에서 술을 마시고 꽃밭에서 시를 지으며 연근을 자르고 오이를 물에 띄우면서 흥취를 내었다.

보태(普泰) 말년(531)에 옹주자사(雍州刺史) 농서왕(隴西王) 이주천광(爾朱天光)21)이 이 절에 군대를 집결시켰다. 절의 문이 아무 이유도 없이 모두 붕괴되자, 천광은 그것을 보고 좋지 않게 생각하였다. 그 해에 천광은 전쟁에 패하여 동시(東市)에서 참수되었다.

21) 이주영의 종조형(從祖兄)의 아들이다. 무용(武勇)이 뛰어나 528년에 무공에 의해 사주자사(肆州刺史)가 되었고, 광종군공(廣宗郡公)에 봉해졌다. 만사추노가 반란을 일으키자 옹주자사(雍州刺史)·표기대장군(驃騎大將軍)에 임명되어 이 난을 평정했다. 뒤에 고환(高歡)에게 붙잡혀 죽었다. 《위서》 권75 〈이주천광 열전〉.

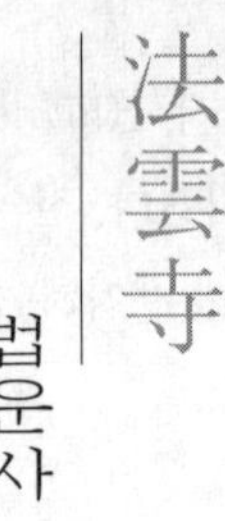

法雲寺

법운사

　법운사는 서역 오장국(烏場國)[22]의 사문 담마라(曇摩羅)가 세웠다. 보광사 서쪽에 담을 두고 문을 나란히 하였다. 담마라는 총명하고 지혜로워서 불교에 정통하였다. 중국에 와서 위나라 말과 예서를 깨쳤다. 보고 듣는 모든 것은 이해하지 못하는 것이 없었다. 그래서 귀천을 막론하고 승려와 일반인 들은 모두 그를 높이고 따랐다. 절을 하나 만들었는데 매우 정교했다. 불전과 승방은 모두 서역풍으로 장식하고 화려한 색으로 단청하여 금빛으로 빛났다. 모사한 불상은 녹야원(鹿野苑)[23]에서 설법하던 장육존(丈六尊)의 부처와 같았고 장려하고 신비로운 빛은 사라쌍수(娑羅雙樹)[24] 사이에서 열반하는 금강(金剛)[25]의 모습이었다. 절 안에는 꽃과 과일이 무성하였고 향기로운 풀들이 퍼져 있었으며 아름다운 나무

22) 오장나(烏仗那) 또는 오장(烏萇)이라고도 쓴다. 지금의 인더스 강 상류의 스와트(Swat) 강 부근이다. 간다라 지방과는 산맥을 사이에 두고 산고개로만 다닐 뿐 이웃 국가와의 예속 관계가 거의 없는 폐쇄적인 국가였다. 《대당서역기》 권3 오장나국 참고.
23) 석가모니가 성도한 지 삼칠일(三七日) 뒤에 처음으로 다섯 비구를 제도한 곳이다. 중인도 바라나국(波羅奈國) 왕사성의 동북쪽에 있었다. 지금의 바라나시(Bārānasi) 시 북쪽에 있는 사르나트(Sarnath) 유적이 녹야원 터이다.
24) 석가모니가 입멸(入滅)하신 곳으로 구시나게라(拘尸那揭羅) 성 밖의 사라수림의 특칭이다. 석가모니가 입멸하신 보상(寶床)의 네 귀에 네 쌍 여덟 그루의 사라수가 있었으므로 이렇게 이름하였다고 한다. 그때 네 그루의 나무는 무성하고, 네 그루의 나무는 말라서 사영(四榮) 사고(四苦)라 하며, 또 그 잎이 말라 죽어서 흰 학(鶴)과 같은 색이 되어 학림(鶴林), 또는 학수(鶴樹)라고도 한다. 지금의 고락푸르(Gorakhpur) 시 동쪽 53킬로미터쯤 되는 쿠시나가르(kushinagar)이다.
25) 금강석은 매우 단단하고 아름다운 보석이다. 부처의 법신(法身)은 견고하여 뚫을 수 없음을 비유한 것이다. 여기서 금강은 불신(佛身)을 가리킨다.

들이 정원을 덮었다. 낙양에서 서역의 불법을 좋아하는 사문들은 모두 담마라에게 나아가서 도를 닦고 법계를 지켰으나 계율대로 실천하는 것은 너무 어려워서 말로 표현할 수 없었다. 그 신비로운 주문의 영험은 현실 세계에서는 찾아보기 힘든 것이었다. 말라 죽은 나무에 주문을 외우면 가지와 잎이 살아났고, 사람에게 주문을 외우면 당나귀나 말로 변할 수 있었다. 그것을 보고 놀라고 두려워하지 않는 사람이 없었다. 서역에서 가져 온 사리·불아(佛牙)·경전·불상 등은 모두 이 절에 있었다.

절의 북쪽에는 시중 상서령 임회왕(臨淮王) 욱(彧)[26]의 집이 있었다. 욱은 전적에 두루 통달하여 총명하고 변설에 능하였으며 풍모가 장중하고 행동거지가 빼어났다. 설날[三元][27]을 경축하기 위해 여러 나라에서 모여들었을 때 욱은 매미 날개로 장식한 빛나는 금관을 머리에 쓰고, 소리나는 보옥을 허리에 차고 어깨에 연꽃을 두르고 홀을 손에 잡고서 복도를 천천히 걸어갔다. 그를 보는 사람들마다 피곤함을 잊고 탄복하지 않음이 없었다. 욱의 성격은 자연을 좋아하고 또 빈객들을 중시하였다. 봄바람이 산들산들 불고 꽃나무에 비단같이 꽃이 피면 아침에는 남관(南館)에서 식사를 하고 밤이 되면 후원에서 즐겼다. 관료들이 무리를 이루고 재주 있는 사람들이 자리를 가득 채웠다. 거문고가 연주되고 술잔이 이쪽저쪽으로 옮겨지고 시부(詩賦)가 읊어지다가 어느 순간 청담(淸談)이 시작되어 그 현묘하고 오묘함은 받아들이고, 좁고 비루함은 잊어버렸다. 그리하여 욱의 집에 들어오는 자들은 신선의 세계에 올라왔다고 생각하였다. 형주(荊州)의 수재 장비상(張斐常)이 오언시를 지었는데 그 가운데 다음과 같이 빼어난 구절이 있었다.

숲이 달라도 꽃은 같은 색으로 피고	異林花共色
나무는 달라도 새는 같은 소리로 지저권다	別樹鳥同聲

---

26) 자(字)는 문약(文若)이다. 이주영이 낙양으로 들어와 원씨 일족을 죽이자 양나라 무제에게 갔다. 효장제가 즉위한 뒤 다시 낙양으로 와서 사도공(司徒公)에 임명되었다. 뒤에 이주조에게 잡혀 죽임을 당했다. 《위서》 권18 〈원욱 열전〉.
27) 삼원(三元)은 음력 정월 초하루를 말한다. 연월일의 첫 시작이기 때문에 삼원이라고 하였다.

욱은 그에게 교룡(蛟龍)이 그려진 비단을 내리고 붉은 명주와 자주색 비단도
주었다. 오직 하동(河東)의 배자명(裴子明)이 시가 좋지 않아 술 한 석(石)[28]을 먹
는 벌을 받았다. 배자명은 여덟 두(斗)를 마시고 취하여 잠이 들었다. 당시 사람들
은 술을 잘 마셨던 진(晉)나라의 산도(山濤)[29]에 그를 비유하였다. 이주조가 낙양
에 입성하였을 때 그 병사들이 욱을 살해하자 모든 사람들이 애통하게 여겼다.

서양문 밖으로 나가서 사 리, 어도의 남쪽에 낙양대시(洛陽大市)가 있었는데
둘레가 팔 리였다. 시장 남쪽에는 황녀대(皇女臺)가 있었는데 한나라 대장군 양
기(梁冀)[30]가 만든 것으로 아직도 오 장 남짓 남아있다. 경명(景明, 500~503) 연
간에 비구 도항(道恒)[31]이 그 위에 영선사(靈僊寺)를 세웠다. 황녀대의 서쪽에는
하양현(河陽縣)이 있었고 동쪽에는 시중 후강(侯剛)[32]의 집이 있었다. 시장 서북
쪽에는 토산과 물고기가 뛰노는 연못이 있었는데 양기가 만든 것이었다.《한서》
에는 "흙을 파서 산을 쌓아 십 리 안에 아홉 개의 언덕을 만들어 동서의 두 효산
(崤山)을 본떴다"고 하였다.

시장의 동쪽에는 통상리(通商里)와 달화리(達貨里)가 있었다. 그곳 사람들은
모두 수완이 좋았다. 도살이나 장사를 생업으로 하여 수만 전의 재산을 가지고
있었다. 유보(劉寶)라는 최고의 부자가 있었는데 주와 군의 도읍에 집을 한 채씩
지어놓고 각각 말 열 마리를 길렀다. 더욱이 소금과 곡식은 귀하고 흔하냐에 따

---

28) 일 석(石)은 십 두(斗)에 해당한다.
29) 하내회(河內懷) 사람으로 자(字)는 거원(巨源)이다. 죽림칠현의 한 사람으로 이부상서(吏部尙書)·
우복야(右僕射)·시중을 지냈다. 그는 대단한 주호(酒豪)로 여덟 승(升)을 마시지 않으면 취하지 않았는데,
무제가 그를 시험해 보려고 몰래 여덟 승보다 많은 양을 마시게 하자 그는 꼭 여덟 승까지 마시고는 그쳤다고
한다.《진서》권43 〈산도 열전〉.
30) 자(字)는 백거(伯車)이다. 비천한 신분에서 출세하여 순제(順帝) 때는 그의 누이가 양황후(梁皇后)가
되면서 중앙의 정권을 장악하였다. 순제가 죽은 후 충제(沖帝)·질제(質帝)·환제(桓帝)는 모두 그가 멋대로
옹립한 것이다.《후한서》권34 〈양통(梁統) 열전〉.
31) 후진(後秦)의 고승으로 중년에 출가하여 구마라집(鳩摩羅什)을 따라다녔다.
32) 낙양 사람으로 자(字)는 건지(乾之)이다. 비천한 출신이었으나 요리를 매우 잘하여 궁중에 출입하였다.
선무제 때 강(剛)이란 이름을 하사받았다. 무양현개국공(武陽縣開國公)에 봉해졌고,
시중·좌위장군(左衛將軍)을 지냈다. 원차와 친분을 쌓다가 526년 원차가 주살당하자 작위를 박탈당하고
그 해 3월에 병으로 죽었다.《위서》권93 〈후강 열전〉.

라 시장에서의 값이 오르고 내리고 하였는데, 그가 있는 곳에서는 어디서나 가격이 똑같았다. 수레가 지나가고 발길이 닿는 곳마다 그들의 행상이 미치지 않는 곳이 없었다. 그래서 전국의 재화는 모두 그의 마당으로 모였다. 그의 재산은 한나라 등통(鄧通)의 구리 광산[銅山]33)에 필적하였고, 집안에는 금 구덩이가 있을 정도였다.34) 저택은 규제를 넘어섰고 누관(樓觀)은 구름 밖으로 높이 솟았다. 거마와 복식은 왕과 같은 수준이었다.

시장의 남쪽에는 조음리(調音里)와 악률리(樂律里)가 있었다. 이곳 사람들은 모두 악기를 연주하고 노래를 잘하여 천하의 훌륭한 연주가 모두 여기에서 나왔다. 전승초(田僧超)란 사람이 있었는데 갈대피리를 잘 불었고 〈장사가(壯士歌)〉35)와 〈항우음(項羽吟)〉36)에 능하였다. 정서장군(征西將軍) 최연백(崔延伯)37)이 그를 몹시 좋아하였다.

정광(正光) 말년(525)에 고평(高平)이 함락되자 탐관오리들이 매우 많아졌다. 적군의 대장 만사추노(万俟醜奴)가 경주(涇州)와 기주(岐州) 사이에서 횡포한 짓을 일삼으니 조정에서는 밤늦도록 대책을 강구하였다. 연백에게 조칙을 내려 보병과 기병 오만 명을 이끌고 가서 토벌하게 하였다. 연백은 낙양 서쪽의 장방교(張方橋)에서 출정하였다. 이곳이 한나라의 석양정(夕陽亭)이었다. 이때 그들을 보내기 위해 공경대관들의 수레가 열을 이루었다. 연백은 높은 관을 쓰고 긴 칼을 차고 위풍당당하게 앞장섰다. 뒤에서는 승초가 〈장사적곡(壯士笛曲)〉을 불었다. 그것을 듣고 겁쟁이들은 용맹해졌고 검객들은 투지를 불태우게 되었다. 연

---

33) 한나라 문제(文帝)의 총애를 받은 등통은 촉(蜀)의 구리 광산[銅山]을 하사받고, 또 동으로 동전을 주조해 사용하는 것을 허락받아 천하 제일의 부호가 되었다. 《사기》 권125 영행(佞幸) 〈등통 열전〉.
34) 후한 광무제 때 곽황후(郭皇后)의 동생 곽황(郭況)은 황제의 총애를 받아 금전(金錢)이나 비단을 많이 하사받아서 막대한 재산을 갖게 되었다. 도성에서는 그의 저택을 금(金) 구덩이[坑道]라고 불렀다고 한다. 《후한서》 권10 〈곽황 후기〉.
35) 《악부시집(樂府詩集)》 권85에 실려 있는 〈농상가(隴上歌)〉라고도 하고, 같은 책 권67에 실려 있는 진나라 장화(張華)의 〈장사편(壯士篇)〉이라고도 한다.
36) 항우가 한나라 고조의 군대에게 해하(垓下)에서 포위당하여 사면초가의 궁지에 몰렸을 때 지은 〈발산가(拔山歌)〉이다. 《악부시집》 권58에는 무명씨의 〈항우가(項羽歌)〉도 실려 있다.
37) 박릉(博陵) 사람으로 제(齊)에서 벼슬하여 연회유군(緣淮遊軍)이 되었고, 태화(477~499) 연간에 위나라로 들어와 통수(統帥)가 되었다. 신풍현개국자(新豊縣開國子)에 봉해졌다. 정광 6년(525) 만사추노를 토벌할 때 화살에 맞아 죽었다. 《위서》 권73 〈최연백 열전〉.

백은 담력과 재략이 출중하여 일찍부터 이름을 드날렸는데, 나라를 위해 힘을 다한 지 스무 해가 넘었다. 그가 성을 공격하면 함락되지 않은 것이 없었고, 적진으로 돌격하면 무너지지 않은 곳이 없었다. 그래서 조정에서는 온 정성을 다하여 그를 보냈던 것이다. 연백은 적진을 공격할 때마다 승초에게 〈장사성〉을 연주하게 하였다. 갑옷 입은 병사들이 그것을 듣고 분발하였다. 연백은 옆에 아무도 없는 듯이 홀로 말을 타고 적진에 들어갔다. 그의 용기는 삼군에서 가장 뛰어났고, 위엄은 오랑캐 놈(만사추노)을 압도하였다. 두 해 동안 승전보가 이어졌다. 만사추노가 활 잘 쏘는 사람을 뽑아 화살로 승초를 맞혀 죽였다. 연백이 슬퍼하며 통곡하니 좌우에서 "백아(伯牙)가 종자기(鍾子期)를 잃었으니[38] 이렇게 슬퍼하는 것도 지나치지 않다"고 말하였다. 뒤에 연백도 날아오는 화살을 맞아 진중에서 죽었다. 그러자 오만 명의 병사들이 한꺼번에 흩어져 버렸다.

시장의 서쪽에는 연고리(延酤里)와 치상리(治觴里)가 있었다. 이곳 사람들은 대부분 생업으로 술을 빚었다. 하동(河東) 사람 유백타(劉白墮)는 술을 잘 빚었다. 유월 몹시 더운 늦여름날 항아리에 술을 담아놓고 한낮에 햇빛을 쪼여 열흘이 지나도 그 맛이 변하지 않았다. 마시면 향기가 좋았으나 취하면 한 달이 지나도 깨어나지 못하였다. 서울의 고관들이 지방 수령으로 가거나 임지[藩地]로 가게 될 때는 술을 보냈는데 먼 곳은 천 리 길이 넘었다. 먼 곳까지 술이 보내졌기 때문에 '학상(鶴觴)' 또는 '기려주(騎驢酒)'라고 불렀다. 영희(永熙, 532~534) 연간에 남청주자사(南青州刺史) 모홍빈(毛鴻賓)[39]이 술을 가지고 임지로 가다가 길에서 도적을 만나 이 술을 먹였더니 곧 취하였으므로 모두 사로잡았다. 그래서 '금간주(擒奸酒)'라고도 불렀다. 당시 유협(遊俠)들은 이 술을 두고 이런 말을 하였다.

---

38) 백아는 거문고를 잘 타고 종자기는 이 거문고 소리를 잘 들었는데 종자기가 죽은 뒤 백아는 절망하여 자신의 거문고 소리를 들을 만한 사람이 없다고 거문고 줄을 모두 끊어 버리고 다시는 거문고를 타지 않았다. 《여씨춘추》〈본미(本味)〉.
39) 북쪽 삼원(三原)의 호족(豪族) 출신이다. 만사추노가 관중에서 난을 일으켰을 때 실력을 발휘하여 저(氐)·강(羌) 등의 이민족을 자신의 휘하에 두었다. 숙종 때 북옹주자사(北雍州刺史)·남청주자사(南青州刺史)에 임명되었다. 효무제의 명으로 동관(潼關)을 지킬 때 고환(高歡)에게 붙잡혀 분사(憤死)하였다. 《북사》 권49 〈모하(毛遐) 열전〉.

"활을 당기고 칼을 뽑는 것은 두렵지 않으나 오직 백타가 만든 춘료(春醪)란 술이 두려울 뿐이다."

시장 북쪽에는 자효리(慈孝里)와 봉종리(奉終里)가 있었다. 이곳 사람들은 관곽을 파는 것을 생업으로 하였고, 상여를 빌려주기도 하였다. 만가를 부르는 손암(孫巖)이 있었는데 결혼한 지 3년이 지났으나 그의 부인은 옷을 벗지 않고 누웠다. 손암이 괴이하게 생각하여 잠든 것을 확인한 후 몰래 옷을 벗겼더니 여우 꼬리 같은 삼 척이나 되는 꼬리가 있었다. 암은 무서워서 그녀를 내보냈다. 그의 처가 나갈 때 칼로 남편의 머리카락을 잘라 도망갔다. 이웃 사람들이 뒤쫓아 갔으나 한 마리 여우로 변하여 잡지 못하였다. 그 뒤에 낙양에서 머리카락을 잘린 사람이 백삼십여 명이나 되었다. 처음에는 부인으로 변하여 옷을 입고 화장을 한 채 길을 다니다가 어떤 사람이 그를 보고 반하여 다가오면 모두 머리카락을 잘랐다. 당시 빛깔이 화려한 때때옷을 입고 있는 부인이 있으면 사람들은 모두 여우 귀신[狐魅]이라고 하였다. 희평(熙平) 2년(517) 4월에 이 일이 있었는데 가을이 되어서야 없어졌다.

그 외에 부자들이 사는 부재리(阜財里)와 금사리(金肆里)가 있었다. 이곳 십리 안에는 장사로 돈을 버는 사람들이 많이 살았다. 천금의 재산을 가진 사람들이 지붕을 나란히 하였다. 여러 층의 누각이 마주한 채 솟아 있었고 문은 활짝 열린 채 각도(閣道)가 서로 통하여 집집은 서로 바라보면서 건너 다녔다. 노비들도 금은으로 수놓은 붉은 명주옷을 입고 다녔고 진귀하고 맛있는 음식[五味八珍]을 먹었다. 신귀(神龜, 518~520) 연간에 장사를 하는 사람들이 분수에 넘친다고 생각하여 금은으로 수놓은 비단 옷을 입지 못하도록 정하였다. 비록 이 제도가 만들어졌으나 결국 시행되지 못하였다.

부재리 안에는 경조(京兆) 사람 위영(韋英)의 집이었던 개선사(開善寺)가 있었다. 위영은 일찍 죽었는데 그의 아내 양씨(梁氏)가 장례를 치르지도 않고 하내(河內) 사람 향자집(向子集)과 혼인을 하여 위영의 집에서 그대로 살았다. 위영은 양씨가 결혼했다는 소식을 듣고 대낮에 말을 탄 채 몇 명의 사람들을 거느리고 돌아와서 마당 앞에 이르러 부르짖었다.

"그대여! 당신은 나를 잊었는가?"

향자집이 두렵고 놀라워 활을 당겨 그에게 쏘았다. 영은 화살을 맞고 쓰러져서 도인(桃人)으로 변하였다. 타고 온 말도 모마(茅馬)로 변하였고 따르던 사람들도 포인(蒲人)으로 변하였다.[40] 양씨는 황당하고 두려워 마침내 집을 기증하여 절을 지었다.

남양(南陽) 사람 후경(侯慶)은 높이가 일 척 남짓인 구리 불상[銅像] 하나와 소 한 마리를 갖고 있었다. 그는 소를 팔아서 불상을 도금하려고 하였으나 급한 일이 생겨 소를 다른 일에 써버렸다. 2년이 지난 후 후경의 처 마씨(馬氏)가 꿈을 꾸었는데 홀연히 이 불상이 나타나서 말하였다.

"당신 부부는 나를 황금색으로 바꾸어 준다고 하고서 오래 지나도 보상이 없으니 지금 당신의 아이 추다(醜多)를 데려가 그를 대신하겠다."

마씨는 꿈을 깼으나 마음이 편치 않았다. 새벽이 되어 추다는 병이 나서 죽었다. 후경은 쉰 살이 되도록 오직 아들 하나뿐이었기 때문에 그의 슬퍼하는 소리가 길 가는 사람들의 마음을 감동시켰다. 추다가 죽은 날 구리 불상이 갑자기 금색으로 변하여 그 빛이 사방을 비추고 일 리 안이 모두 향기로 진동하였다. 모든 사람들이 와서 그것을 구경하였다. 상서좌복야 원순(元順)[41]이 이 마을에 괴이한 일이 자주 생긴다는 것을 듣고 마침내 부재리를 제해리(齊諧里)[42]라고 고쳤다.

연고리의 서쪽, 장방구(張方溝)의 동쪽은 남으로는 낙수에 접하고, 북으로는 망산(芒山)에 이르는데 그 사이의 동서 이 리, 남북 십오 리를 수구리(壽丘里)라고 이름하며 황제의 종족이 거처하던 곳이었다. 민간에서는 왕자방(王子坊)이라고 불렀다. 당시 천하가 태평하고 신민들은 모두 그 직분을 잘 수행하여 책에는 경사스런 일이 기록되고 사철의 기후는 고르고 화창하였다. 백성들은 부유하여

---

40) 도인이란 복숭아나무로 깎은 사람 형상, 모마는 띠풀로 만든 말의 형상, 포인은 부들로 만든 사람 형상을 말하는 것 같다.
41) 자(字)는 자화(子和)이고, 임성왕(任城王) 징(澄)의 아들이다.《두씨춘추(杜氏春秋)》에 정통하였다. 선무제 때 급사황문시랑(給事黃門侍郎)이 되었지만 원차가 그를 꺼려 하여 항주목(恒州牧)으로 나갔다. 효장제 초에 하음에서 죽었다.《위서》권19 중 〈임성왕 열전〉.
42)《장자》〈소요유(逍遙遊)〉에 "제해란 괴이한 일을 기록한 책이다[齊諧者 忘怪者也]"라는 기록이 보인다.

풍성한 곡식을 거두고 세속의 즐거움에 젖었다. 홀아비나 과부 들이 개나 돼지의 먹이를 먹었다는 소리를 듣지 못했고, 고아나 자식 없는 사람들이 소나 말의 덮개를 걸치는 것을 보지 못하였다. 그래서 황제의 친척·왕후·외척·공주 들은 산해의 부를 마음대로 하였고 산림의 풍요 속에 자리하였다. 다투어 동산과 집을 만들고 서로 사치스러움을 경쟁하였다. 문을 높이고 건물을 호사스럽게 지었으며 문을 겹겹이 만들고 방을 연이어 두었다. 높이 솟은 관(館)에서는 바람이 일고 층층의 누각에서는 안개가 피어났다. 높은 대와 아름다운 정자를 집집마다 세웠고 꽃이 가득한 수풀과 굽이진 연못이 동산마다 있었다. 여름에는 복숭아와 오얏나무가 푸르렀고 겨울에는 소나무와 잣나무가 푸르렀다.

하간왕(河間王) 침(琛)[43]은 최고 부자로 항상 고양왕과 우열을 다투었다. 그가 만든 문백당(文柏堂)은 모양이 휘음전(徽音殿)[44]과 같았다. 옥으로 된 우물에 금으로 된 두레박을 만들어 놓고 오색의 실을 꼬아 두레박 끈을 만들었다. 기녀 삼백 명이 모두 나라의 뛰어난 미인들이었다. 조운(朝雲)이란 여종은 치(觱)[45]를 잘 불었는데 〈단선가(團扇歌)〉[46]와 〈농상성(隴上聲)〉[47]을 잘 불었다. 침은 진주자사(秦州刺史)였다. 강족(羌族)이 반란을 일으켜 자주 토벌하였으나 항복시키지 못하였다. 침은 조운에게 명하여 가난한 노파로 변장하여 치를 불어 달래보도록 하였다. 강족이 그것을 듣고 모두 눈물을 흘리며 서로 말하였다.

"무엇 때문에 고향을 버리고 산골짜기에서 도둑이 되었는가?"

곧 서로를 부추겨 투항하였다. 진주의 백성들이 말하였다.

"빨리 달리는 말과 건장한 사내도 늙은 노파가 치를 부는 것만 못하다."

43) 자(字)는 담보(曇寶)이고 문성제(文成帝)의 손자이다. 그의 비가 선무제 외삼촌의 딸이며 고황후(高皇后)의 동생이었다. 진주자사(秦州刺史)가 되었을 때 권세를 믿고 멋대로 수탈하였다. 《위서》 권20 〈하간왕 열전〉.
44) 궁궐의 전각 이름으로 태극전(太極殿)의 서쪽에 있었다. 침이 만든 문백당이 황실의 궁전에 버금갔다는 의미이다.
45) 구멍이 여덟 개인 관악기이다.
46) 《악부시집》 권45에 실려 있는 〈단선랑가(團扇郎歌)〉이다. 진(晉)나라의 중서령(中書令) 왕민(王珉)은 형수의 여종 방자(芳姿)라는 노래 잘하는 미인을 좋아하여 흰색의 둥근 부채를 주었다. 그런데 형수가 그녀를 매질하자 왕민이 달래니 방자가 노래를 한 곡조 부른다면 허락해 주겠다고 하였다. 방자가 즉흥으로 〈단선가〉를 불렀다고 한다.
47) 157쪽의 주35 참고.

침은 진주자사로 있으면서 공적이 별로 없었으므로 서역에서 명마를 구해오도록 사신을 보내 멀리 파사국에 이르게 하였다. 천리마를 얻어 '추풍적기(追風赤驥;바람을 쫓는 붉은 말)'라고 이름 붙였다. 다음으로 칠백 리를 갈 수 있는 말 십여 마리를 얻어 모두 이름을 붙여 주었다. 은으로 구유를 만들고 금으로 재갈을 만드니 여러 왕들이 모두 그 호사스러움에 감탄하였다. 침은 늘 사람들에게 말하였다.

"진(晉)나라의 석숭(石崇)[48]은 평민 출신이었지만 오히려 오색의 꿩 머리털과 새하얀 여우의 겨드랑이 가죽으로 만든 옷을 입고, 그림 그린 알을 먹고, 조각한 땔나무를 땠는데 하물며 우리 위나라의 천왕들이 화려하고 사치하지 않겠는가!"

후원에 영풍관(迎風館)을 만들고 창문 위에는 동전 문양을 줄지어 새기고 푸른 색의 쇠사슬을 그려 넣었다. 옥으로 만든 봉황은 방울을 물고 금으로 만든 용은 노리개를 토했다. 하얀 능금나무와 붉은 오얏나무 가지들이 처마 안으로 들어와 누각 위의 기녀들은 앉은 채 손으로 따서 먹었다. 침은 연회를 열 때마다 진귀한 그릇들을 내놓았는데 금 단지와 은 항아리 백여 개, 그리고 단지·등불걸이·대접·합 등도 그 수를 맞추어 내놓았다. 다른 주기(酒器)로는 수정발(水晶鉢)·마노배(瑪瑙盃)·유리완(琉璃碗)·적옥치(赤玉卮) 수십 개가 있었는데 만든 솜씨가 기묘하였고 중국에는 없는 것으로 모두 서역에서 왔다. 여악(女樂)과 여러 명마들을 도열하고, 또 여러 왕을 이끌고 창고를 둘러보았다. 비단 담요·구슬·얼음같이 고운 비단[冰羅], 안개같이 가벼운 명주[羅縠] 등이 그 안을 가득 채웠다. 다섯 가지 색깔이 나는 직물[繡繢]·명주[紬綾]·오색 실[絲綵]·월나라 갈포[越葛]·전견(錢絹)[49] 등도 이루 다 헤아릴 수가 없었다. 침이 문득 장무왕(章武王) 융(融)[50]에게 말하였다.

"내가 석숭을 보지 못한 것이 한스러운 것이 아니라 석숭이 나를 보지 못한 것이 한스럽다."

48) 60쪽의 주120 참고.
49) 동전 모양의 무늬로 짠 비단이다.
50) 자(字)는 영흥(永興)이다. 고조 이래 3대에 걸쳐서 병주(幷州)·청주(靑州) 자사가 되었고 장군으로 전쟁에 참가했지만 패한 적이 많았다. 탐욕하여 탄핵을 받아 관작을 박탈당하기도 하였다. 뒤에 갈영(葛榮)의 반란을 토벌하다가 패하여 죽었다. 《위서》 권19 하 〈장무왕 열전〉.

융은 태어나면서부터 성격이 난폭하고 탐하기를 좋아하여 바라는 것이 끝이 없었다. 침의 물건들을 보고 한탄하여 자기도 모르게 병이 생겼다. 집에 돌아와 사흘 동안 누워 일어나지 못했다. 강양왕(江陽王) 계(繼)⁵¹⁾가 병을 살피러 왔다.

"당신의 재산은 침과 대등한데 무엇 때문에 부러워하여 이 지경에까지 이르렀는가?"

"항상 고양왕 한 사람만이 나보다 부유하다고 생각해 왔습니다. 그런데 침이 고양왕보다 더 부유한지 누가 알았겠습니까?"

계가 웃으며 말하였다.

"당신은 회남(淮南)의 원술(袁術)이 되고자 하나 세상에는 유비(劉備)도 있다는 것을 알지 못하는구려."⁵²⁾

융은 곧 벌떡 일어나 술을 마시며 흥을 내었다.

이 당시 나라가 부유하여 창고마다 차고 넘쳐나 회랑에 쌓인 전견(錢絹)은 셀 수가 없을 정도였다. 태후가 백관에게 비단을 나누어주며 임의로 가져가게 하니 조정의 신하들은 자신의 힘에 맞게 짊어지고 집으로 갔다. 오직 융과 진류후(陳留侯) 이숭(李崇)⁵³⁾만은 짊어질 수 없을 정도로 많은 비단을 가져가다 넘어져 복숭아뼈를 다쳤다. 태후는 곧 그들에게는 주지 않고 빈손으로 돌아갈 것을 명하니 당시 사람들이 비웃었다. 시중 최광(崔光)⁵⁴⁾은 단지 두 필만을 가졌다. 태후가 물었다.

"시중께서는 어찌 그리 조금 가져가십니까?"

"저의 두 손으로는 단지 두 필만을 감당하니 그래도 얻는 것이 많습니다."

조정의 신하들은 그의 청렴함에 탄복하였다.

---

51) 50쪽의 주92 참고.
52) 후한 말 군웅이 서로 패권을 다툴 때 회남에서 자립하여 제(帝)를 칭한 원술은 여포(呂布)와 결합하여 위(魏)의 조조와 다시 대결하고자 하였다. 그러나 그때까지 중요하게 생각되지 않던 유비가 무시할 수 없는 존재임을 알게 될 무렵, 여포에 의지하여 유비를 공격하려고 마음을 먹었다. 그러나 그의 세력은 이미 내부로부터 약화되어 뜻을 이루지 못했다. 《후한서》 권75 〈원술 열전〉.
53) 92쪽의 주68 참고.
54) 88쪽의 주44 참고.

하음(河陰)의 대학살[55] 이후 원씨 왕족이 여러 명 죽어서 그들의 저택 중에서 절로 바뀐 것이 많았다. 수구리(壽丘里) 마을에는 사찰이 줄지어 마주 보며 기원(祇洹)들이 빽빽이 들어서고 보탑(寶塔)이 높이 솟아 있었다.

4월 초8일에 낙양의 남녀들이 하간사(河間寺)에 많이 왔는데 그 건물의 화려함을 보고 감탄하지 않는 자가 없었다. 봉래산의 선실(仙室)도 이보다 더 하지는 않을 것이라고 생각하였다. 후원에 들어가 굽이진 도랑과 높은 섬돌, 연못에 피어있는 붉은 연꽃, 물에 떠 있는 푸른 개구리밥, 날아갈 듯한 들보와 걸쳐 앉은 듯한 누각, 구름 속으로 솟은 키 큰 나무를 보면 모두 탄성을 질렀다. 비록 양왕(梁王)의 토원(兎園)[56]이라도 이보다는 못하다고 여겼다.

55) 이 일에 대해서는 권1 〈영녕사〉 36~39쪽에 자세하게 나온다.
56) 144쪽의 주4 참고.

追先寺

추선사

추선사는 수구리에 있었는데 시중 상서령 동평왕(東平王) 략(略)[57]의 집이었다. 략은 천성이 매우 총명하였고, 어려서는 조숙하여 여러 책들을 두루 섭렵하였으며 유가의 도를 좋아해 싫증내지 않았다. 신귀(神龜, 518~520) 연간에 황문시랑이 되었다. 원차(元叉)가 권력을 멋대로 휘둘러 재상인 원역(元懌)을 살해하기에 이르자 략은 형인 상주자사(相州刺史) 중산왕(中山王) 희(熙)[58]와 함께 몰래 의병을 일으켜 원차의 죄를 물으려고 하였다. 그러나 같이 모의한 사람들 사이에 내분이 생겨 웅대한 계획을 이루지 못하였다. 략의 형제 네 명은 모두 재난에 빠지게 되었다. 오직 략 한 명만 강남[梁朝]으로 도망갔다. 소연(蕭衍)은 원래 략의 명성을 듣고 있었는데 그의 도량이 넓고 관대하고 성품이 온아하며 문학적 재주가 풍부한 것을 보고 그를 매우 공경히 대우하였다.

"낙양에는 당신과 같은 사람이 몇 명이나 있습니까?"

"제가 본조(本朝)에 있었던 때는 적당한 사람이 없어서 잠시 그 빈자리를 채웠을 뿐입니다. 종묘는 아름답고 백관들은 매우 많으니, 원앙과 난새[鸞]가 날개를 잇대고, 소태나무[杞][59]와 가래나무[梓][60]가 그늘을 이루듯 신과 같은 사람은 조

---

57) 자(字)는 준흥(儁興)이고 원차의 전횡에 발분하여 형 희(熙)와 함께 거병하였지만 실패하여 소연에게 갔다. 효창 원년(525) 위나라로 돌아와서 숙종과 영태후에게 신임받아 동평왕에 봉해지고, 대장군·상서령을 지냈다. 이주영이 낙양으로 들어왔을 때 하음에서 죽었다. 《위서》 권19 하 〈남안왕(南安王) 열전〉.
58) 자(字)는 진흥(眞興)이고 상주자사를 지냈다. 청하왕 역과 친교를 쌓아 원차 등이 청하왕을 살해하자 거병하였다. 얼마 있지 않아 장사(長史) 유원장(柳元章) 등에게 살해되었다. 《위서》 권19 하 〈남안왕 열전〉.

자(趙咨)가 '수레에 싣고 두(斗)로 될 만큼 많아서 다 헤아릴 수가 없습니다'[61]고 말한 것과 같습니다."

소연은 크게 웃으며 그를 중산왕으로 봉하고 식읍 천 호를 주어 왕자에 필적하게 대우하였다. 또 선성태수(宣城太守)에 제수하고 취타대 한 부대와 검을 지닌 병졸 천 명을 주었다. 략은 청렴하고 엄정하게 정사를 다스려 명태수로 소문이 났다. 강동(江東)의 조정 권신들은 매우 오만방자하였으나 략이 입조하는 것을 보면 행동거지를 삼가지 않는 자가 없었다. 얼마 되지 않아 그는 신무장군(信武將軍)과 형주자사(衡州刺史)로 옮겼다. 효창(孝昌) 원년(525) 명제가 오(吳)나라 사람 강혁(江革)의 죄를 용서하는 대신 략의 환국을 청하였다.[62] 강혁은 소연의 대장이었다. 소연이 말하였다.

"내가 차라리 강혁을 잃을지언정 당신이 없어서는 안 됩니다."

략이 대답하였다.

"저의 집안은 재앙을 만나 시신도 거두지 못하였으니, 바라건대 고국으로 돌아가 죽은 자와 산 자의 시련을 기록하고 싶습니다."

소연은 눈물을 흘리며 슬퍼하고 애통한 마음으로 돌려보내며 오백만 전과 금 이백 근, 은 오백 근, 수놓은 비단과 진귀한 장신구 등을 하사하였는데 이루 다 헤아릴 수가 없었다. 친히 백관을 이끌고 장강(長江:양쯔강) 기슭에 나와 송별하였는데 오언시를 써준 사람이 백여 명이나 되었다. 예를 다하여 공경한 사람도 그와 비슷하였다. 략이 회하(淮河)를 건너 돌아오자 명제는 시중 의양왕(義陽王)에 제수하고 식읍 천 호를 주었다. 략이 궁궐에 이르자 조칙을 내렸다.

---

59) 소태나무과의 작은 낙엽 활엽 교목으로 산 중턱이나 골짜기에서 흔히 자란다. 4미터 정도 자라고 초여름에 황록색 꽃이 피며 초가을에 열매를 맺는다. 열매는 맛이 쓴데, 위장약이나 살충제 등으로 쓴다.
60) 호두나무과의 낙엽 활엽 관목으로 산의 낮은 지대나 골짜기에서 자란다. 열매는 가을에 익는다. 목질이 단단하여 가구나 조각의 재료로 쓴다.
61) 후한 말 사람으로 오나라 손숙(孫叔)에게 벼슬하여 도위(都尉)가 되었다. 박식하여 변설에 능하였다. 건안 25년(220)에 위(魏)나라에 사신으로 갔을 때 위 문제가 "당신과 같은 인물이 오나라에는 몇 명이나 있는가?"라고 묻자, "신과 같은 자는 수레에 싣고 두로 될 만큼 많아서 다 헤아릴 수가 없습니다"라고 대답하였다. 《삼국지》권47 오서(吳書) 〈오주전(吳主傳)〉.
62) 서주자사 원법승(元法僧)이 반란을 일으켰을 때 소연은 예장왕(豫章王) 종(綜)을 파견하여 도왔지만, 종은 위나라에 항복하고 강혁 등이 거느린 오천 명은 위나라의 포로가 되었다. 명제가 이들 포로를 환송하는 것을 조건으로 략을 위나라에 환국시키도록 요구한 것이다. 《위서》권19 하 〈남안왕 열전〉.

　　과거의 유창(劉蒼)은 선을 좋아하여 동평(東平)을 잘 다스렸고[63] 조식(曹植)[64]은 문장에 능하여 진국(陳國)을 크게 이끌어 나갔다. 그 명성은 번국들 사이에서 크게 빛났고 의리는 종족들 사이에 굳건하였다. 시중 의양왕 략은 귀한 집안 출신으로 집안 대대로 세운 공훈은 일찍부터 드러나 안으로는 온화하고 밖으로는 고결하여 형제 가운데서 특출났다. 가령 의리를 보면 집을 잊어버리고 나라를 위해 목숨을 바쳐 충렬(忠烈)이 길이 칭송되니 어느 날인들 잊으랴! 비록 양나라에 가서 잠시 쉬다 왔지만 지금은 우리 조정으로 돌아왔으니 뜻이 있고 절조가 있고 시작과 끝이 있다. 장차 역사책에 그 아름다움을 전하여 해와 달처럼 높이 드러나게 하려 한다. 략이 대궐에 이르기 전에 그의 이름을 세워주려고 마음을 먹었던 까닭으로 의양왕에 봉하였다. 그러나 그의 땅은 이미 변방이고 다른 사람의 군읍에 예속되어 있어서 작은 것에 집착하면 선을 다 펼 수가 없다. 그러므로 그 덕에 맞는 봉토를 주어야 하니, 이전에 이와 같은 사람을 어떻게 대우했는지 찾아보아야 할 것이다. 그리하여 그를 동평왕(東平王)으로 고쳐 봉하고 식읍의 호수는 이전과 같이 하라.

　　얼마 되지 않아 상서령·의동삼사·영국자좨주(領國子祭酒)에 나아가게 하였고 시중은 전과 같이 하였다. 략의 조용하고 단아함은 본래 천성이었다. 양나라로부터 북의 조정에 들어와서도 그는 고매하였고 말과 행동거지가 조야의 모범이 되었다. 건의(建義) 원년(528) 하음(河陰)에서 죽자 태보(太保)를 추증하고 문정(文貞)이란 시호를 내렸다. 동평왕의 지위를 계승한 아들 경식(景式)이 집을 희사하여 이 절을 지었다.

63) 후한 광무제의 여덟째 아들이었던 유창은 학문을 좋아하여 동평왕에 봉해졌다. 국가의 전장(典章)·거복(車服)의 제도 개혁에 공헌하였다. 명제가 "집에서 무엇을 최대의 즐거움으로 삼는가?"라고 묻자 "선(善)을 이루는 것입니다"라고 대답했다고 한다. 《후한서》 권42 〈동평헌왕 열전〉.
64) 27쪽의 주24 참고.

融覺寺

융각사

융각사는 청하(淸河) 문헌왕(文獻王) 역(懌)[65]이 만든 것으로 창합문 밖 어도 남쪽에 있었다. 오층탑이 하나 있었는데 충각사(沖覺寺)의 것과 같았다. 불전과 승방은 삼 리에 걸쳐 가득하였다. 선학(禪學)에 능한 비구 담모최(曇謨最)[66]가 《열반경》과 《화엄경》을 강론하여 승도가 천 명이었다. 천축국(天竺國)[67]의 사문 보리류지(菩提流支)[68]가 그를 만나고 예로 대우하여 보살(菩薩)[69]이라고 불렀다.

보리류지는 불교의 대의를 이해하여 서역에서 이름이 높았는데 여러 오랑캐들은 그를 나한(羅漢)[70]이라고 불렀다. 위나라 말과 예서에 능통하여 《십지(十地)》[71]

65) 57쪽의 주107 참고.
66) 권2 〈숭진사〉 78~79쪽 참고.
67) 인도를 가리키는 말. 기원전 20세기경 아리아족이 서북쪽인 중앙아시아로부터 남하하여 파미르 고원을 넘어, 지금의 인더스 평원에 들어섰다. 초목이 푸르게 우거진 평원과 양양하게 흐르는 강물을 보고 신두(Sindu;물, 큰 바다)라고 감탄한 말이 이 지역의 이름이 되었다. 이것을 중국에서 신두(辛頭)·연독(身毒)·현두(賢頭)·천두(天豆) 등으로 음역하였다. 이것이 차차 변하여 천축이 된 것이다. 이 천축이란 이름은 한나라 때부터 사용되었다. 인도라는 이름도 이 연독 등에서 와전된 것이다.
68) 북인도 사람으로 경·율·론 삼장에 정통하였다. 영평 1년(508)에 중국에 와서 선무제의 명을 받고, 영녕사에 있으면서 칠백 범승(梵僧)의 으뜸이 되어 경전 번역에 종사하였다. 20여 년에 삼십구 부 백이십칠 권을 번역하였다. 총명하여 위서(魏書)와 예서를 잘하고 주술에 능하였으며, 일찍부터 담모최와 사귀었다. 보리류지(菩提留支)·보리골로지(菩提鶻露支)라고도 하며, 도희(道希)·각희(覺希)라 번역한다.
69) 넓은 의미로는 불도의 수행자를 말하지만 여기에서는 대승불교의 뛰어난 수도자란 뜻이다.
70) 아라한(阿羅漢)의 줄임말이다. 소승불교의 수도자를 아라한이라고 부르지만 여기서의 의미는 앞의 보살과 같이 불교 교리의 진수를 궁구한 사람이라는 경칭이다.
71) 《화엄경》의 〈십지품(十地品)〉만을 번역하여 별도의 경전으로 유통시킨 《십지경(十地經)》을 가리키지만 보리류지가 번역한 것은 그 경전의 논서인 《십지경론(十地經論)》이다.

·《능가경(楞伽經)》[72]과 여러 경론 이십삼 부를 번역하였다. 석실(石室)에서 불교의 말을 베껴온 것[73]이나 초당사(草堂寺)에서 진실의 가르침을 전한 것[74]도 이것에 미치지는 못한다. 보리류지는 담모최의 《대승의장(大乘義章)》을 읽을 때마다 손가락을 탁 퉁기고 찬탄하며 미묘하다고 외쳤다. 곧 범어로 번역하여 서역에 전하였다. 서역의 사문들은 항상 동쪽을 향하여 멀리서 예를 표하고 담모최를 동방의 성인이라고 불렀다.

72) 부처님이 능가산에서 대혜보살(大慧菩薩)을 위하여 여래장(如來藏) 연기(緣起)의 이치를 설한 것으로 총 일곱 권으로 되어 있다. 흔히 《칠권능가(七卷楞伽)》라고 한다.
73) 《홍명집(弘明集)》 권1에 의하면 후한의 명제가 꿈에 신인을 보고 그것이 천축의 부처라고 가르치고 채음(蔡愔)과 진경(秦景) 등의 사신을 파견하여 대월지국(大月氏國)에서 《사십이장경(四十二章經)》을 모사하여 가지고 돌아와 낙양의 난대석실(蘭台石室)에 보관하게 하였다.
74) 구마라집(鳩摩羅什)은 후진(後秦) 홍치(弘治) 3년(401)에 장안으로 와서 초당사에서 학승 팔백 명을 모아놓고 대승경전을 번역하였다.

大覺寺
대각사

　대각사는 광평왕(廣平王) 회(懷)[75]가 집을 희사한 것으로 융각사 서쪽 일 리쯤에 있었다. 북쪽으로 망령(芒嶺)을, 남쪽으로 낙예(洛汭)를, 동쪽으로 궁궐을, 서쪽으로 기정(旗亭)을 바라보며 넓게 확 트인 좋은 땅이었다. 온자승(溫子昇)이 쓴 비문에 "물을 앞으로 두고 산을 뒤로 하고 왼쪽은 조정, 오른쪽은 시장이다"라고 한 것이 이것이다. 회가 거처했던 당(堂) 위에는 칠불(七佛)을 두었다. 수풀과 연못, 비각은 경명사와 짝할 만하였다. 더욱이 봄바람이 나무에 살랑일 때면 난초가 자줏빛 잎을 내놓고, 풀이 가을 서리를 맞을 무렵이면 국화가 노란 꽃을 토해 내었다. 큰 덕을 지닌 이름난 스님들은 번뇌를 없애고 열반의 경지에 들어갔다.

　영희(永熙, 532~534) 연간에 평양왕(平陽王:효무제)이 즉위하여 전탑(磚塔)을 하나 만들었다. 흙과 돌로 만들어진 이 탑은 정교함과 화려함의 극치를 이루었다. 중서사인 온자승에게 조칙을 내려 이 절의 비문을 짓도록 하였다.

75) 97쪽의 주85 참고.

永明寺

영명사

영명사는 선무황제(宣武皇帝;世宗)가 만든 것으로 대각사 동쪽에 있었다. 당시는 불법을 숭상하여 불경과 불상이 낙양에 성행하였기 때문에 다른 나라의 사문들이 모두 석장을 짚고 경을 지니고 이 낙토(樂土)로 모여들었다. 그래서 세종은 이 절을 지어 그들을 쉬게 하였다. 승방과 회랑은 연결되어 천여 칸이 되었다. 마당에는 긴 대나무가 늘어서고 키 큰 소나무가 처마를 덮었으며 진귀한 꽃과 기이한 풀 들이 섬돌을 가득 채웠다. 여러 나라에서 온 사문들이 삼천여 명이나 되었다. 서역의 먼 대진국(大秦國;동로마제국)에서 온 사람도 있었다. 그곳은 천지의 서쪽 끝으로 백성들은 경작하고 길쌈하면서 들판에서 살았다. 성읍의 집들은 서로 마주하였고 의복과 거마는 중국의 것을 본받으려고 하였다. 남쪽에 가영국(歌營國)[76]이 있었는데 낙양과 거리가 매우 멀어 풍습이 현격히 달랐다. 대대로 중국과 교통하지 않았고 전·후한과 위나라 때도 온 적이 없었다. 그런데 이제서야 승려 보리발타(菩提拔陀)[77]가 이르러 말하였다.

"북으로 온 지 한 달 만에 구치국(句稚國)[78]에 이르렀고, 거기서 북으로 열흘을 가서 전손국(典孫國)[79]에 이르렀다. 전손국에서 북으로 삼십 일 가서 부남국(扶

76) 여러 설이 있다. 지금의 말레이 반도 남안이라고 한다. 아주 다르게 남인도 서부 해안의 퀼론(Quilon) 지역, 또는 남인도 서부 내륙의 코임바토르(Coimbatore) 지역이라고도 한다.
77) 보리발타는 고조를 감화시켜 불교에 깊이 귀의하게 하였다. 그리하여 고조는 그를 위해 조직을 내려 소실산 북쪽에 소림사(少林寺)를 세우고 의식 등을 공급해 주었다.
78) 지금의 말레이 반도 서안 일대이다.

南國)[80]에 이르렀다. 이 나라는 사방 오천 리로 남쪽 오랑캐 가운데 최고로 강대하다. 백성도 많고 명주(明珠)·금·옥·수정 등의 진귀한 것들이 산출되고 빈랑(檳榔)나무[81]가 많다. 부남국에서 북으로 한 달을 가니 임읍국(林邑國)[82]에 이르렀다. 임읍국에서 나와 소연이 다스리는 양조에 이르렀다."

발타는 양주(揚州)에 이른 지 한 해 만에 양주의 비구 법융(法融)을 따라 낙양에 온 것이다. 낙양의 사문들이 남방의 풍속을 물으니 발타는 답하였다.

"옛날에 노조국(奴調國)[83]이 있었는데 사륜마차를 타고 다녔다. 사조국(斯調國)[84]에서는 화완포(火浣布;지금의 석면)를 생산해내는데 나무껍질로 그것을 만든다. 그 나무는 불에 넣어도 타지 않는다. 남방의 여러 나라들은 모두 성곽을 쌓아 거기서 산다. 화려한 주옥(珠玉)이 많이 나오고 백성들의 풍속은 순박하고 착하며 질박하고 의리가 있어서 서역·대진·안식(安息)[85]·연독(身毒)[86] 등의 여러 나라들과 서로 왕래하며 지낸다. 이 나라들은 삼면이나 사면이 바다에 접하여 배를 띄워 순풍을 타서 백 일이 되면 도착한다. 모두 불교를 받들어 생명을 귀하게 여기고 살생을 싫어한다."

절의 서쪽에는 의년리(宜年里)가 있었는데 그 안에는 진류왕(陳留王) 경호(景皓)와 시중 안정공(安定公) 호원길(胡元吉)의 두 집이 있었다. 경호는 하주자사(河州刺史) 진류장왕(陳留莊王) 조(祚)[87]의 아들이었다. 성품이 활달하고 어려서부터 도량이 넓어 사람들을 사랑하고 선비들을 좋아하여 아낌없이 그들을 대

---

79) 지금의 미얀마 남동부, 벵골 만과 타이 령(領) 말레이 반도 사이에 끼어 있는 해안 지대에 해당된다.
80) 메콩 강 하류 지역을 중심으로 하여 1, 2세기부터 7세기 중기까지 영예를 누렸던 나라이다.
지금의 캄보디아 일대이다.
81) 108쪽의 주130 참고.
82) 인도차이나의 동남안에 참(Cham)족이 세운 왕국이다. 당나라 때는 점파(占波)라고 불렸다.
후한 때는 일남군(日南郡) 상림현(象林縣)이었지만 그 말년에 독립하여 8세기 반까지 계속되었다.
지금의 베트남 북쪽 경계 지역이라고 한다.
83) 지금의 남양 군도 상에 있었던 나라이다.
84) 지금의 스리랑카 지역이다.
85) 페르시아 지방에 있었던 나라로 기원전 3세기경 흥기했던 왕국이다. 시조인 아르사케스(Arsakes, 또는 Arsacide)의 이름을 따서 아르사크(Arsak) 왕조라고도 부르며, 이것을 중국에서 안식(安息)이라고 음역했다.
86) 168쪽의 주67 참고.
87) 자(字)는 용수(龍壽), 진류왕 원건(元虔)의 후손이다. 《북사》 권15 〈진류왕건 열전〉.

우하였다. 일찍부터 현묘한 불교의 교리에 능통하여 마침내 집의 반을 희사하여 불도(佛徒)를 안치하고 대승불교 여러 권을 강연하고 독송하였다. 또 낙양의 대덕 초(超)·광(光)·탄(誕)·영(榮) 네 명의 법사와 삼장법사[88] 서역 사문 보리류지(菩提流支) 등을 청하여 그 법석(法席)에 참여하게 하였다. 각지의 기예를 가진 사대부들이 이르지 않음이 없었다. 당시 무위(武威) 사람 봉조청(奉朝請) 맹중휘(孟仲暉)가 있었는데 그의 아버지 빈(賓)은 금성태수(金城太守)였다. 휘는 성품이 총명하였고 학문은 불교에도 조예가 깊어 사제(四諦)[89]의 이치를 깊이 이해했다. 늘 경호의 집에 와서 사문들과 논의하여 당시에 그를 현종선생(玄宗先生)이라고 불렀다. 그는 드디어 인중협저상(人中夾紵像)[90] 한 구를 만들었는데 그와 같이 단엄한 상호(相好)는 세상에서 드문 것이었다. 그 불상을 경호의 전청(前廳) 불좌〔須臾彌寶坐〕[91] 위에 두었다. 영안(永安) 2년(529) 이 불상이 밤마다 불좌 주위를 걸어다녔는데, 사방에 찍힌 발자국이 바닥으로 스며들어 무늬를 이루었다. 당시 사람들이 이상히 여겨 모두 와서 보았고 불법에 귀의하려는 사람도 셀 수 없이 많았다. 영희(永熙) 3년(534) 가을에 갑자기 저절로 없어졌는데 어디로 갔는지 몰랐다. 그 해 겨울 업(鄴)으로 천도하였다. 무정(武定) 5년(547), 휘는 낙주개부장사(洛州開府長史)가 되었다. 다시 조사하여 찾아보았으나 전혀 자취가 없었다.

창합문에서 성 밖으로 나와 칠 리 정도 가면 장분교(長分橋)가 있었다. 진(晉)나라 중엽 때 곡수(穀水)가 범람하여 성 아래로 넘쳐 민가가 많이 파괴되었기 때

---

88) 네 명의 법사는 승초(僧超)·혜광(惠光)·지탄(智誕)·도영(道榮)을 말한다. 삼장법사(三藏法師)란 경(經)·율(律)·론(論)의 삼장에 능통한 사람을 칭하는 것이다. 여기서는 경·율·론의 문헌을 중국에 전했던 사람이란 의미의 존칭이다.
89) 불교의 근본적 실천원리를 네 가지로 집약한 고제(苦諦)·집제(集諦)·멸제(滅諦)·도제(道諦)를 사성제(四聖諦)라고 한다. 고제란 현실의 상(相)을 나타낸 것으로, 현실의 인생은 고(苦)라는 것이다. 집제는 고(苦)의 이유·근거·원인으로, 고의 원인은 번뇌인데 특히 애욕과 집착을 말한다. 멸제는 고가 소멸된 고요하고 안온한 경지, 즉 열반이고, 도제는 열반에 이르는 방법, 곧 실천하는 수단이다.
90) 인중(人中)은 인중상(人中像)으로 불상을 말하고, 협저는 본래 외국어로 회니(灰泥), 즉 회칠한 진흙이란 뜻으로 소조불상을 말한다.
91) 수유미보좌(須臾彌寶坐)는 수미좌(須彌座)로 불교에서 수미등왕지보좌(須彌燈王之寶座)라고 한다. 후대에 불좌(佛座)라고 통칭했다.

문에 석교를 만들어 그것을 막았다. 그러자 물이 불어나면 물길이 나누어져 낙수로 들어갔기 때문에 장분교라고 이름하게 되었다. 혹자는 "진(晉)나라 하간왕[92] 이 장안에서 장방(張方)[93]을 보내 장사왕(長沙王)[94]을 정벌할 때 여기에 군영을 두어서 장방교(張方橋)라고 이름하게 되었다"고 하니 어느 것이 옳은지 모르겠다. 지금 민간에서는 와전되어 장부인교(張夫人橋)라고 부른다. 조정의 신하들은 배웅하고 마중하는 것을 대부분 이곳에서 하였다.

장분교 서쪽에는 천금언(千金堰)이란 제방이 있었다. 물의 이로움을 계산해 보니 매일 천금의 이익이 되어서 그렇게 이름 붙인 것이다. 과거 도수사자(都水使者) 진협(陳勰)이 만든 것으로 천 명의 사내를 배치하여 해마다 수선하였다.

---

92) 이름은 옹(顒)이고 자(字)는 문재(文載)이다. 하간왕에 봉해지고 사도(司徒)를 지냈다.
《진서》 권59 〈하간왕옹 열전〉.
93) 진나라 하간(河間) 사람으로, 하간왕 옹의 행신(幸臣)이었다. 중령군(中領軍)·녹상서사(錄尙書事)·
영경조태수(領京兆太守) 등을 지냈다. 뒤에 옹에 의해 살해당했다.《진서》 권60 〈장보 열전〉.
94) 사마예(司馬乂)를 말한다. 자(字)는 사도(士度)로 무제의 아들이다.
초왕(楚王) 위(瑋)가 죽임을 당했을 때 같은 어머니의 자식이란 이유로 상산왕(常山王)으로 강등되었다.
《진서》 권59 〈장사려왕예(長沙厲王乂) 열전〉.

卷五·城北

권 5 · 성북

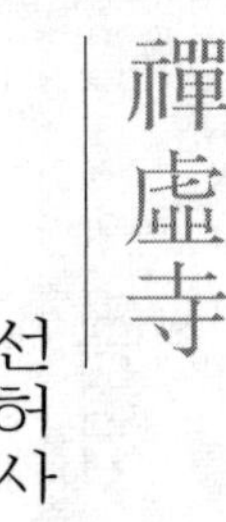

禪虛寺

선허사

　선허사는 대하문의 어도 서쪽에 있었다. 절 앞에는 열무장(閱武場)이 있어서 매년 말 농한기에 병사들이 군사 훈련을 하였기 때문에 천 대의 수레와 만 마리의 말이 항상 있었다. 우림군의 마승상(馬僧相)은 각저희(角觝戲)[1]를 매우 잘하여 창을 백 척 높이의 나무까지 던질 수 있었고, 호분(虎賁) 장거거(張車渠)는 누각에서 한 장 높이까지 칼을 던질 수 있었다. 명제는 항상 두 사람을 겨루게 하고 누각 위에서 이 놀이를 보았다.

　진나라 중엽에 선무장은 대하문 동북쪽에 있었는데 지금은 광풍원(光風園)이 되어 목숙(苜蓿)[2]이 자라고 있다.

---

1) 각저(角觝)는 각저(角抵)·곡저(觳抵)로도 쓴다. 두 사람이 힘이나 기예·활 쏘기·말 타기를 겨루는 것을 말한다. 후대에는 씨름을 이렇게 불렀다.
2) 거여목 또는 개자리라고 한다. 콩과에 속하는 여러해살이풀로 길가에서 자라는데, 줄기가 땅 위로 비스듬히 뻗으며 세 개의 잎이 나고 봄에 노란 꽃이 핀다. 녹비·사료용으로 재배된다.
자목숙(紫苜蓿)·황목숙(黃苜蓿)·야목숙(野苜蓿)의 세 종류가 있다. 원래 대완[大宛;중앙아시아의 시르다리아(Syr Darya) 강 중류 지역에 위치하는 페르가나(Ferghana) 분지로 추정]에서 나는데, 한나라 사신 장건(張騫)이 중국으로 돌아올 때 가져왔다.

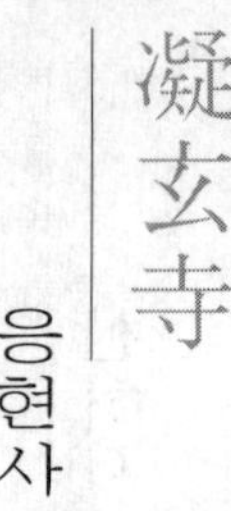

응현사는 내시이면서 제주자사(濟州刺史)였던 가찬(賈璨)[3]이 세웠다. 광막문 밖 일 리, 어도의 동쪽 영평리(永平里)에 있었다. 주(注)[4]에 의하면 한나라 태상 왕(太上王) 광(廣)이 살았고[5] 천도한 직후 처음에 가찬이 거주하다가 어머니가 돌아가시자 집을 희사하여 절을 지었다고 한다. 지형이 높고 확 트였으며 아래로 궁성에 접해 있었다. 건물은 정교하고 화려했으며 대나무와 잣나무가 숲을 이루었다. 실로 마음을 닦아 수행할 수 있는 곳이었다. 왕공(王公)과 경사(卿士) 등이 와서 유람하였는데 그 가운데 오언시를 지은 사람이 셀 수 없이 많았다.

낙양성 동북쪽에 상상리(上商里)가 있었는데 은(殷)나라 백성으로 주(周)나라 에 복종하지 않았던 사람〔頑民〕들이 살던 곳이다. 고조가 문의리(聞義里)로 이름을 고쳤다. 천도한 직후에는 조정의 신하들이 그곳에서 살았는데 서로 질시하고 비난하다가 마침내 모두 떠났다. 오직 그릇을 구워 만드는 사람들만이 그곳에 머

3) 《위서》 권94 〈엄관 열전〉에는 가찬(賈粲)으로 되어 있다. 주천(酒泉) 사람으로 자(字)는 계선(季宣)이다. 광록대부(光祿大夫)를 지냈다. 원차 등과 함께 영태후를 폐위시켰다. 영태후가 복위하여 죽이려고 하다가 제주자사(濟州刺史)로 삼았으나 얼마 있다 사람을 보내 죽였다.
4) 양현지 자신이 쓴 주석인데 본문과 섞여 있어서 어디까지가 주석인가에 대해서는 논란이 있다.
5) 탕안(唐晏)의 구침본(鉤沈本)에는 '한태상왕광처(漢太上王廣處)'라고 되어 있다. 그 주에 '태상왕광'은 '태상황묘(太上皇廟)'인 듯하다고 하였다. 그러나 태상황은 한나라 고조의 아버지인데 그 묘에 대해서는 문헌에 전혀 나오지 않는다. 다만 《후한서》 권3 〈장제기(章帝紀)〉에 태상황을 만년〔萬年:지금의 산시성(陝西省) 린퉁현(臨潼縣) 동북〕에 제사했다는 것만 나온다. 태상왕 광이 누구인지는 알 수 없다.

물렀다. 낙양의 구워 만든 그릇은 다 이곳에서 나왔다. 당시 사람들은 다음과 같이 노래하였다.

낙양성 동북쪽 상상리에는	洛城東北上商里
은나라의 완민들이 옛날에 살았지	殷之頑民昔所止
지금은 옹기장이들이 살고 있지만	今日百姓造瓮子
모두 버리고 떠나 남은 자들만 부끄러워하네	人皆棄去住者恥

다만 관군장군(冠軍將軍) 곽문원(郭文遠)만이 그곳에서 지냈는데 그의 당우(堂宇)와 원림(園林)은 제후의 것과 짝할 만하였다. 당시 농서(隴西)의 이원겸(李元謙)은 쌍성어(雙聲語)[6]를 좋아하여 항상 문원의 집을 지나칠 때마다 화려하고 아름다운 궐각(闕閣)을 보면서 말하였다.

"이것은 누구의 저택인가? 무척 아름답구나〔過佳〕!"

여종 춘풍(春風)이 나와서 말하였다.

"곽 관군장군의 집입니다〔郭冠軍家〕."

"평범한 종이지만 쌍성을 쓰는구나〔凡婢雙聲〕!"

"이 종을 꾸짖어 주소서〔儜奴慢罵〕."

원겸은 여종의 재능에 감탄하였으며, 곧 낙양에 소문이 퍼졌다.

---

6) 쌍성이란 두 자로 된 숙어의 첫 자음이 같은 것을 말한다. 예를 들면 고굉(股肱)·명망(名望)·문막(文莫)·참치(參差) 등이다. 남조에서 송나라 시대까지 첩운(疊韻)과 함께 시에서 많이 사용하였다. 본문의 원겸과 춘풍의 대화는 모두 쌍성어로 되어 있다.

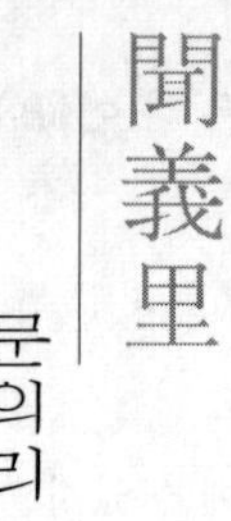

聞義里

문의리

문의리에는 돈황(燉煌)[7] 사람 송운(宋雲)의 집이 있었다. 그는 혜생(惠生)과 함께 서역에 사신으로 갔다. 신귀(神龜) 원년(518) 11월 겨울에 태후가 숭립사(崇立寺) 비구 혜생을 보내 서역에서 경전(經典)을 가져오게 하였더니, 백칠십 부를 얻어 왔는데 모두 대승경전(大乘經典)이었다.[8]

처음 낙양을 떠나 서쪽으로 사십 일을 가서 적령(赤嶺)[9]에 도착하였다. 이곳은 서쪽 변경으로 위나라의 관방(關防)[10]이 바로 이곳에 있었다. 적령은 초목이 나지 않아서 붙여진 이름이다. 그 산에는 새와 쥐가 같은 동굴에서 살았다. 다른 종이 같이 무리 지어 수컷 새와 암컷 쥐가 짝을 이루었기 때문에 바로 새와 쥐가 함께 산다고 말해졌다.

---

7) 돈황(敦煌)으로도 쓴다. 한나라 때 설치한 군 이름이다. 지금의 간쑤성(甘肅省) 둔황현이다.
톈산북로(天山北路)와 톈산남로(天山南路)가 만나는 지리적 여건 때문에 중국 불교의 중심지가 되었다.
주변의 언덕마다 동굴이 있어 여행에 지친 승려들에게 안식처를 제공하였으며, 중앙아시아 각국으로부터
도착한 승려들이 동굴에 모여 종교적인 토론을 하거나 경전을 번역하기도 하였다.
8) 이 문장 다음부터는 송운과 혜생의 서역기이다. 언급되는 지역들은 동서교역로 중 톈산남로로서
타클라마칸(Takla Makan) 사막의 남단, 쿤룬〔崑崙〕 산맥의 북쪽이다.
현재 중국의 신장웨이우얼 자치구(新疆維吾爾自治區) 남쪽 지역에서 파키스탄과 아프가니스탄의 동북부
지역에 걸쳐 있다.
9) 지금의 칭하이성(青海省) 황위안현(湟源縣) 서쪽의 르웨산(日月山)을 말한다.
10) 군대가 주둔하여 지키는 요새이다.

적령을 출발하여 서쪽으로 이십삼 일을 가서 유사(流沙)[11]를 가로질러 토욕혼국(吐谷渾國)[12]에 이르렀다. 가는 길은 매우 춥고 바람도 많이 불고 눈도 많이 내리고 모래가 날리며 잔돌들이 굴러다녔다. 눈을 뜨면 온통 이런 것뿐이었다. 다만 토욕혼성은 다른 곳보다 따뜻하였다. 그 나라의 문자는 위나라와 비슷하였으나 풍속과 정치는 오랑캐풍이 많았다.

토욕혼에서 서쪽으로 삼천오백 리를 가서 선선성(鄯善城)[13]에 도착하였다. 자신들이 왕을 세웠으나 토욕혼국에 병합되어, 지금 성의 주인은 토욕혼 국왕의 둘째 아들 영서장군(寧西將軍)으로 삼천 부락을 거느리고 서쪽 오랑캐들을 방어하였다.

선선성에서 나와 서쪽으로 천육백사십 리를 가서 좌말성(左末城)[14]에 이르렀다. 대략 백 가(家) 정도의 주민이 살고 있는데 비가 오지 않는 땅에 물을 끌어다 보리를 심고 소를 이용할 줄 몰라 따비로 밭을 갈았다. 성안에 부처와 보살을 그렸는데 오랑캐 모습이 아니어서 나이 든 노인에게 물어보니 여광(呂光)이 오랑캐를 정벌할 때[15] 그린 것이라고 하였다.

11) 사막을 말한다. 여기서는 칭하이성 서북방 지역의 사막이다. 모래가 흐르는 것이 물과 같아서 이렇게 부른다.
12) 지금의 칭하이성 지역을 점하고 있던 왕국이다. 왕족은 돌궐계의 선비족(鮮卑族)이었지만 대부분의 백성들은 티베트 계통이었다. 4세기 초 오호십육국 시기부터 세력을 떨치기 시작하여 5, 6세기 사이에는 중국 서방 국가 가운데 가장 강대하였다.
13) 원명은 누란(樓蘭)으로 신장웨이우얼 자치구 산산현(鄯善縣)의 동남, 타클라마칸 사막에 있던 나라이다. 이곳은 한나라의 서역 경영의 전진기지였고, 그 후에도 동서무역의 요충지였는데 5세기 말에 토욕혼 세력에 편입되었다. 《대당서역기》 권12에 나오는 납박파(納縛波)가 이곳이다.
14) 차말(且末)이라고도 한다. 지금의 신장웨이우얼 자치구 안의 타리무허(塔里木河:타림 강)의 처얼천허(車爾臣河) 하류 주머(且末) 지역이다. 기원전 2세기경부터 소왕국을 형성했다. 《대당서역기》 권12에 나오는 저말국(沮末國)이 이곳이다.
《대당서역기》 권12에는 귀국길에 경유한 나라들이 소개되고 있다.
이 책에서는 낙양에서 서역으로 가는 길이기 때문에 《대당서역기》와는 여정이 반대가 된다.
즉 《대당서역기》에서는 저말국에서 동북쪽으로 천여 리를 가면 납박파(선선국)에 도착한다고 씌어 있다.
15) 여광의 자(字)는 세명(世明)이다. 신장이 팔 척 사 촌이나 되었다. 전진(前秦)의 부견(苻堅)이 그를 효기장군(驍騎將軍)으로 삼아 칠천 명을 거느리고 서역을 토벌하게 하였다. 이때가 태원(太元) 18년(381)이었다. 《위서》 권95 〈약양저여광(略陽氐呂光) 열전〉.

좌말성을 나와 서쪽으로 천이백칠십오 리를 가서 말성(末城)[16]에 이르렀다. 성 주변의 꽃과 과일들은 낙양과 비슷하였지만 흙집과 평평한 지붕이 달랐다.

말성에서 서쪽으로 이십이 리를 가서 한마성(捍麼城)[17]에 도착하였다. 그 성의 남쪽 십오 리에 삼백여 명의 승려들이 사는 큰 절 하나가 있었다. 일 장 육 척의 금불상 한 구가 있었는데 자태가 매우 뛰어나며 상호(相好)가 빛났다. 얼굴은 항상 동쪽을 향하고 서쪽을 향하려 하지 않았다. 나이든 노인들이 전하였다.

"이 불상은 원래 남쪽으로부터 허공을 날아왔다. 우전국왕(于闐國王)이 친히 와서 보고 예배하고는 이 상을 싣고 돌아가다가 밤에 잠을 자는데 갑자기 불상이 보이지 않았다. 사람을 보내 찾게 했더니 원래 있던 자리에 돌아가 있었다. 왕은 곧 탑을 세우고 사백 호를 봉하여 불상을 받드는 비용으로 공양하게 하였다. 그들 가운데 병든 사람은 자신의 병든 부위와 같은 금불상의 부위에 금박지를 붙이면 말끔히 나았다."

그 뒤 사람들이 이 금불상 주위에 장육존상 및 여러 불상과 탑을 만든 것이 수천 개에 이르고, 달려있는 오색의 기와 화개(華蓋)가 만여 개에 달하였다. 그 가운데 위나라의 기가 반 이상이었다. 기에 써 있는 예서는 대부분 태화(太和) 19년(493), 경명(景明) 2년(501), 연창(延昌) 2년(513)이라고 씌어 있었다. 오직 하나만이 요진(姚秦) 때의 기[18]라고 되어 있었다.

한마성에서 서쪽으로 팔백칠십 리를 가서 우전국(于闐國)[19]에 이르렀다. 왕은

16) 한나라 때부터 실크로드에 인접해 있던 소왕국이었다. 정확한 위치에 대해서는 의견이 일치하지 않고 있는데, 좌말성에서 한마성으로 가는 사이에 들른 곳이므로 대체로 지금의 신장웨이우얼 자치구 허티엔현(和田縣:Khotan) 민펑(民豐)이거나 위티엔(于田) 부근이었을 것이다.
《양서(梁書)》 권59의 말국(末國)으로 보아 한나라 때 정절국(精絶國)이라고 칭해지는 지역이라고 한다.
이곳은 《대당서역기》 권12의 니양성(尼攘城)이라는 유적이다.
17) 지금의 신장웨이우얼 자치구 내 허티엔현 처러(策勒, Chira Bazar)로 추정된다.
《대당서역기》 권12의 비마성(媲摩城)이다.
18) 요진은 동진(東晉) 십육국의 후진(後秦)을 말한다. 요장(姚萇)이 창건하여 요진이라고 하였다.
요진의 두 번째 군주 요흥(姚興, 394~415)은 구마라집을 장안에 불러들여 많은 사탑을 건설하고
대규모 역경 사업을 일으켰다. 동진의 승 법현(法顯)이 인도로 구법 여행을 간 것은 399년부터이기 때문에
송운이 보았던 기는 법현이 봉헌했던 것이다.
19) 기원전 2세기경부터 세력을 떨친 국가로 톈산남로(天山南路)와 서역남로의 요충지에 위치하여 불교가

닭 볏과 같은 금관을 쓰는데 머리 뒤로 길이 이 척, 폭 오 촌의 비단을 늘어뜨려 장식하였다. 의장대는 북, 뿔피리[角笛], 금징[金鉦], 활과 화살 한 구, 창 두 자루, 긴 창[槊] 다섯 자루를 갖추었다. 좌우에 칼을 지닌 사람은 백 명을 넘지 않았다. 그들의 풍속에서 부인들은 바지와 짧은 적삼을 입고 허리띠를 한 채 말을 타고 달리니 장부와 다를 바가 없었다. 죽은 자는 화장하여 뼈를 거두어 장례를 지내고 그 위에 탑을 세웠다. 상을 당한 사람들은 머리카락을 자르고 얼굴에 칼자국을 내어 슬픔을 나타내었다. 머리카락이 사 촌(寸) 정도 자라면 일상 생활로 돌아갔다. 왕이 죽었을 때만 화장하지 않고 관에 넣어 먼 들판에서 장사 지냈다. 그리고 사당을 세워 때에 맞춰 제사를 지내 그를 기렸다.

본래 우전왕(于闐王)은 불법을 믿지 않았다. 어떤 오랑캐 상인이 비로전(毗盧旃)이란 이름의 비구를 성 남쪽 살구나무 아래에 데려다 놓고 왕에게 죄를 아뢰며 말하였다.

"지금 다른 나라의 승려를 성 남쪽 살구나무 아래에 데려다 놓았습니다."

왕은 이 말을 듣고 벌컥 화를 내며 즉시 가서 비로전을 보았다. 비로전이 왕에게 말하였다.

"여래(如來)가 나를 보낸 까닭은 왕에게 그릇을 엎어놓은 듯한 탑[覆盆浮圖] 하나를 만들게 하여 왕업을 영원하게 하시려 한 것입니다."

왕이 말하였다.

"나로 하여금 부처를 만나게 한다면 당장 명령대로 하겠다."

비로전이 종을 울려 부처에게 고하자마자 라후라(羅睺羅)[20]를 보내 형체를 바꾸어 부처로 만드니 공중에 부처의 모습[眞容]이 나타났다. 왕이 오체를 땅에 던져 절하고는[21] 즉시 살구나무 아래에 절을 만들고 라후라 상을 그리니, 부처의 모습이 홀연히 사라져 버렸다. 우전왕은 다시 정사를 지어 라후라 상을 모셨다. 그릇을 엎어놓은 듯한 탑 그림자가 항상 건물 밖으로 나와서 그것을 보는 자들은 회향(回向)[22]하지 않는 사람이 없었다. 그 안에는 벽지불(辟支佛)[23]의 신발이 있는데 당시까지도 썩지 않았다. 가죽도 아니고, 비단도 아닌데 무엇으로 만든 것인지 명확하게 알 수 없었다.

내가 살펴보면 우전국의 경계는 동서로 삼천여 리에 불과하였다.[24]

신귀(神龜) 2년(519) 7월 29일에 주구파국(朱駒波國)[25]으로 들어갔다. 백성들은 산에서 살고 오곡이 풍성하여 밀가루를 주식으로 하며 짐승을 도살하지 않았다. 고기를 먹는 경우는 자연사한 고기에 한정되었다. 풍속과 언어가 우전국과 비슷하였고 문자는 바라문(婆羅門)[26]과 같았다. 그 나라의 영토는 닷새 정도면 돌 수 있었다.

8월 초에 한반타국(漢盤陀國)[27] 경계로 들어가 서쪽으로 간 지 엿새 되어 총령산(葱嶺山:파미르 고원)에 올랐다.

다시 서쪽으로 사흘 가서 발우성(鉢盂城)에 이르렀다.

다시 사흘 지나 불가의산(不可依山)에 도착하였다. 그곳은 매우 추워서 여름이나 겨울이나 눈이 쌓여 있었다. 산에 독룡(毒龍)이 사는 연못이 있었다. 옛날

오체투지(五體投地)라고 표현한다.
22) 혹은 회향(迴向)이라 하는데 회전취향(迴轉趣向)의 준말이다. 자신이 지은 공덕을 원하는 대상에게 돌려서 목적(바람)하는 곳으로 향하게 하는 것을 말한다.
23) 무불(無佛) 시대에 나와서 성적정(性寂靜)을 즐겨 사우(師友) 없이 깨달음을 얻는 자이다. 스승으로부터의 가르침을 받지 않고 자기 혼자서 진리를 깨달아 그 체험을 사람들에게 설법하려고 하지 않는다. 벽지가불타(辟支迦佛陀)·발라예가불타(鉢羅翳迦佛陀)라고도 한다. 줄여서 가불(迦佛)·벽지불(辟支佛)이라 하고, 독각(獨覺)·연각(緣覺)이라고 한역한다.
24) 《대당서역기》 권12에 의하면 구살단나국의 둘레는 사천여 리라고 한다.
25) 지금의 신장웨이우얼 자치구 카스현(喀什縣) 이에청(葉城)으로 추정된다. 주구파(朱俱波)·주구반(朱俱槃)·차구가(遮拘迦)·차구반(遮拘槃) 등으로 쓰고, 《대당서역기》 권12에는 작구가(斫句迦)라고 되어 있다.
26) 범어 Brāhmaṇa의 음역. 인도 카스트 제도의 네 계급 중 가장 높은 바라문교의 승려들을 가리킨다. 여기서는 인도를 말한다.
27) 지금의 신장웨이우얼 자치구 카스현 타션쿠얼간(塔什庫爾干) 지역이다. 갈반타(渴槃陀)·갈반타(渴盤陀)·갈반타(喝盤陀)·갈반단(渴飯檀) 등으로 쓰고, 《대당서역기》 권12에서는 걸반타(揭盤陀)라고 하였다.

삼백 명의 상인이 이 연못가에서 길을 멈추고 잠을 자는데, 마침 용이 화가 나서 상인들을 모두 죽였다. 반타왕은 그것을 듣고 왕위를 아들에게 물려주고 오장국(烏場國)에 가서 바라문의 주술을 배워 네 해 동안 그 주술을 모두 익혔다. 다시 왕위로 복귀하여 연못에 가서 용에게 주문을 외우니 용이 사람으로 변하여 왕에게 잘못을 빌었다. 왕은 곧 용을 이 연못에서 이천여 리 떨어진 총령산으로 옮겨 가게 했다. 그는 당시 국왕의 십삼대 조상이었다.

이곳에서부터 서쪽은 산 길이 경사지고 천 리 비탈과 만 길 낭떠러지가 이어져서 하늘에 닿은 듯 험난한 곳이었다. 태행산(太行山)과 맹문산(孟門山)[28]도 이곳에 비하면 험하지 않고 효관(崤關)과 농판(隴坂)[29]도 이에 견주어 보면 평탄하다.

총령을 출발하고부터는 한 걸음 한 걸음씩 발을 옮길 때마다 점점 높아져, 그렇게 나흘을 가서 정상에 이르렀다. 총령산은 얼핏 보면 높이가 중간에도 못 미치는 산 같아도 실제로는 하늘의 중간이었다. 한반타국은 바로 산꼭대기에 있었다. 총령 서쪽은 물이 모두 서쪽으로 흘렀다. 세상 사람들은 이곳이 천지의 중심이라고 하였다. 이곳 사람들은 물을 끌어 곡식을 심는데 중국에서는 비를 기다려 곡식을 심는다는 말을 듣고는 "하늘이 무슨 이유로 그들의 기대에 맞춰 비를 내려주겠는가?"라고 말하며 웃었다.

성의 동쪽에는 맹진하(孟津河)[30]가 있어 동북쪽인 사륵(沙勒)[31]으로 흘렀다. 총령은 높고 험준하여 초목이 자라지 못했다. 이때가 8월인데도 벌써 날씨가 차서 북풍은 기러기를 내몰고 눈이 천 리를 덮었다.

9월 중순에 발화국(鉢和國)[32]으로 들어갔다. 높은 산과 깊은 골짜기, 험준한 길

---

28) 지금의 타이항 산맥(太行山脈)은 허난(河南)·허베이(河北)·산시(山西) 성에 걸쳐 있는 장대한 산맥이고, 맹문산은 허난성의 후이현(輝縣) 서쪽의 타이항 산맥 동쪽 끝에 있다.
29) 효관은 효산을 말하는데, 효산이 함곡관(函谷關)의 동쪽에 있기 때문에 효관이라고 하였다.
농판은 지금의 산시성(陝西省) 룽현(隴縣)의 서북에 있어 매우 장대한 산맥과 험로가 연속된 곳이다.
30) 투두오허(徙多河)로, 지금의 신장웨이우얼 자치구 카스현 사처(莎車) 부근을 흐르는 예얼퀴앙허(葉爾羌河)이다.
31) 지금의 타클라마칸 사막 서쪽 끝에 위치한 요지 슈러(疏勒)이다.
《대당서역기》 권12의 거사국(佉沙國)이다.
32) 지금의 파키스탄의 치트랄(Chitral) 동북쪽 약 90킬로미터 부근 와한(Wakhan)의 남쪽 계곡 일대이다.
《대당서역기》 권12의 달마실철제국(達摩悉鐵帝國)이다.

은 변함이 없었다. 국왕이 머무는 곳은 산이 그대로 성이 되었다.[33] 백성들은 오직 털로 짠 모직물[氈衣]만 입었다. 지상은 매우 추워서 동굴에서 살고 눈보라가 사나워서 사람과 가축이 함께 살았다. 이 나라의 남쪽 경계에 커다란 설산(雪山)이 있는데 아침에는 녹았다가 저녁이 되면 다시 얼어 멀리서 보면 마치 옥봉(玉峰)과 같았다.

10월 초에 갈달국(嚈噠國)[34]에 도착했다. 토지가 광활하고 평탄하며 눈에 보이는 것이 모두 산택(山澤)이었다. 거처하는 곳에는 성곽이 없고 군대를 이끌고 다니며 백성을 다스렸다. 모직물을 덮어 집을 만들고 물과 풀을 따라서 이동하여 여름에는 시원한 곳으로 가고, 겨울에는 따뜻한 곳으로 옮겼다. 그들은 고향이란 것을 알지 못하고 문자나 예교(禮敎)가 없었다. 자연의 음양이 교체되어도 그 이치를 알지 못하여 평년과 윤년의 구별이 없었고, 달에는 대소의 차이가 없이 열두 달이 차면 한 해가 되었다. 여러 나라의 공물을 받아들여 남으로는 첩라(牒羅), 북으로는 칙륵(勅勒),[35] 동으로는 우전(于闐), 서로는 파사(波斯)에 이르기까지 마흔 남짓한 나라에서 조공을 바치러 왔다.

왕은 모직물로 된 커다란 장막에서 사는데 사방 사십 보이고 담요를 둘러쳐 벽을 만들었다. 왕은 비단 옷을 입고 금으로 된 평상에 앉는데 평상의 다리 네 개는 금으로 된 봉황이었다. 위(魏)나라의 사신을 만나면 두 번 절하고 무릎을 꿇고 조서를 받았다. 연회를 베풀 때 한 사람이 노래를 하면 손님이 차례로 화답을 하고, 노래가 끝나면 연회를 마쳤다. 오직 이런 방법이 있을 뿐 따로 음악은 없었다.

왕비도 비단 옷을 입는데 길이가 팔 척 남짓 되고, 땅으로 삼 척이나 드리워져

33) 이 나라는 두 산 사이에 위치하고 있다. 북쪽에는 와한 산맥이, 남쪽에는 힌두쿠시(Hindu Kush) 산맥의 동쪽 끝이 동고서저의 지형으로 놓여 있다. 높이가 6,000미터 이상이다.
34) 갈달국은 대월지국(大月氏國) 잔존 세력이 소월지국을 거쳐 세웠던 나라이다. 헤이룽 강(黑龍江) 상류의 토카리스탄(Tocharistan) 지방을 중심으로 서북 인도에 걸쳐서 광대한 영토를 차지했던 유목 국가이다. 왕족은 돌궐 계통이고 피지배층은 이란 계통의 토착민이었는데, 왕족도 이란화되었다.
35) 동으로는 바이칼(Baikal) 호수에서부터 서로는 아랄(Aral) 해 북쪽 지역에 걸쳐서 분포했던 돌궐계 북방 유목 민족이다. 높은 바퀴가 달린 수레를 상용(常用)하여 중국 사서에서는 고거(高車)라고도 불렀다. 또 적력(狄歷)·철륵(鐵勒)이라고도 불린다. 오호십육국 시대에 북방의 여러 민족들이 북중국으로 침입하자 하북지역으로 이주하였다.

있어 사람을 시켜 들고 있게 하였다. 머리에 모난 모자를 썼는데 길이 삼 척으로 매괴(玫瑰)[36]와 오색 구슬이 그 위에 장식되어 있었다. 왕비가 나갈 때는 수레를 타고, 들어와서는 금 평상에 앉았다. 평상은 여섯 개의 상아가 달린 흰 코끼리와 네 마리 사자로 장식되었다. 나머지 대신들의 부인들이 모두 왕비를 수반하였다. 일산(日傘)의 꼭대기는 모가 난 듯한데 둥글게 아래로 뻗어 모양이 보개와 같았다.

귀하고 천한 것은 옷에도 나타났다. 갈달국은 사이(四夷) 가운데 가장 강했다. 불법을 믿지 않고 다른 신을 많이 섬겼다. 희생을 죽여 피로 제사를 드리고 그릇은 칠보를 사용하며 여러 나라에서 진귀한 것을 많이 바쳤다. 내가 살펴보면 갈달국은 낙양과 이만여 리나 떨어져 있는 듯하다.

11월 초에 파지국(波知國)[37]에 도착하였다. 영토가 매우 협소하여 이레면 지나갈 수 있었다. 사람들은 산에서 살고 자산이 몹시 궁핍하였다. 풍속은 흉악하고, 왕을 만났는데 예의가 없었다. 왕이 출입할 때 따르는 자도 몇 명에 지나지 않았다. 이 나라에 매우 얕은 강이 있었는데 나중에 산이 무너지면서 흐름을 끊어 놓아 두 연못으로 변하였다. 독룡(毒龍)이 그곳에 살면서 재난이 많이 일어났다. 여름에 폭우가 잘 내리고 겨울엔 눈이 쌓여 행인들이 어려움을 많이 겪었다. 눈에서 흰 빛이 나와 사람의 눈에 비치면 눈을 감게 하여 망연히 볼 수 없었다. 용왕에게 제사를 드린 후에야 없어졌다.

11월 중순에 사미국(賖彌國)[38]으로 들어갔다. 이 나라에서부터 점점 총령을 벗어나게 되는데 땅이 척박하여 백성들이 매우 궁핍하였다. 길은 사람과 말이 겨우

36) 남방에서 생산되는 붉은 색의 구슬인 미옥(美玉)의 이름이다.
37) 여러 가지 설이 있다. 파키스탄 북부의 제박(Zebak)과 치트랄 사이의 소국이라고도 하고, 이슈카와르츠(Ishkarwarz) 부근이라고도 한다. 《위서》 권102 〈서역 열전〉에는 "파지국은 발화(鉢和)의 서남쪽에 있다. 땅이 좁고 사람들이 가난하며 산골짜기에 살아서 왕이 제대로 통솔하지 못하였다. 연못 세 곳이 있는데 큰 곳은 용왕이 살고, 다음 것은 용의 부인이, 작은 것은 용의 아들이 살았다. 그곳을 지나는 사람들은 용왕에게 제사를 올리면 지나갈 수 있었으나, 제사를 지내지 않으면 심한 눈보라를 만났다"고 하였다.
38) 지금의 파키스탄 북부 치트랄과 마츄즈(Mastūj) 지역이다. 《대당서역기》 권12의 상미국(商彌國)이다.

다닐 정도였는데 험준하고 위험하였다. 한 줄기 곧은 길이 발로륵국(鉢盧勒國)[39]에서 오장국(烏場國)으로 향해 있고 쇠사슬로 만든 다리를 허공에 매달아 지나다니게 하였다. 아래로는 바닥도 보이지 않고 옆에는 붙들 만한 것도 없었다. 순식간에 만 길 벼랑 아래로 떨어지게 되니 지나는 사람들은 형세를 살피며 조심스럽게 이 길을 지나갈 뿐이었다.

12월 초에 오장국(烏場國)[40]으로 들어갔다. 북으로는 총령에 접하고 남으로는 천축에 잇닿았다. 땅의 기운은 온화하고 따뜻하며 사방 수천 리였다. 백성들과 물산은 풍부해서 임치(臨淄)의 신주(神州)에 비길 만하였다. 토지는 비옥하여 함양(咸陽)의 상등 토지와 같았다. 비라(鞞羅)가 아이를 시주한 곳이고[41] 살타(薩埵)가 몸을 던진 땅으로[42] 비록 오래된 옛 습속이지만 토속적 풍속이 잘 남아 있었다. 국왕은 부지런히 정진[43]하면서 오랜 기간 채식을 했다. 새벽과 밤에 예불을 드리되 북을 치고 염불하며 비파·공후·생황·피리 따위를 연주하였다. 매

39) 지금의 파키스탄 북부 야신(Yasin) 강과 길기트(Gilgit) 강 유역이다.《대당서역기》권3과 권12의
발로라국(鉢露羅國)이다.
40) 154쪽의 주22 참고. 이 다음부터 나오는 부처의 일화들이《대당서역기》권3 오장국에 관한 설명에는
약간의 차이는 있으나 자세하게 설명되어 있다.
41) 비라는 석가모니가 과거세(過去世)에 섭파국 태자(葉波國太子)가 되어 단바라밀(檀波羅蜜)을 행할 때의
이름이다.《태자수대나경(太子須大拏經)》에 "여래께서 과거에 섭파 태자(葉波太子)가 되었을 때 보시하기를
좋아하였다. 적국에서 국보와 흰 코끼리를 구해도 그것을 주었다. 부왕이 성을 내어 단특산(檀特山)에 추방해
버렸다. 태자는 부인과 두 아이를 데리고 산중에 들어가서도 다시 바라문에게 보시하였다"고 하였다.
《지도론(智度論)》권12에 "수제리나 태자(須提梨拏太子)는 번역하여 호애(好愛)다. 그의 자식을 바라문에게
보시하고 다음에는 아내를 보시하였으나 마음이 동요되지 않았다"고 하였다.
42) 석가모니 과거세에 대거(大車)라는 국왕에게 세 아들이 있었는데 태자는 마하파라(摩訶波羅),
둘째는 마하제파(摩訶提婆), 셋째는 마하살타(摩訶薩埵)였다. 세 아들이 산림에서 놀고 있었다.
마침 호랑이 한 마리가 일곱 마리의 새끼를 낳아 겨우 이레가 지났는데 세 아들은 그 호랑이 새끼들이
기갈에 허덕이는 것을 보고 각각 비참한 생각이 들었다. 그 중 셋째 살타는 크게 슬퍼하는 마음이 생겨
무상보리(無上菩提)가 되어 몸을 버려 보시하고자 먼저 두 형을 돌아가게 하고 홀로 수풀에 들어가서 굶주린
호랑이가 있는 곳에 이르렀다. 옷을 벗어 대나무에 걸고 몸을 맡겨 드러누웠으나 호랑이가 살타의
자위력(慈威力)을 두려워하여 감히 먹지 못하니 살타가 보고 절벽 아래로 몸을 던졌다. 이때 소신(小神)이
손으로 왕자를 받아 조금도 손상이 없게 하자 살타가 대나무로 목을 찔러 피를 내서 호랑이에게 다가갔다.
이때 대지에 육종(六種)이 진동하면서 천화(天華)가 어지럽게 쏟아져 내렸다. 굶은 호랑이가 살타의
머리에서 피가 흐르는 것을 보고 곧 피를 빨고 육신을 먹어 버렸다. 그 왕자가 바로 석가모니의 전신이었다.
이 공덕으로 십일겁(十一劫)을 초월하였다고 한다.
43) 불교에서는 보시(布施)·지계(持戒)·인욕(忍辱)·정진(精進)·선정(禪定)·지혜(智慧)가 성불(成佛)의
기본공(基本功)이라고 하여 육도(六度)라고 칭한다. 이를 통하여 피안(彼岸)에 이를 수 있다는 것이다.

일 정오 이후에야 비로소 국사를 처리하였다. 죽을죄를 지어도 사형에 처하지 않고 다만 사람이 살지 않는 산으로 보내 혼자 힘으로 살아가게 하였다. 사건이 의심스러우면 약을 먹여서 옳고 그름을 가리고, 일의 경중에 따라 바로 처리하였다. 땅은 비옥하고 인구와 물산이 풍부하였다. 오곡도 풍년이고 오과도 무성하였다. 밤에 울리는 종소리는 두루 천지에 가득 퍼졌다. 땅에는 기이한 꽃들이 겨울에서 여름까지 연이어 많이 피어 승려와 일반인 모두 그것을 따서 부처 앞에 공양하였다.

국왕은 위나라 사신으로 왔다는 송운(宋雲)의 말을 듣고서 땅에 무릎을 꿇고 절하며 조서를 받았다. 태후가 불법을 받든다는 말을 듣고 곧 동쪽으로 얼굴을 향하여 합장하고 멀리 성심을 다하여 정례(頂禮)하였다. 위나라 말에 능통한 사람을 보내어 송운에게 물었다.

"경은 해가 뜨는 동쪽에서 온 사람입니까?"

"우리 나라는 동쪽으로 큰 바다에 접해 있어 해가 그 안에서 나옵니다. 실로 여래의 뜻입니다."

"그 나라에서 성인이 나왔습니까?"

왕이 묻자, 송운은 주공·공자·장자·노자의 덕에 대해 모두 설명하고 다음에는 신선과 성인 들이 살고 있는 봉래산 위의 은궐(銀闕)과 금당(金堂)을 차례대로 이야기하였다. 또 관로(管輅)[44]는 점을 잘 치고 화타(華佗)[45]는 병을 치료하며 좌자(左慈)[46]가 방술(方術)에 뛰어난 것 등에 대해서 구별지어 말하였다. 왕이 말하였다.

---

44) 삼국시대 위나라 평원(平原) 사람으로 자(字)는 공명(公明)이다. 어려서부터 별자리 보는 것을 좋아하였다. 성인이 되어 풍각점상(風角占相)의 도에 정통하여 정원(正元, 254~256) 초에 소부승(少府丞)이 되었다. 《삼국지》 권39 위서 〈관로 열전〉.
45) 후한 사람으로 자(字)는 원화(元化)이다. 양성술(養性術)에 능통하여 백 세에 이르러도 오히려 젊은이의 용모를 가졌다. 약이나 침·뜸에 정통하여 조조의 부름을 받고 그의 두통을 치료하였다. 조조의 병이 깊어 그를 간호하던 중, 집에 돌아가 아내의 병을 이유로 조정으로 가지 않았다. 조조가 화가 나서 감옥에 가두었다가 죽였다. 죽음에 임박하여 책 한 권을 옥리에게 주었지만 법을 두려워하여 옥리가 받지 않자 불태워버려 그의 의술은 단절되었다. 《후한서》 권82 하 방술 〈화타 열전〉, 《삼국지》 권29 방기 〈화타전〉.
46) 후한의 여강(廬江) 사람으로 자(字)는 원방(元放)이다. 어려서 천주산(天柱山)에 거하며 석실에서 단경(丹經)을 얻어 육갑신술(六甲神術)에 정통하였다. 조조가 송강(松江)의 농어를 갖고 싶어하자 구리 대야에 물을 담아 농어를 낚았다. 뒤에 조조가 그를 죽이려고 했지만 벽 안으로 들어가 간 곳을 찾을 수 없었다. 《후한서》 권82 하 〈좌자 열전〉.

"만약 당신의 말대로라면 그곳이야말로 곧 불국(佛國)이니 내가 죽게 되면 당신네 나라에서 환생하기를 원합니다."

이윽고 송운은 혜생과 함께 성 밖으로 나가 여래의 가르침의 자취를 찾았다. 용천(龍泉)의 동쪽에 부처가 옷을 말렸던 곳이 있었다. 처음 여래가 오장국에서 가르침을 펼 때 용왕이 진노하여 사나운 비바람을 일으켜 부처의 법의의 겉과 속을 모두 적셨다. 비가 그치자 부처는 바위 아래 동쪽을 향해 앉아 가사(袈裟)를 말렸다. 바위에 남은 가사 자국은 오랜 세월이 흘렀어도 빛이 나 새것과 같았는데 꿰맨 자리가 잘 보일 뿐만 아니라 가는 실의 올 자국까지도 선명하게 보였다. 언뜻 가서 보면 선명하지 않은데, 털어내면 그 무늬가 더욱 분명해졌다. 부처가 앉았던 곳과 옷을 말리던 곳에 모두 탑을 세워 기념하였다.

용천 서쪽에는 용왕이 사는 연못이 있고, 연못가에는 쉰여 명의 승려가 사는 절이 있었다. 용왕이 이상스런 재난을 일으킬 때마다 국왕이 기도를 올려 간청하면서 금옥 등의 진귀한 보석을 연못 속에 던졌는데 용왕이 나중에 이것들을 떠오르게 해서 승려들에게 가져가게 하였다. 이 절의 의식(衣食)은 이렇게 용의 도움으로 해결되었다. 그래서 세상 사람들은 이 절을 용왕사(龍王寺)라고 불렀다.

왕성 팔십 리에는 여래가 돌을 밟았던 자취가 있어 탑을 세워 보존하였다. 돌을 밟은 곳은 진흙탕을 밟은 것 같아서 재어 보면 혹은 길고 혹은 짧아 일정하지 않았다.[47] 지금 세운 절에는 승려가 일흔 명 정도 있다. 탑에서 남쪽으로 이십 보 떨어진 곳에는 천석(泉石)이 있다. 부처가 본래 청정하기 때문에 양지(楊枝)[48]를 씹다가 땅에 심었더니 바로 자라나 지금의 큰 나무가 되었다. 그곳 말로 파루(婆樓)라고 불렀다.

성 북쪽의 다라사(陀羅寺)에는 불사가 매우 많았다. 탑이 아주 크고 승방이 서로 이어지며 주위에는 금불상이 육천 구나 있었다. 왕이 해마다 무차대회(無遮大會)[49]를 이 절에서 열어 나라 안의 승려들이 구름처럼 모여들었다. 송운과 혜생은

47) 《대당서역기》 권3에는 "백수의 북쪽 기슭에 커다란 반석이 있는데 그 위에 여래께서 발로 밟으신 흔적이 있다. 보는 사람들은 각자의 복덕에 따라 그 흔적이 짧거나 길게 보인다"고 하였다.
48) 비구가 지니는 열여덟 가지 물건 중 하나로 치목(齒木)이라고도 한다. 인도에서는 승려뿐 아니라 일반인들도 버드나무 가지의 끝을 씹어서 그 액으로 이를 닦고 입을 씻는다.
49) 대개 봄에 전국의 사문을 모두 모이게 하여 불법을 토론하고 발원 보시하였다. 반사우슬(般闍于瑟)·

이 비구들이 계율에 따라 정진하고 고행하는 것을 보며, 그 풍모에 감동하여 더욱 공경하게 되었고 노비 두 명을 희사하여 스님들을 모시도록 하였다.

왕성으로부터 동남쪽으로 산행하여 여드레 가면 여래가 고행할 때 몸을 던져 굶주린 호랑이를 먹였던 곳이 있었다. 가파른 높은 산과 위태로운 산봉우리가 구름 속에 묻혀 있고 아름다운 나무와 영지가 무성하게 자랐다. 수풀과 샘이 아름답고 꽃의 화려한 색은 눈부셨다. 송운과 혜생은 여비를 덜어내어 산꼭대기에 탑을 하나 세우고 예서로 위나라의 공덕을 새겼다. 산에는 승려가 삼백여 명 있는 수골사(收骨寺)가 있었다.

왕성 남쪽으로 백여 리 떨어진 곳에 여래가 옛날에 마휴국(摩休國)에 있으면서 피부를 벗겨 종이로 삼고 뼈를 부러뜨려 붓으로 삼은 곳이 있었다.[50] 아육왕(阿育王)[51]이 높이 십 장의 탑을 만들어 그것을 보존하였다. 뼈를 부러뜨린 곳에는 골수가 돌 위에 흐른 자국이 있었다. 그 빛깔이 윤기 있게 반들거려 방금 흐른 것 같았다.

왕성 남쪽으로 오백 리쯤 되는 곳에 선특산(善特山)[52]이 있었다. 이곳의 맛 좋은 샘물과 과일 들은 경전에 기록되어 있다. 산골짜기는 온화하고 따뜻하여 풀과 나무 들이 겨울에도 푸르렀다. 당시는 따뜻한 기운이 불어오는 초봄으로 봄 나무 사이에서 새가 지저귀며 꽃 무리 사이에서 나비들이 춤을 추었다. 송운은 머나먼 이국에서 이 아름다운 광경을 보고 돌아가고 싶은 생각에 홀로 슬퍼하여 마음에

반차파슬(般遮婆瑟)·반차월사(般遮越師)·무차회(無遮會)라고도 한다.
50) 《대당서역기》 권3에 "마하벌 가람에서 서북쪽으로 산을 내려가 삼사십 리를 가다 보면 마유(摩愉) 가람에 이르는데 이곳에도 탑이 있다. …… 이 솔도파(率堵婆:Stūpa;탑)의 기단 아래에 돌이 있는데 황백색을 띠고 있고 언제나 습기를 머금고 있으며 매끄럽다. 옛날 여래께서 보살행을 닦으실 때에 정법을 듣기 위하여 이곳에서 뼈를 부러뜨려서 경전을 베껴 쓴 곳이다"라고 하였다. 이 부처의 본생담(本生譚)은 《현우경(賢愚經)》 권1, 《지도론(智度論)》 16·49, 《보살본행경(菩薩本行經)》 권하 등에서 볼 수 있다.
51) 인도 마우리아 왕조의 세 번째 왕 아쇼카이다. 아쇼카 왕은 기원전 274년 무렵부터 236년 무렵까지 재위에 있었다. 부왕이 죽은 후 이복형을 죽이고 즉위한 뒤 포악한 행동을 일삼았으나 불교에 귀의하여 불교를 왕국의 통일 이념으로 채택하였고, 주변 국가에 전법사(傳法使)를 파견하였다.
불법을 위해 자신이 이룩한 많은 업적들을 후세에 남기기 위해 바위와 석주에 칙령을 새겨 놓았다.
결과적으로 그의 노력은 불교가 인도라는 한계를 뛰어넘어 세계 문화사의 중심부에 자리잡도록 했다.
52) 원문에는 지(持)로 되어 있으나 특(特)이 맞다. 《위서》에는 단특산(檀特山)이라고 하였고 《대당서역기》 권2에는 탄다낙가산(彈多落迦山;형벌처란 뜻)이라고 되어 있다.
수대나 태자(須大拏太子)가 추방되어 은거했던 산이다.

병이 났다. 결국 지병이 재발하여 한 달을 끌었으나 바라문 주술을 쓴 이후에 완전히 나았다.

산꼭대기 동남쪽에 태자석실(太子石室)이 있는데 하나의 문에 두 개의 방으로 나누어져 있었다. 태자석실 앞 십 보쯤에는 크고 네모난 바위가 있는데 태자가 항상 그 위에 앉아 있었다고 하여 아육왕이 탑을 세워 기념하였다. 탑 남쪽 일 리 되는 곳은 태자가 초가를 지었던 곳이었다. 탑과 일 리 떨어져 동북쪽으로 오십 보를 내려가면 태자의 아이들이 나무를 에워싸고 떠나지 않자 바라문이 몽둥이로 그들을 때려 피를 뿌렸던 곳이 있었다.[53] 그 나무는 아직도 살아 있고, 피를 뿌린 땅은 지금 샘이 되었다.

석실에서 서쪽으로 삼 리 떨어진 곳은 제석천(帝釋天)[54]이 사자로 변하여 길에 웅크려 앉아 만저(嫚姤)를 막았던 곳[55]인데, 돌 위의 털과 꼬리, 발톱 자국이 당시까지도 모두 선명했다. 아주타굴(阿周陀窟)[56]과 섬자(閃子)[57]가 눈먼 부모를 공양하던 곳에 모두 탑을 세워 기념하였다. 산에는 옛날 오백 나한의 평상이 있는데 남북 두 열로 서로를 향하여 앉았던 곳으로 순서대로 마주하였다. 그곳에 승려

53) 수대나 태자는 만저와의 사이에서 남매를 낳았다. 태자는 보시를 매우 좋아하여 왕의 보석을 성문 밖에 갖다 놓고 아무나 가져가게 하거나 왕의 흰 코끼리를 적국에 주기도 하였다. 왕이 노하여 태자를 나라 밖으로 추방하였다. 태자는 처와 아이들을 데리고 단특산으로 가서 초옥(草屋)을 짓고 살며 샘물과 풀열매를 먹었다. 당시 구류국(鳩留國)의 한 바라문이 와서 태자의 두 아이를 데려다가 노비를 삼겠다고 하였다. 태자는 두 아이를 주었으나 아이들은 가지 않으려고 하였다. 바라문이 밧줄로 아이들을 묶어 데려갔다. 아이들은 도중에 밧줄을 나무에 걸고 매달려 따라가지 않으려고 하면서 어머니가 오지 않을까 곁눈질하였다. 바라문이 몽둥이로 그들을 때려 피를 흘린 후에야 따라갔다.
54) 수미산의 꼭대기에 있다는 도리천을 주재하는 천신으로 선견성(善見城)에 머물며 사천왕과 삼십이천을 통솔하면서 불법과 불법에 귀의하는 사람을 보호하고 아수라의 군대를 정벌한다.
55) 수대나 태자가 바라문에게 두 아이를 보시하려고 할 때 그의 부인 만저는 산에 있다가 갑자기 왼쪽 발 아래에 종기가 나고 오른쪽 눈꺼풀에 경련이 일어나며 유방에서 젖이 흘러 아이들에게 이변이 일어났다고 생각하고 급히 돌아오려 하였다. 그것을 본 제석천은 그녀가 돌아오면 태자의 보시행이 방해될까봐 사자로 변하여 길에서 웅크리고 있다가 그녀가 돌아오는 길을 막았다.
56) 수대나 태자가 추방되었던 단특산에 아주타라고 하는 높은 덕을 지닌 선인(仙人)이 살고 있던 석굴이다. 태자가 이 선인을 스승으로 섬겼다.
57) 섬마가(晱摩迦)·상막가(商莫迦)라고도 한다. 가이국(迦夷國)에 섬자라는 열 살 된 아이가 살고 있었다. 그의 부모는 모두 눈이 멀었다. 섬자는 부모를 지극하게 모시고 산에 들어가서 살았다. 어느 날 부모님이 목이 마르다고 하여 섬자가 물을 길러 갔는데 마침 가이국왕(迦夷國王)이 산에서 사냥을 하다가 잘못하여 섬자를 쏘아 맞혔다. 맹인 부모들이 하늘을 우러러 탄식하기를, "섬자는 지극히 효성스러우니 하늘이 아시면 그 아이를 다시 살려주십시오"라고 하였다. 이에 범석사천(梵釋四天)이 내려와서 섬자에게 신약(神藥)을 먹이고 화살을 뽑아 살려 내었다. 부모가 놀라 기뻐하여 두 눈이 모두 뜨였다고 한다.

삼백 명의 큰 절이 있었다. 태자가 먹던 샘의 북쪽에도 절이 있어 항상 몇 마리의 당나귀가 모는 사람이 없어도 산 위로 식량을 운반하며 자연스럽게 오고 갔다. 인시(寅時)에 출발해 오시(午時)에 점심을 먹을 때쯤 도착했다. 탑을 보호하는 신인 습파선(濕婆仙)[58]이 그렇게 시킨 것이다. 옛날에 이 절의 어떤 사미가 항상 회칠을 하고 선정(禪定)에 들었는데 유나(維那)[59]가 그를 붙잡자 모르는 사이에 피부에 붙어있던 뼈가 떨어져 나가게 되었다.[60] 습파선이 사미를 대신하여 회칠하던 곳에 국왕이 습파선을 위해 사당을 세워주고 그 형상을 그려서 금박을 입혔다.

산 고개를 사이에 두고 야차(夜叉)[61]가 만든 파간사(婆奸寺)가 있는데 승려 여든 명이 있었다. 나한과 야차가 항상 와서 공양하고 청소하며 땔나무를 해 놓는다고 하였다. 범속한 비구는 이 절에서 살 수 없었다. 위나라의 사문 도영(道榮)[62]도 이곳에 이르러 예배를 한 후 감히 머물지 않고 떠났다고 한다.

정광(正光) 원년(520) 4월 중순에 건타라국(乾陀羅國)[63]에 들어갔다. 토지는 오장국과 비슷하였다. 본래의 이름은 업파라국(業波羅國)으로 갈달국에게 멸망 당하자 이내 칙근(勅懃)[64]을 왕으로 세웠다. 칙근이 나라를 다스린 이래 이미 이 대(二代)를 지났다. 그는 나면서부터 성격이 흉포하여 살육을 많이 하고 불법을 신봉하지 않고 귀신에게 제사 지내는 것을 좋아하였다. 나라의 백성들이 모두 바라문의 종족으로 불법을 존숭하여 경전 읽기를 좋아하였는데 갑자기 이런 왕을

---

58) 인도 힌두교 3대 신 중 하나인 시바(Shiva)신이 불교에 습합되어 선(仙)이 된 것이다. 파괴와 창조의 양극을 구현하는 신격(神格)이다.
59) 도유나(都維那)를 말한다. 절의 사물을 맡고, 모든 일을 지휘하는 소임을 가졌다.
60) 감각의 작용을 모두 끊어버려 선정(禪定)의 삼매경에 이른다는 의미이다.
61) 인도 민간 신앙에서는 야차가 나무의 신, 산의 신, 토지의 신으로 인간들에게 풍요한 결실, 부귀를 가져다 주는 신격으로 자리하였다. 이것이 불교권으로 들어와 팔부신중(八部神衆)의 한 무리로서 역할을 담당하였다. 불법 수호 임무 중 탑을 보호하는 데서 단연 두각을 나타내 인도의 불탑에 이 야차상이 많이 조각되어 있는 것도 이런 이유이다.
62) 도영에 대해서는 기록을 찾을 수 없으나 도약(道藥)이란 인물은 여러 기록에 나오기 때문에 도약일 것이라고 추정하기도 한다. 당나라 도선(道宣)의 《석가방지(釋迦方志)》 권2에는 도약이 서역의 나라들을 다녀간 기록이 보이고, 《속고승전》 권10에는 도약이 12세의 나이에 출가하였다는 기록이 보인다. 《교석》 107쪽, 《교주》 317쪽의 주30 참고.
63) 130쪽의 주46 참고.
64) 중앙아시아와 서아시아에 세워졌던 돌궐계 민족의 여러 국가에서 그 군주[可汗]의 근친에게 부여했던 칭호이다.

얻게 되니 마음속으로 깊이 열망하던 왕이 아니었다. 왕은 스스로 용맹하다고 믿어 계빈(罽賓)[65]과 국경을 다투었다. 파병하여 계속 싸운 지 이미 삼 년이 지났다. 왕에게는 전투용 코끼리 칠백 마리가 있었는데 한 마리가 열 명을 태웠다. 병사들은 손에 칼을 쥐고 코끼리 코에도 칼을 묶어 적과 싸웠다. 왕은 항상 국경에 머무르고 종일토록 돌아가지 않았다. 병사들은 지치고 백성들은 원망하였다.

송운은 군영에 가서 조서를 전달하였으나, 왕은 흉악하고 거만하며 예의가 없어 앉은 채 조서를 받았다. 송운은 이 변방의 오랑캐를 제압할 수 없다고 생각하여 방자함을 그냥 둔 채 꾸짖지 않았다. 왕은 역관을 시켜 송운에게 말하였다.

"당신은 여러 나라를 거치며 험난한 길을 다니느라 무척 힘드셨겠습니다."

"우리 황제가 대승(大乘)의 가르침을 깊이 받고자 하여 멀리서 경전을 구하러 온 것이니 길이 비록 험해도 감히 피곤하다고 말할 수 없습니다. 대왕은 친히 삼군을 거느리고 멀리 변경까지 나가서 순식간에 덥고 추운 계절을 모두 보내시니 피곤하지 않으십니까?"

"나는 작은 나라도 복종시키지 못하는데 당신이 이렇게 물으시니 부끄럽습니다."

처음에 송운은 왕이 오랑캐여서 예로써 꾸짖을 수 없다고 생각하여 자리에 앉은 채 조서를 받는 것을 그대로 두었다. 그러나 친하게 말을 주고받게 되니 인정이 느껴져 드디어 왕을 꾸짖었다.

"산에도 높고 낮음이 있고 물도 깊고 얕은 것이 있듯이 세상에 처한 인간 역시 존귀하고 천한 것이 있습니다. 갈달국과 오장국의 왕도 모두 절을 하며 조서를 받았는데 대왕은 어찌 홀로 절을 하지 않으십니까?"

"내가 위나라 임금을 만나면 절하겠지만 조서를 앉아서 읽었다고 무엇이 이상합니까? 세상 사람들도 부모의 편지를 받으면 앉아서 읽습니다. 대위(大魏)는 우리 부모와 같은데 나 역시 앉아서 읽었다고 이치에 잘못이 있겠습니까?"

송운은 그를 굴복시키지 못하였다. 결국 송운은 어느 절로 인도되었는데 주는 것이 매우 박하였다. 당시 발제국(跋提國)에서는 사자 새끼 두 마리를 건타라 왕

에게 보냈는데 송운 등이 보고 용맹스러움에 놀랐다. 중국에서 그린 것은 실제 모습과 거리가 있다고 생각하였다.

또 서쪽으로 간 지 닷새 만에 여래가 자신의 머리를 베어 다른 사람에게 준 곳[66]에 이르렀다. 이곳에도 절과 탑이 있는데, 승려 삼십여 명이 있었다.

다시 서쪽으로 사흘 가서 신두대하(辛頭大河)[67]에 이르렀다. 이 강 서쪽 언덕 위에는 여래가 마갈대어[摩竭大魚][68]가 되어 강에서 나와 열두 해 동안 그 육신으로 사람들을 구제한 곳[69]이 있었다. 그곳에도 탑을 세워 기념하였다. 그 돌 위에는 아직도 물고기의 비늘 무늬가 남아 있었다.

다시 서쪽으로 사흘 가서 불사복성(佛沙伏城)[70]에 이르렀다. 하천가의 평야는 비옥하고 성곽은 단정하며 인구가 많고 산림이 무성하였다. 땅에서는 진귀한 보화가 많이 생산되고 풍속은 순박하고 선하였다. 성의 안팎에는 오래된 절이 있었다. 덕망이 높은 이름난 승려들은 모두 수양이 높고 빼어났다. 성 북쪽으로 일 리 되는 곳에 백상궁(白象宮)이 있었다. 절 안의 불상들은 모두 돌로 만들어져 매우 아름답고 장엄하였으며 그 수도 많았다. 전신에 금박을 입혀서 사람들의 눈을 현란하게 하였다. 절 앞에 흰 코끼리를 묶어 둔 나무가 있었는데 이 절의 흥함은 실제로 이것 때문이었다. 꽃과 잎은 대추나무와 같고 늦겨울에 비로소 열매가 익었

---

66) 석가모니가 과거세에 현석국(賢石國)의 월광왕(月光王)이었는데, 보시를 매우 좋아하였다. 어느 날 악안(惡眼)이라는 바라문이 왕의 머리를 달라고 하자 월광은 기꺼이 자신의 머리를 잘라내 주었다. 《대당서역기》 권3 달차시라국(呾叉始羅國)에 나오는 유적이다. 달차시라국은 지금의 파키스탄의 라왈핀디(Rāwalpindi) 북서쪽으로 약 35킬로미터 떨어진 탁실라(Taxila)에 있던 소국이다.
67) 지금의 인더스 강을 말한다. 여기서는 인더스 강 상류 현재의 파키스탄 북동부 지역으로 흐르는 지점을 말한다.
68) 전설상의 동물로 고래처럼 커다란 물고기이다.
69) 석가모니가 과거세에 발미왕(跋彌王)이었을 때 나라의 백성들이 모두 창병(瘡病)이 들었다. 의원이 생선을 먹으면 차도가 있을 것이라고 말하자, 왕은 물가의 나무 위로 올라가 물고기가 되기를 원하며 나무에서 물 속으로 몸을 던져 물고기가 되었다. 그리고 병자들에게 와서 자신의 육신을 먹으라고 하였다. 병자들이 그것을 먹고 차도가 있자 모두 와서 고기를 먹으니 병은 완전히 없어졌다. 《보살본행경》 권하.
70) 《대당서역기》 권2에는 발로사성(跋虜沙城)으로 되어 있다. 지금의 파키스탄의 페샤와르(Peshawar) 동북쪽으로 65킬로미터 떨어진 지점에 위치하는 삼면이 산에 둘러싸여 있는 곳으로 추정된다. 오늘날에는 매주 시장이 서는 지방 촌락에 지나지 않지만 과거에는 간다라의 거대한 도시이며 교통의 요충지로서 번영했다.

다. 나이든 노인들이 "이 나무가 없어지면 불법도 없어지리라"고 전하였다. 절 안에는 태자 부부가 바라문에게 아이들을 주는 상이 그려져 있는데 그것을 보고 슬프게 울지 않는 호인(胡人)이 없었다.

다시 서쪽으로 하루 가서 여래가 눈을 뽑아 다른 사람에게 준[71] 곳에 이르렀다. 역시 이곳에도 탑과 절이 있었는데 절의 돌 위에는 가섭불(迦葉佛)[72]의 자취가 있었다.

또 서쪽으로 하루를 가서 배를 타고 폭이 삼백여 보나 되는 깊은 강을 건넜다.

다시 서남쪽으로 육십 리를 가서 건타라성(乾陀羅城)[73]에 이르렀다. 동남쪽으로 칠 리를 가면 작리탑(雀離塔)[74]이 있었다. 《도영전(道榮傳)》에는 "성의 동쪽 사 리에 있다"고 하였다. 그 유래를 살펴보면 여래가 이 세상에서 제자와 함께 다니며 교화를 펼칠 때 성의 동쪽을 가리키며 "내가 열반한 이백 년 후에 가니색가(迦尼色迦)[75]라는 이름의 국왕이 이곳에 탑을 세울 것이다"라고 말하였다. 부처가 열반한 지 이백 년 후에 과연 가니색가라는 이름의 국왕이 있었다. 그가 성의 동쪽을 유람하다가 아이 네 명이 소똥으로 삼 척 높이의 탑을 쌓는 것을 보았는데 갑자기 아이들이 없어져 버렸다. 《도영전》에는 "아이들이 허공에서 왕에게 게(偈)[76]를 읊어주었다"고 되어 있다. 왕은 이를 이상하게 생각하여 곧 탑을 세웠

71) 석가모니가 과거세에 월명왕(月明王)이었을 때 맹인을 만났는데 그가 왕의 눈을 뽑아 자기에게 주어 볼 수 있게 해달라고 하자 월명왕은 그대로 두 눈을 뽑아 보시하였다. 《대당서역기》 권2에도 이에 관한 기록이 있다. 《현우경》 권32, 《불본행집경(佛本行集經)》 권5, 《방광대장엄경(方光大莊嚴經)》 권5 등에 이 본생담이 보인다.

72) 마하가섭(摩訶迦葉)의 약칭. 석가모니의 십대 제자의 한 사람으로 두타행(頭陀行)의 제일(第一)로 칭해졌다. 불타가 입멸한 후, 교단의 통솔자가 되어 제1회 경전결집(經典結集)을 이루었다.

73) 《대당서역기》 권2에 건타라국(健馱邏國)의 큰 도성은 포로사포라(布路沙布邏)라고 하였다. 이곳은 쿠샨 왕조 시절에 건설되었으며 지금의 카불(Kabul) 강 남안, 파키스탄 북부 페샤와르이다.

74) 페샤와르 동남쪽으로 1킬로미터 떨어진 지점에 있는 카니시카(Kanishka) 대탑이다. 《위서》 권102 〈서역열전〉, 《대당서역기》 권2에 이 작리탑에 대한 기록이 보인다. 지금도 이 탑의 터는 남아 있지만 그 위에 어떤 건축물이 세워져 있는지는 의문이다. 탑의 터 지하에서 동제 원통형 사리용기를 발굴하였는데, 현재 페샤와르 박물관에 소장되어 있다.

75) 쿠샨(Kushan) 왕조의 카니시카 왕을 말한다. 간다라 왕국을 세우고 불교를 옹호한 이름난 임금이다. 월지국 왕이 되었다. 나라의 세력을 널리 떨치고, 불교에 귀의하여 그 진흥에 힘썼다. 구입 가능한 모든 불전을 수입하여 그에 대한 논서를 편찬한 카슈미르(Kashmir) 결집을 이루어 내었다.

다. 그런데 똥탑이 점점 높아져 탑보다 사백 척이나 높이 올라간 뒤에야 그쳤다.
왕은 탑의 기단을 삼백여 보로 넓혔다.《도영전》에는 "삼백구십 보다"라고 하였
다. 땅에서 나무를 얽어 비로소 같은 높이가 되었다.《도영전》에는 "높이 삼 장이
고 모두 무늬 있는 돌을 사용해서 계단과 두공을 만들고 위로 많은 나무를 얽어
서 모두 십삼 층이다"라고 하였다. 탑 위의 철주(鐵柱)는 높이 삼백 척, 금반(金
盤) 십삼 층으로 모두 칠백 척이었다.《도영전》에는 "철주 팔십팔 척, 둘레 팔십
위(圍),[77] 금반 십오 층으로 모두 육십삼 장 삼 척이다"라고 하였다. 공사가 다 끝
나자 똥탑은 처음과 같이 되어 큰 탑의 남쪽 삼백 보 떨어진 곳에 있었다. 당시 어
떤 바라문이 이것이 똥으로 된 것을 믿지 않고 손으로 눌러 확인하여 결국 구멍
을 하나 만들었다. 오랜 세월이 지나도 똥은 썩지 않고 향기 나는 진흙〔香泥〕으로
구멍을 메워도 채워지지 않았다. 지금은 천궁(天宮)으로 씌워 놓았다.

　작리탑이 세워진 이래로 세 차례나 큰 화재가 나서 왕이 수리하여 원래대로 복
원하였다. 나이든 노인들이 "이 탑에 불이 일곱 번째 나면 불법도 당연히 없어지
게 될 것이다"라고 말하였다.《도영전》에는 "왕이 탑을 수리하여 목재 공사가 이
미 끝나고 철주 일이 남았는데, 철주를 들어올릴 수 있는 사람이 없었다. 왕은 탑
주위 사방에 높은 누각을 만들어 금은과 여러 보물을 많이 놓고 부인 및 여러 왕
자들과 올라가서 향을 피우고 꽃을 뿌려 진심으로 신에게 청했다. 그런 뒤에 거
중기에 끈을 묶어 한 번에 올렸다. 그래서 호인(胡人)들은 모두 사천왕(四天王)
이 도왔다고 하였다. 그렇지 않다면 정말 인간의 힘으로 올릴 수 없는 것이다"라
고 하였다.

　탑 안의 불물(佛物)들은 모두 금과 옥으로 만들었는데 각양각색의 아름다움은
말로 표현하기 어려웠다. 아침 해가 떠오르면 금반은 밝게 빛나고 미풍이 불어오
면 보탁(寶鐸)도 함께 울렸다. 서역의 탑 가운데 최고였다. 이 탑을 처음 세울 때
진주로 망을 만들어 탑 위에 덮었다. 몇 년이 지난 후 왕은 진주 망이 만금의 값어
치가 되니 자신이 죽은 후 다른 사람이 빼앗아갈 것이 두렵고, 또 탑이 파괴되면

76) 게송(偈頌)이란 경론 가운데 글귀로서 부처님의 공덕을 찬탄하거나 교리를 기록한 것으로 글자 수와
글귀의 수에는 규정이 있는데 세 글자에서 여덟 글자를 한 구로 하고 네 구를 하나의 게송으로 한다.
77) 일 위(圍)는 오 촌(寸)이다. 팔십 위는 사백 촌, 즉 사십 척에 해당된다.

수리할 사람이 없을 것이라고 염려하여 진주 망을 벗겨 구리로 만든 가마솥에 담아 탑에서 서북으로 일백 보 떨어진 땅에 묻었다. 그 위에 나무를 심고 나무 이름을 보리(菩提)[78]라고 하였다. 가지는 사방으로 뻗고 잎이 무성하여 하늘을 가렸다. 나무 아래 높이 일 장 오 척 되는 좌불상(坐佛像)[79]이 네 개 있고, 용 네 마리가 진주 망을 항상 지키고 있어 만약 훔치려는 마음을 품고 있는 자가 있으면 곧 재난이 일어났다. 돌에 새긴 명문에는 "후세 사람에게 부탁한다. 만약 이 탑이 무너지면 고생스럽더라도 뒷날의 현자가 이 진주 망을 꺼내 수리하라"고 씌어 있었다.

작리탑 남쪽 오십 보 떨어진 곳에 석탑이 하나 있었다. 모양이 둥글고 높이가 이 장이었다. 매우 신기한 영험이 있어서 세상 사람들에게 길흉을 알려 주었다. 손가락을 대면 길한 자에게는 금방울이 응하여 울리고, 흉한 자는 금방울을 흔들어도 울리지 않았다.[80] 혜생은 먼 나라에 있어 무사히 돌아갈 수 있을까 두려워했기 때문에 이 영험이 있는 탑에 절하고 한 가지 효험을 구하고자 하였다. 그래서 그 탑에 손가락을 대니 방울이 곧 울렸다. 이런 결과를 얻자 마음에 위로가 되었다. 뒤에 과연 그는 무사히 돌아올 수 있었다.

혜생이 처음 낙양을 떠날 때 황태후가 칙명으로 오색의 백 척 기[幡] 천 개, 비단 향주머니 오백 개를 하사하였고, 왕공과 경대부 들도 기 천 개를 주었다. 혜생이 우전국에서 건타라국까지 불사가 있는 곳마다 나누어주어서 이곳에 이르니 다 없어지고 오직 태후가 준 백 척의 기 한 개만이 남아 있어 시비왕(尸毗王) 탑에 바치고자 하였다. 송운은 노비 두 명을 작리탑에 바쳐 평생토록 받들게 하였다. 혜생은 마침내 여비를 줄여 능력 있는 장인을 뽑아 구리로 작리탑을 본뜬 것과 석가 사탑(四塔)[81]의 변상(變相)[82]을 제작하였다.

78) 《대당서역기》 권2에는 이 나무의 이름을 '비발라수(卑鉢羅樹)'라고 하였다. 이것이 보리수의 원래 이름이다. 석가모니가 이 나무 아래에서 깨달음(bodhi)을 얻었다고 하여 그 후로 보리수(Bodhidruma)가 되었다.
79) 《대당서역기》 권2에 "과거 네 분의 부처께서 이 아래에 앉으셨는데 지금도 네 분 부처의 좌상이 있다"라고 하였다. 석가모니불 이전에 출세(出世)하신 부처님으로는 비바시불(毘婆尸佛)·시기불(尸棄佛)·비사부불(毘舍浮佛)·구류손불(拘留孫佛)·구나함모니불(拘那含牟尼佛)·가섭불(迦葉佛)이 있고, 여기에 석가모니불을 포함하여 칠불(七佛)이라고 한다. 이 중에 앞의 세 부처님을 과거장엄(過去莊嚴)의 삼불이라고 하고, 뒤의 사불을 현재현겁(現在賢劫)의 사불이라고 한다.
80) 《대당서역기》 권2에 소개되어 있는 혜라성(醯羅城) 안에 이것과 매우 유사한 탑이 소개되어 있다.
81) 부처가 자신의 육체를 잘라 비둘기에게 주었던 곳, 눈을 뽑아 사람에게 주었던 곳, 머리를 잘라내어

또 서쪽으로 이레를 가서 큰 강을 건너 여래가 시비왕이 되어 비둘기를 구한 곳에 이르렀다.[83] 이곳에도 탑과 절을 세웠다. 옛날 시비왕의 창고에 불이 났는데 그 안에 있던 벼가 불에 그을린 채 지금까지도 남아 있었다. 그 낟알 하나만 먹으면 영원히 학질에 걸리지 않았다. 그 나라 백성들은 반드시 금기의 날을 기다려 그것을 얻었다.

《도영전》에는 "나가라아국(那伽羅阿國)[84]에 부처의 두개골이 있는데 직경 사 촌으로 황백색이고 아래에는 사람의 손가락이 들어갈 정도의 구멍이 여러 개 있어 아래에서 올려다보면 벌집처럼 보인다. 기하람사(耆賀濫寺)[85]에는 가사 열세 벌이 있는데 자로 재어보면 어떤 것은 길고 어떤 것은 짧다. 또 길이 일 장 칠 척 되는 석장(錫杖)은 나무통에 담아 금박을 그 위에 입혔다. 이 지팡이의 무게는 일정하지가 않아서 무거울 때는 백 명도 들 수 없으나, 가벼울 때는 한 사람이 들 수 있었다. 나갈성(那竭城)에서는 부처의 어금니와 머리카락을 보석으로 만든 함에 넣어 두고 아침 저녁으로 공양하였다. 구파라굴(瞿波羅窟)[86]에 이르러 부처의 그림자를 보았다. 산굴에 들어가 열다섯 걸음 정도 떨어져 서쪽 문을 향해 멀리 쳐다보면 여러 부처의 상호(相好)가 확연하게 보이지만 가까이에서는 어두워 보이지 않는다. 손으로 문지르면 오직 석벽뿐이다. 점점 물러나면 비로소 그 상호가

사람에게 주었던 곳, 몸을 던져 호랑이를 먹인 곳의 네 군데에 탑을 세운 것을 말한다.
82) 정토(淨土)의 모양이나 지옥의 모양 등을 그린 그림이다. 진상(眞相)을 변하여 그림으로 그렸기 때문에 변상이라 한다. 이는 지옥의 모양을 보여 악한 것을 그치게 하며 혹은 더러운 세계를 싫어하고 깨끗한 세계를 즐기게 하는 연(緣)이 되게 하거나, 혹 정토의 모양을 관상하는 방법의 하나로 사용하기 위해 그린 것이다.
83) 자비행을 닦고 있던 시비왕을 위해 제석천이 매가 되고 비수갈마천(毘首羯摩天)이 비둘기가 되어 비둘기가 매의 추격을 피하여 왕의 겨드랑이 밑으로 도망가자 매가 비둘기를 달라고 하였다. 그러자 시비왕은 자신의 몸을 매에게 내어주며 비둘기의 목숨을 구하였다. 《대당서역기》 권3에는 이곳이 마유가람에서 서쪽으로 육칠십 리 떨어진 지점에 있다고 하였다.
이 본생담에 대해서는 《보살본행경》 권하, 《현우경》 권1 등에서 보인다.
84) 지금의 아프가니스탄 동북부 제랄라바드(Jelalabad)를 중심으로 하는 카불 강 남부 지역으로 추정된다. 현재도 불교 유적이 많은 것으로 유명하다. 《대당서역기》 권2 나게라갈국(那揭羅曷國)이다.
85) 기하람은 산크리스트 어로 Khakkhara인데 석장(錫杖)이라는 뜻이다. 이 절에는 부처의 가사와 석장이 함께 안치되어 있었다고 한다.
86) 용이 사는 굴이라고 한다. 이 용은 원래 소를 치는 남자였다고 한다.
범어로 소 치는 사람을 고괄라(gopāla)라고 하는데 이를 음차하여 이 이름이 붙여졌다.
이 동굴이 있었던 장소는 지금의 아프가니스탄 동북부 제랄라바드의 남쪽으로 추정한다.

보인다. 용안이 걸출하여 세상에는 드문 것이다. 굴 앞에 네모난 돌이 있는데 돌 위에는 부처의 자취가 남아 있다. 굴 서남쪽으로 백 보 가면 부처가 옷을 빨던 곳이 있다. 굴 북쪽 일 리쯤 되는 곳에 목련굴(目連窟)[87]이 있고, 굴 북쪽에 산이 있다. 산 아래에는 일곱 부처[88]가 손수 만든 탑이 있다. 높이가 십 장이다. 이 탑이 땅으로 꺼져 버리면 불법도 없어지게 될 것이라고 한다. 나란히 일곱 기의 탑이 있고, 이 탑들 남쪽에 돌에 씌어진 명문(石銘)이 있는데 여래가 손수 쓰신 것이라 한다. 인도 문자가 분명하여 지금도 알아볼 수가 있다"고 하였다.

혜생은 오장국에서 두 해 동안 있었는데 서쪽 오랑캐의 풍속은 큰 차이가 없어서 다 기록할 필요가 없었다. 정광 2년(521) 2월에 비로소 위나라 조정으로 돌아왔다.[89]

내가 살펴보면 《혜생행기(惠生行記)》[90]에는 기록되지 않은 일들이 많아서 지금 《도영전》과 《송운가기(宋雲家記)》에 의존하여 함께 실어서 빠진 문장을 보충하였다.

---

87) 목련존자(目連尊者)가 입정(入定)했던 곳이다. 목련존자는 석가모니의 십 대 제자 중 한 사람으로 신통제일(神通第一)로 칭해진다.
88) 원문에는 육불(六佛)이라고 되어 있으나 칠불이어야 한다. 칠불에 대해서는 198쪽의 주79 참고.
89) 《위서》 권114 〈석로지(釋老志)〉에는 혜생이 정광 3년 겨울에 도착하였다고 하였다. 이에 대해 혜생은 정광 3년 겨울에, 송운은 정광 2년 2월에 각각 따로 도착하였다고 보는 설도 있다.
90) 여기에는 《혜생행기(惠生行記)》로 되어 있는데, 《수서(隋書)》 권33 〈경적지(經籍志)〉2에는 《혜생행전(慧生行傳)》 1권이라고 되어 있다.

京師廓外諸寺

낙양 성곽 밖의 여러 절

 낙양은 동서 이십 리, 남북 십오 리이며, 십만 구천여 호(戶)가 있었다. 종묘·사직·궁실·관서 외에 사방 삼백 보를 일 리로 하고, 리에는 네 개의 문을 두었다. 각 문에 이정(里正) 두 명, 리(吏) 네 명, 문사(門士) 여덟 명을 두었는데, 모두 이백이십 리였다. 사찰은 천삼백육십칠 곳이 있었다. 천평(天平) 원년(534) 업성으로 천도하였을 때 낙양에 남아 있던 사찰은 사백이십일 곳이었다. 북망산(北芒山) 위에 풍왕사(馮王寺)[91]·제헌무왕사(齊獻武王寺)[92]가 있었다. 도성 동쪽의 석관(石關)에는 원령군사(元領軍寺)[93]·유장추사(劉長秋寺)[94]가 있었다. 숭산의 산중에 한거사(閒居寺)[95]·서선사(栖禪寺)·숭양사(嵩陽寺)·도량사(道場寺)가 있었다. 산 위에는 중정사(中頂寺), 동쪽에 승도사(升道寺)가 있었다. 도성 남쪽의 관구(關口)에는 석굴사(石窟寺)[96]·영암사(靈巖寺)가 있었다. 도성

---

91) 44쪽의 주65 참고.

92) 제헌무왕은 고환(高歡)의 시호이다. 그는 이주조가 장제를 시해하자 거병하여 이주조를 토벌하고 발해왕에 봉해져 그가 옹립했던 효무제의 승상으로서 권세를 휘둘렀지만 효무제가 장안으로 도망가자 효정제를 세워 업으로 천도하였다.

93) 원령군은 영군장군(領軍將軍)에 임명되었던 원차(元叉)를 말한다. 50쪽의 주88 참고.

94) 유장추는 장추령경에 임명되었던 유등을 말한다. 49쪽의 주83 참고.

95) 세조 때 불교에 깊이 통탈했던 풍량(馮亮)을 위해서 세종이 숭산의 좋은 땅을 골라서 세워주었던 절이다.

96) 중국 불교 미술의 보고로서 지금의 원강석굴(雲岡石窟)과 어깨를 겨루는 룽먼석굴(龍門石窟)이다. 《위서》권114 〈석로지〉에 의하면 룽먼석굴의 제작은 세종이 대경(代京)의 영암사 석굴의 크기를 모방하여 고조와 문소 황태후를 공양하기 위해 경명 원년(500)부터 만들기 시작하여 정광 4년(523)까지 계속했던 대사업이다.

서쪽 전수(瀍水)와 간수(澗水) 사이에 백마사(白馬寺)·조락사(照樂寺)가 있었다. 이런 절들은 도성 밖에 있는 데다 수를 제한하지 않아도 되기 때문에 여기에 자세히 열거하였다.

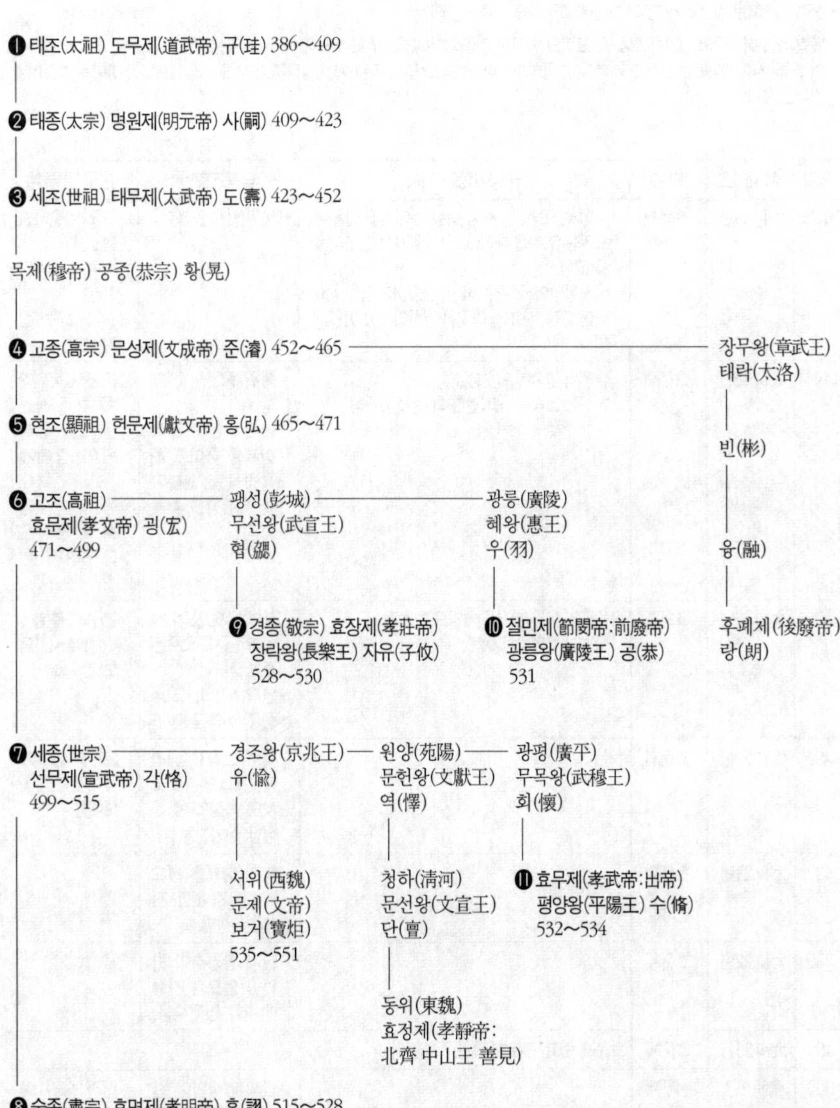

❶ 태조(太祖) 도무제(道武帝) 규(珪) 386~409
❷ 태종(太宗) 명원제(明元帝) 사(嗣) 409~423
❸ 세조(世祖) 태무제(太武帝) 도(燾) 423~452
목제(穆帝) 공종(恭宗) 황(晃)
❹ 고종(高宗) 문성제(文成帝) 준(濬) 452~465
장무왕(章武王) 태락(太洛)
❺ 현조(顯祖) 헌문제(獻文帝) 홍(弘) 465~471
빈(彬)
❻ 고조(高祖) 효문제(孝文帝) 굉(宏) 471~499
팽성(彭城) 무선왕(武宣王) 협(勰)
광릉(廣陵) 혜왕(惠王) 우(羽)
융(融)
❾ 경종(敬宗) 효장제(孝莊帝) 장락왕(長樂王) 자유(子攸) 528~530
❿ 절민제(節閔帝:前廢帝) 광릉왕(廣陵王) 공(恭) 531
후폐제(後廢帝) 랑(朗)
❼ 세종(世宗) 선무제(宣武帝) 각(恪) 499~515
경조왕(京兆王) 유(愉)
원양(苑陽) 문헌왕(文獻王) 역(懌)
광평(廣平) 무목왕(武穆王) 회(懷)
서위(西魏) 문제(文帝) 보거(寶炬) 535~551
청하(淸河) 문선왕(文宣王) 단(亶)
⓫ 효무제(孝武帝:出帝) 평양왕(平陽王) 수(脩) 532~534
동위(東魏) 효정제(孝靜帝: 北齊 中山王 善見)
❽ 숙종(肅宗) 효명제(孝明帝) 후(詡) 515~528

전사(前史)

· 중국:탁발씨 북위 건립(386), 화북 통일(439), 균전제 실시(485).
· 고구려:372년 전진(前秦)에서 순도(順道) 불교 전래.
· 백제:384년 동진(東晋)에서 불교 전래.
· 신라:눌지마립간(417~457) 연간에 고구려에서 불교 전래.
· 유럽:서로마제국이 멸망하고(476) 프랑크 왕국이 건립되어(486). 동로마제국, 동·서고트 왕국과 브르군디, 프랑크 왕국 등
이 병립. 서아시아에는 사산조 페르시아, 중앙아시아에는 에프탈, 인디아에는 굽타왕조 시대이고, 일본에선 야마토 정권이 성
립되던 시기임.

서기	북위연호	북위왕	낙양가람기 기사	남북조일반	한국 및 세계
493	太和 17년	효문제	·낙양 천도 계획. 사공 목량 등에게 궁실을 지으라는 조칙을 내리고 사당에 가서 천도의 뜻을 고함. ·국자학당의 《전론》 비 6기 중 4기의 비석이 남아 있음. 고조가 이곳을 권학리라고 이름 붙임.	·북위:남제 공격.	·고구려:문자명왕 2년. ·백제:동성왕 15년. ·신라:소지마립간 15년.
494	太和 18년	효문제	·남제의 왕숙이 귀순함. ·천하에 조칙을 내려 천도의 뜻을 깨우침.	·북위:용문석굴 개착. ·남제:소연(명제)이 황제를 죽이고 해릉왕을 세웠다가 곧 해릉왕을 폐하고 자립.	·고구려:북위에 두 차례 사신을 보냄. 남제 왕이 왕에게 관작을 보내옴. 부여 멸망하고 왕실은 고구려에 투항.
495	太和 19년	효문제	·육궁과 문무 관서를 낙양으로 옮김. ·상경이 율학박사가 됨.	·북위:남제 공격. 선비어 금지. 오수전 주조. ·남제:사혁의 《고화품록》 이룩됨.	·고구려:북위에 두 차례 사신을 보냄.
496	太和 20년	효문제		·북위:조칙을 내려 탁발씨를 원씨로 고치고 족성(族姓)을 정함. 상평창을 둠.	·고구려:남제가 왕에게 관작을 보내옴.
497	太和 21년	효문제		·북위:남제를 쳤으나 이기지 못함. 저(氐)를 정벌.	
498	太和 22년	효문제		·남제:왕경칙이 반란을 일으켜 사형에 처함. 명제 죽음.	
499	太和 23년	효문제	효문제 죽고, 선무제 즉위.		
500	景明 1년	선무제		·남제:배숙업이 반란 일으킴. 소연이 군사를 일으킴.	·신라:승려 아도가 고구려로부터 옴. 소지

서기	북위연호	북위왕	낙양가람기 기사	남북조일반	한국 및 세계
500	景明 1년	선무제			마립간 죽고, 지증마립간 즉위.
501	景明 2년	선무제	·남제의 소보인이 귀순하자 회계공에 봉함. 장경인이 소보인을 따라 귀화하자 우림감에 임명함.	·남제:안강왕 소보융 자립.	·고구려:북위에 두 차례 사신을 보냄. ·백제:동성왕 죽고, 무령왕 즉위.
502	景明 3년	선무제	·경명사를 세움. ·비구 도항이 성의 서쪽 황녀대 위에 영선사를 세움.	·남조:소연이 양(梁)나라를 건국하고 황제(武帝)가 됨 (남제 멸망).	·고구려:북위에 사신을 보냄. ·신라:순장법을 폐지함. 우경법(牛耕法)을 실시함. ·양나라에서 백제·고구려의 왕에게 관작을 보내 옴.
503	景明 4년	선무제		·양:신률(新律) 반포. 부남·귀자 등의 사신이 와서 공물을 바침.	·신라:국호를 '신라'라 하고, 존호를 '왕'이라 정함.
504	正始 1년	선무제	·조칙으로 율령을 만들게 함.	·북위:북변에 9성 축조함. 국학 경영. ·양:불교를 국교로 정함.	·고구려:예실불을 북위에 사신으로 보냄. ·신라:상복법(喪服法) 제정.
505	正始 2년	선무제		·북위:양나라 침공. ·양:주군(州郡)에 학교 설치. 북위를 공격.	·고구려:요동성의 승랑이 양나라의 섭산 서하사에 들어가 중국 삼론종 성립의 기초를 닦음. ·신라:주(州)·군(郡)·현(縣)을 정함.
506	正始 3년	선무제	·백관이 정사사 세움.	·북위:양나라의 침입을 막아내고 양의 여러 성을 함락시킴.	·고구려:북위에 사신을 보냄.
507	正始 4년	선무제		·양:북위의 침입을 격파.	·고구려:북위에 두 차례 사신을 보냄. ·일본:야마토

서기	북위연호	북위왕	낙양가람기 기사	남북조일반	한국 및 세계
507	正始 4년	선무제			정권, 게이타이(繼体) 천황 즉위
508	正始 5년 永平 1년	선무제		·북위:관품(官品)을 정하여 18반(班)으로 함. 북인도의 보리류지가 낙양으로 들어와 《정토론》·《십지경론》 등을 번역 출간. 양과 교전.	·고구려:북위에 두 차례 사신을 보냄. 양나라에서 왕에게 관작을 보내옴.
509	永平 2년	선무제	·건타라국 왕이 흰 코끼리를 바침.	·북위:왕이 불서를 친히 강함. 낙양에 영명사 건립. ·양:북위군의 침입을 격파함.	·고구려:북위에 사신을 보냄. ·백제:일본에서 사신을 보내옴.
510	永平 3년	선무제		·양:무제가 국자학에 감. 《대명력》 사용.	·고구려:북위에 두 차례 사신을 보냄.
511	永平 4년	선무제		·북위:천문학을 금함.	·인도:굽타왕조 멸망.
512	永平 5년 延昌 1년	선무제		·양:오례(五禮)가 이루어짐. 무제가 10명의 학승을 섭산 서하사에 보내어 고구려인 승랑에게 수학케 함.	·고구려:북위와 양나라에 사신을 보냄. ·백제:양나라와 일본에 사신을 보냄. ·신라:우산국 정벌.
513	延昌 2년	선무제		·북위:양나라의 울주가 항복함. ·양:《송서》의 편찬자 심약 죽음.	·고구려:북위에 세 차례 사신을 보냄. ·백제:일본에 오경박사를 파견함.
514	延昌 3년	선무제	·형만 죽음.	·양:황제가 적전 경작.	·신라:지증왕 죽고 법흥왕 즉위. 시호법을 처음으로 시작.
515	延昌 4년	선무제	·선무제 죽고, 효명제 즉위. ·호태후 섭정.		·고구려:북위에 사신을 보냄.
516	熙平 1년	효명제	·호태후가 영녕사를 세움. ·태후가 원차를 시중영군좌우령으로 삼음.	·북위:양나라의 군사 격파. 낙양의 영녕사 9층탑 완성.	·고구려:양나라에 사신을 보냄. 사신 안정

서기	북위연호	북위왕	낙양가람기 기사	남북조일반	한국 및 세계
516	熙平 1년	효명제		·유연:고거 정벌, 왕을 죽임.	이 일본에 도착함. ·백제:오경박사 고안무를 일본에 파견함. ·티오니시우스가 《기독교력》을 유럽에 전함.
517	熙平 2년	효명제	·성의 서쪽에 사는 손암의 처가 여우로 변해 남편의 머리카락을 잘라 도망감, 그 후 낙양에서 머리카락 잘린 사람이 130여 명이나 되었음.	·북위:가사협 《제민요술》 편찬. ·양나라:종묘의 희생을 채소와 과일로 대체함. 모한총이 반란을 일으켜 북위에 투항함.	·고구려:북위에 사신을 보냄. ·신라:병부(兵部) 설치.
518	熙平 3년 神龜 1년	효명제	·태후가 혜생과 송운을 서역으로 불서를 구하러 보냄.	·북위:천하의 모든 군(郡)에 5층의 불탑을 건립. 사산왕조 카와드 1세의 사절 도래.	·고구려:북위에 세 차례 사신을 보냄. ·동로마:유스티누스 1세 즉위.
519	神龜 2년	효명제	·장사하는 사람들이 분수에 넘친다고 하여 금은으로 수놓은 비단옷을 입지 못하도록 정했으나 시행되지 않음. ·원략을 황문시랑으로 삼음. ·유선명이 직간으로 참수됨, 죽어도 눈감지 못하고 시체가 100보 걸어감. ·상경이 《낙예송》을 지음. ·송운과 혜생 등이 7월 주구파국, 8월 초 한반타국 발우성, 9월 발화국, 10월 갈달국, 11월 파사국, 12월 오장국에 들어감.	·북위:우림·호분의 반란. 임성왕 징 죽음. ·양:승려 혜교가 《고승전》을 지음.	·고구려:문자명왕 죽고, 안장왕 즉위. 북위에서 왕에게 관작을 보내옴.
520	神龜 3년 正光 1년	효명제	·원차가 병권을 잡아 태후를 후궁에 가둠. ·연연의 욱구려아나괴이 내조함. ·청하왕 역 죽음. ·진나라 때 사람 조일이 낙양에 옴. ·반숭화가 성의 동쪽 소의리에서 《복씨춘추》를 강연할 때 순자문이 가르침을 받음. ·송운과 혜생 등이 4월 건타라국에 들어감.	·양:부남과 고구려의 사신이 옴.	·고구려:양나라에 두 차례 사신을 보냄. 북위와 양나라에서 왕에게 관작을 보내옴. ·신라:율령 반포, 백관의 공복(公服) 제정. ·인도:굽타왕조 분열.
521	正光 2년	효명제	·광릉왕 공이 황문시랑이 되었으나 원차가 정권을 장악하는 것 등을 보고 벙어리 행세를 함.	·북위:송운과 혜생이 대승경전을 가지고 인도에서 낙	·백제:양나라에 사신을 보냄. 양나라에서 왕

서기	북위연호	북위왕	낙양가람기 기사	남북조일반	한국 및 세계
521	正光 2년	효명제	·혜생 귀국.	양으로 돌아옴. 유연이 항복해옴. ·양:《천자문》을 쓴 주흥사 죽음.	에게 관작을 고쳐 보내옴. ·신라:양나라에 사신을 보냄.
522	正光 3년	효명제	·태후가 경명사에 7층탑 1기를 세움. ·명당을 벽옹 서남쪽에 만들고, 여남왕은 영대 위에 전탑을 만듦.	·북위:《정광력》 사용.	
523	正光 4년	효명제	·양의 서풍후 소정덕이 귀순함.	·북위:북변 6진이 봉기하자 이주영이 진압함. ·양:철전(鐵錢)을 만듦. 효완서의《칠록》이룩됨. 남해성의 숭악사탑이 이룩됨.	·고구려:북위에 좋은 말을 바침. ·백제:무령왕 죽고, 성왕 즉위. 시호법 실시.
524	正光 5년	효명제		·북위:진(鎭)을 주(州)로 고침.	·백제:양나라에서 왕에게 관작을 보내옴.
525	正光 6년 孝昌 1년	효명제	·고평 함락. ·만사추노가 경주와 기주 사이에서 횡포한 짓 일삼음. ·최연백이 보병과 기병 5만 명을 이끌고 싸우다가 죽음. ·한자회를 황문시랑으로 삼음. ·양나라 예장왕 소종이 귀순함. ·황제가 양나라에 오인(吳人) 강혁의 죄를 용서하는 대신 원략을 귀국시킬 것을 청함. ·명당의 북쪽에 모정격을 설치.	·북위:철륵이 항복해옴. ·양:수양에서 북위군 격파.	
526	孝昌 2년	효명제	·영녕사 금찰 위의 금보병이 바람에 떨어져 1장 남짓 땅에 파묻혀서 새 것을 주조함. ·태후가 복위하여 원차를 죽임. ·광양왕 연이 의동삼사에 제수되어 십만 명을 이끌고 갈영을 토벌하러 갔다가 죽임을 당함.	·양:북위의 수양을 점령. 갈영이 농민을 이끌고 폭동 (526~528).	·고구려:양나라에 사신을 보냄. ·백제:승려 겸익 인도에 감.
527	孝昌 3년	효명제	·큰 비로 양거 석교가 무너져 내림. ·평등사의 금불상이 눈물을 흘림. ·북해왕 원호가 급군을 다스림.	·북위:《수경주》의 저자 역도원 죽음. ·양:갈영이 북위를 침입. 보리달마 광주에 도달.	·고구려:양나라에 사신을 보냄. ·신라:이차돈순교, 불교 공인 (혹은 528년). ·동로마:유스티니아누스 1세 황제에 즉위.
528	武泰 1년 建義 1년 永安 1년	효장제	·효명제가 죽은 뒤 임조왕의 세자 교를 세움. ·이주영이 원천목과 함께 병사를 일으키고 장락왕 자유(효장제)를 세움.		·《유스티니아누스 법전》 편찬 (528~534)

서기	북위연호	북위왕	낙양가람기 기사	남북조일반	한국 및 세계
528	武泰 1년 建義 1년 永安 1년	효장제	·이주영 군대와 태후가 보낸 군대가 싸움. ·이주영이 하음에서 2천 명을 죽이고 입성. ·동평왕 략이 하음에서 죽음. ·이주영이 영녕사에 군대를 주둔시킴. ·이주영이 태후를 죽임. ·북해왕 원호가 이주영이 낙양에 입성하였다는 말을 듣고 양나라로 도망감.		시작.
529	永安 2년	효장제	·평등사 금불상이 다시 눈물을 흘림. ·북해왕 원호가 낙양에 들어와서 황제의 지위에 오름. 효장제에게 편지를 보냄. ·북해왕 원호 대패하여 달아나다 죽임을 당함. ·진류왕 경호의 집의 불상이 밤마다 불좌 주위를 걸어다녀 사면에 걸어다닌 흔적을 남김. ·소종이 장제의 누이 수양공주 거려에게 장가듦. ·태부 이연식을 청주자사로 임명함. ·유호가 돼지를 죽이려고 했더니 돼지가 살려달라고 하여 집을 희사하여 귀각사를 세움. ·광릉왕 공이 상락산으로 들어가 운둔하였으나 자사 천기가 잡아 낙양으로 보냄, 황제가 집으로 돌려보내니 용화사에 머무름.		·신라 : 불법에 따라 살생을 금함.
530	永安 3년 建明 1년	효장제 장광왕	·만사추노가 파사국에서 바친 사자를 감금하고 있었는데 그가 패하게 되어 다시 낙양으로 이송. ·효장제가 이주영과 원천목을 죽임. ·이주세륭이 장광왕 엽을 세우고 건명으로 연호 바꿈. ·이주조가 장제를 식건전에 가둠. ·수용 지역의 수십 기병이 요광사로 들이닥쳐 음탕한 짓을 함. ·성양왕 휘가 전 낙양령 구조인에게 몸을 맡겼으나 구조인이 그의 목을 베어 이주조에게 보냄. ·평등사 불상이 처음처럼 눈물을 흘림. ·이주조가 장제를 목매어 죽임. ·양원신이 관직을 버리고 화음은사 왕등과 더불어 상락산으로 은거함. ·이주세륭이 죽은 이주영을 위해 유등의 집을 건중사로 만듦.	·북위 : 만사추노를 침.	
531	建明 2년 普泰 1년 中興 1년	장광왕 절민제 후폐제	·2월 이주세륭의 강권에 의해 장광왕 엽이 광릉왕 공(절민제:전폐제)에게 선양함. ·이주세륭 국권 장악. ·파사국에서 바친 사자를 돌려보내게 함. 보내는 자가 길에서 사자를 죽여 버림. ·제주자사 소종이 자신의 주를 버리고 북으로 달아나자 이주세륭이 그의 아내 수양공주를 목매어 죽임. ·노백두가 국자박사가 됨.	·북위 : 이주세륭이 황제를 폐하고 절민제를 세움. 고환이 후폐제를 세움. ·양나라 : 소명태자가 소통을 세움. 소명태자 죽음.	·고구려 : 안장왕 죽고 안원왕 즉위. 양나라에서 왕에게 작호를 보내옴. ·일본 : 게이타이 천황 사망. 이후 539년까지

서기	북위연호	북위왕	낙양가람기 기사	남북조일반	한국 및 세계
531	建明 2년 普泰 1년	장광왕 절민제	·귀각사의 금불상에 눈썹과 머리털이 생김. ·사도공 양춘이 이주세륭에게 죽임을 당함.		왕권 분열 상태가 계속됨.
532	太昌 1년 永興 1년 永熙 1년	효무제	·이주천광이 보광사에 병사를 집결시킴. 절 문이 아무 이유 없이 붕괴됨. 이주천광은 전쟁에 패하여 참수당함. ·광릉왕 공 죽음. ·평양왕이 황제의 자리를 빼앗아 처음으로 5층탑 1기를 세우고 중서시랑 위수에게 비문을 짓게 함. ·대각사에 전탑 1기를 만들고 중서사인 온자승에게 절의 비문을 짓게 함. ·효장제를 장사지냄.	·북위:이주세륭 사형. 고환이 효무제를 세움.	·고구려:북위에서 왕에게 작호를 보내옴. 북위에 사신 보냄. 양나라에도 두 차례 사신을 보냄. ·신라:금관가야 항복.
533	永熙 2년	효무제	·조칙을 내려 형자재에게 경명사 비문을 짓게 함.	·북위:고환이 이주조를 죽임. 하비성이 양나라에 투항함. 보리달마 죽음.	·고구려:북위에 사신을 보냄.
534	永熙 3년	효무제	·영녕사 탑에 불이 남. ·평등사의 공사가 모두 끝이 나 백관을 거느리고 만승회를 엶. 절 문 밖에 돌 불상이 있었는데 아무 이유 없이 스스로 움직여서 머리를 숙였다 들었다 하며 날이 저물어서야 그침. ·형자재가 사직하고 집으로 돌아감. ·진류왕 경호의 불상이 갑자기 사라짐. ·효무제가 시중 곡사춘의 협박을 받아 장안으로 달아남. ·업으로 천도.	·북위:반란 발생. 우문태와 고환의 양 세력으로 나누어짐. 효무제가 우문태에게로 망명했으나 살해당함. 고환은 효정제를 세움(동위). 535년에 우문태가 문제 옹립(서위).	·고구려:동위(東魏)에서 왕에게 작호를 보내옴. 북위에 사신을 보냄. ·백제:양나라에 사신을 보냄. ·프랑크왕국:부르군트왕국 병합. ·동로마제국:반달왕국을 멸망시킴.

● 인명

ㄱ

가찬(賈璨) 178
갈영(葛榮) 111
강양왕(江陽王) 계(繼) 50, 163
강질(姜質) 93
강태공(姜太公) 91
강혁(江革) 166
건안왕(建安王) 소보인(蕭寶夤)
106, 129
견침(甄琛) 125
경식(景式):원경식(元景式) 167
경유(景裕) → 노백두
계(繼) → 강양왕 계
고승유(高僧裕) 34
고양왕(高陽王) 옹(雍) 50, 135,
136, 137, 143, 161, 163
고요(皐陶) 85
고조(高肇) 57
고조(高祖, 北魏) → 효문제
고징(高澄) 122
고현락(高顯洛) 119
곡사춘(斛斯椿) 48, 104
공간(公幹) 69
공손양(公孫驤) 87
공의(公懿) → 왕숙
공자(孔子) 189
곽광(霍光) 37, 132
곽문원(郭文遠) 179
곽박(郭璞) 86
곽조(郭祚) 63
곽태(郭泰) 91, 117
관로(管輅) 189
광(光):혜광(惠光) 173
광(廣) → 태상왕 광
광릉왕(廣陵王) 공(恭):절민제(節
閔帝):전폐제(前廢帝) 98, 99,
100, 101, 102, 103, 112, 127, 131
광무제(光武帝, 漢) 26, 46, 120
광양왕(廣陽王) 원연(元淵) 110,
111
광평왕(廣平王) 회(懷):무목왕(武
穆王) 97, 103, 137, 143, 170
교(嶠):기주자사(冀州刺史) 교(嶠)
110
교(釗) 37
교(嶠):양교(楊嶠) 110
구조인(寇祖仁) 147, 148

ㄴ

낙자연(駱子淵) 120, 121
낙평왕(樂平王) 이주세륭(爾朱世
隆) 44, 45, 46, 49 50, 75, 98,
101, 102, 103, 105
남강왕(南康王) 보융(寶融) 75
남양공주(南陽公主) 129
남양왕(南陽王) 보거(寶炬) 48
노경선(盧景宣) 104
노백두(盧白頭) 66
노섬(魯遙) 44
노자(老子) 93, 139, 189
녹주(綠珠) 60
농서왕(隴西王) 이주천광(爾朱天
光) 153

ㄷ

단양왕(丹陽王) 종(綜) → 예장왕
종
단휘(段暉) 61
달다(達多) 132
담마라(曇摩羅) 155
담모최(曇謨最) 78, 79, 80, 168,
169

대연지(戴延之) 73
도선(刀宣) 87
도영(道榮) 173, 193
도척(盜跖) 85
도품(道品) 78, 79
도항(道恒) 156
도홍(道弘) 79, 80
도홍(姚泓) 85
동위련(董威輦) 76
동탁(董卓) 63, 64
동평왕(東平王) 략(略):의양왕(義
陽王) 165, 166, 167
동해왕(東海王) 엽(曄)→장광왕 엽
두예(杜預) 60, 86
두자휴(杜子休) 83, 84
등통(鄧通) 157

ㄹ

라후라(羅睺羅) 183
략(略) → 동평왕 략

ㅁ

마승상(馬僧相) 177
마씨(馬氏) 160
마헌(馬憲) 73
만랑(挽郎) 117
만사추노(万俟醜奴) 131, 157, 158
만저(嫚姎) 192
맹중휘(孟仲暉) 173
명원제(明元帝) 110
명제(明帝, 北魏) → 효명제
명제(明帝, 魏) 55
명제(明帝, 漢) 23, 150
모홍빈(毛鴻賓) 158
목량(穆亮) 25
무(撫):양무(楊撫) 110

무목왕(武穆王) 회(懷) → 광평왕
회
무선왕(武宣王) 협(勰) → 팽성왕
협
무제(武帝, 宋) 110
무제(武帝, 魏) 120
무제(武帝, 晉) 83, 129
문거(文擧) 137
문정(文貞) 167
문제(文帝, 魏) 54, 55, 68, 69,
122,
문헌왕(文獻王) 역(懌) → 청하왕
역

ㅂ

반고(班固) 116
반숭화(潘崇和) 137, 138
반악(潘岳) 35
반타왕(盤陀王) 185
배자명(裴子明) 156
백아(伯牙) 158
백이(伯夷) 85
번원보(樊元寶) 120, 121
범명우(范明友) 132
법융(法融) 172
변장(卞莊) 42
보공(寶公) 151
보거(寶炬) → 남양왕 보거
보리달마(菩提達摩) 35, 63
보리류지(菩提流支) 168, 169
보리발타(菩提拔陀) 171, 172
보명(寶明) 79, 80
보융(寶融) → 남강왕 보융
봉위백(封暐伯) 35
부(孚) → 안평왕 부
부견(苻堅) 84, 148
부생(苻生) 84
북해왕(北海王) 원호(元顥) 39,

40, 43, 98, 106, 109, 127, 146
북향군장(北鄕郡長) 공주 44
비라(鞞羅) 188
비로전(毗盧旃) 183
빈(賓):맹중빈(孟仲賓) 173

ㅅ

사(辭):양사(楊辭) 110
사건룡(史件龍) 102
사마문왕(司馬文王) 49
사마열(司馬悅) 87
사마천(司馬遷) 116
사씨(謝氏) 123, 124
사종(嗣宗) 96
산도(山濤) 156
산음공주(山陰公主) 107
살타(薩埵) 188
상경(常景) 33, 34, 35, 93, 127,
129
상당왕(上黨王) 원천목(元天穆)
37, 39, 42, 43, 44, 147
서월화(徐月華) 136
서흘(徐紇) 38, 79, 132
석숭(石崇) 60, 162
선무제(宣武帝) 각(恪):세종(世
宗) 27, 34, 54, 57, 68, 102, 115,
117, 129, 143, 171
선무황제(宣武皇帝) → 선무제
설령백(薛令伯) 111
섬자(閃子) 192
성양왕(城陽王) 휘(徽) 146, 147,
148
성제(成濟) 101
세겸(世謙) → 예장왕 종
세무(世務) → 예장왕 종
세종(世宗, 北魏) → 선무제
소(劭) → 팽성왕 소
소공(召公) 99

소보권(蕭寶卷) 74, 75
소보인(蕭寶夤) → 건안왕 소보인
소연(蕭衍) → 양무제 소연
소열제(昭烈帝) 46
소정덕(蕭正德) 126, 129
소진(蘇秦) 105, 106, 119
소표(蕭彪) 106
소흔(蕭忻) 59
손암(孫巖) 159
손호(孫皓) 88
송운(宋雲) 180, 189, 190, 191,
194
수양공주(壽陽公主) 거려(莒犁)
75
수용(修容) 136
숙야(叔夜) 96
숙제(叔齊) 85
순(舜) 85
순(順):양순(楊順) 105
순욱(荀彧) 50
순욱(荀勖) 61
순자문(荀子文) 137
순제(荀濟) 90, 91
숭훈(崇訓) 89
시비왕(尸毗王) 198

ㅇ

아육왕(阿育王) 191, 192
안평왕(安平王) 부(孚) 144
안풍왕(安豊王) 연명(延明) 43
양관(楊寬) 45, 90
양기(楊機) 83
양기(梁冀) 156
양무제(梁武帝) 소연(蕭衍) 40,
41, 43, 74, 75, 106, 109, 126,
129, 165, 166, 172
양문의(楊文義) 102
양씨(梁氏) 159, 160

● 사찰·탑·관서·원림 등

황녀대(皇女臺) 156
휘음전(徽音殿) 161
휘현사(暉玄寺) 76
휘화사(暉和寺) 76
희평사(熙平寺) 76

● 지명·국가

ㄱ

가영국(歌營國) 171
간수(澗水) 202
갈달국(嘎噠國) 186, 187
강회(江淮) 43, 98
개양현(開陽縣) 26
건강(建康) 108
건양리(建陽里) 74, 76, 80, 81, 83
건타라국(乾陀羅國) 130, 193,
198
건타라성(乾陀羅城) 196
경녕리(景寧里) 105
경양산(景陽山) 68, 93
경의리(敬義里) 92, 97
경조(京兆) 83, 159
경주(涇州) 157
고도군(高都郡) 46
고두역(高頭驛) 38
고평(高平) 157
곡수(穀水) 69, 73, 127, 173
곤륜산(崑崙山) 68, 69
공현(鞏縣) 131
광무군(廣武郡) 110
광종군(廣宗郡) 137
구치국(句稚國) 171
구파라굴(瞿波羅窟) 199
권학리(勸學里) 122, 123
귀덕리(歸德里) 129

귀리(貴里) 64
귀정리(歸正里) 106, 129
금사리(金肆里) 159
금시(金市) 52
기주(岐州) 157

ㄴ

나가라아국(那伽羅阿國) 199
나갈성(那竭城) 199
낙수(洛水) 54, 106, 120, 121,
127, 129, 130, 137, 160, 174
낙양대시(洛陽大市) 133, 156
낙양소성(洛陽小城) 55
낙양소시(洛陽小市) 106
낙예(洛汭) 170
남양(南陽) 160
낭야(瑯琊) 26, 123
노조국(奴調國) 172
농서(隴西) 179
농판(壟坂) 185
뇌피(雷陂) 38, 46
능음리(凌陰里) 32

ㄷ

단양(丹陽) 109
달화리(達貨里) 156
대곡(大谷) 123
대진국(大秦國) 130, 171, 172
돈황(燉煌) 180
동래군(東萊郡) 48
동시(東市) 153
동안리(東安里) 87
동평(東平) 167

ㅁ

마도리(馬道里) 88
마휴국(摩休國) 191
말릉(秣陵) 75, 110
말성(末城) 182
망령(芒嶺) 170
망산(芒山) 39, 44, 160, 201
맹문산(孟門山) 185
맹진(孟津) 46
맹진하(孟津河) 185
모의리(慕義里) 129, 130, 132
모화리(慕化里) 129, 130
목련굴(目連窟) 200
무산(巫山) 94
무위(武威) 173
문의리(聞義里) 178, 180

ㅂ

박릉현(博陵縣) 132
발로륵국(鉢盧勒國) 188
발우성(鉢盂城) 184
발제국(跋提國) 194
발화국(鉢和國) 185
방장산(方丈山) 95
백록산(白鹿山) 80
백사리(白社里) 76
백상방(白象坊) 130, 131
범양(范陽) 66
병주(幷州) 37
보광리(步廣里) 67
봉래산(蓬萊山) 68, 95, 164, 189
봉종리(奉終里) 133, 159
부남국(扶南國) 171, 172
부재리(阜財里) 132, 133, 159, 160
북망산(北芒山) → 망산
북해(北海) 127
불가의산(不可依山) 184

● 6세기 초 중국 남북조(북위·양)

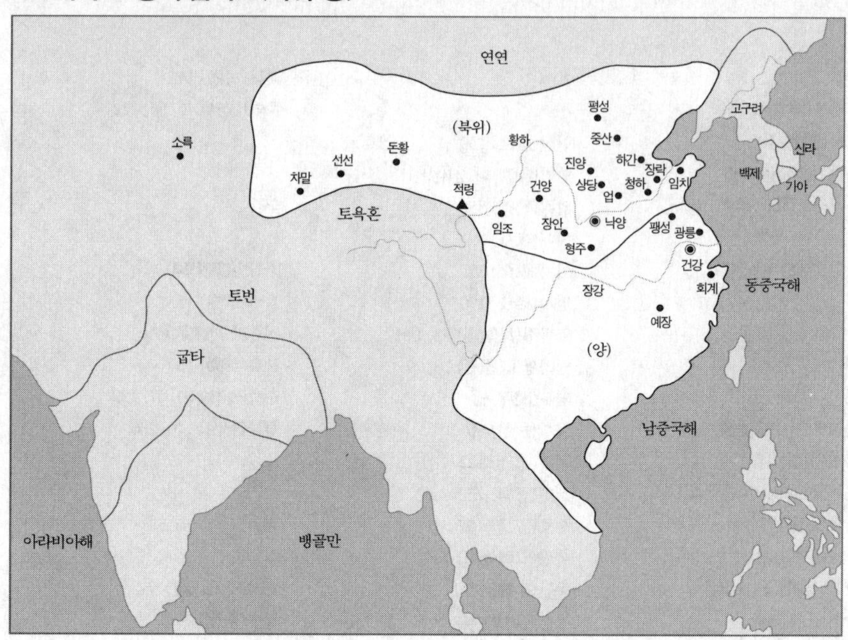

● 6세기 초 낙양 일대

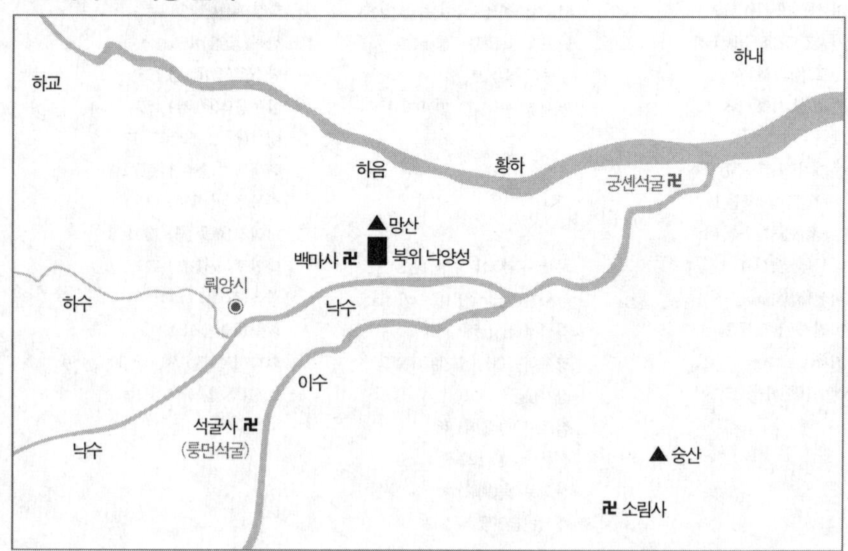

● 현대 중국

러시아
몽골
카자흐스탄
키르기스스탄
타지키스탄
파키스탄
헤이룽장성
하얼빈
창춘
지린성
내이멍구 자치구
선양
랴오닝성
조선민주주의 인민공화국
동해
일본
대한민국
슈러(소륵)
신장웨이우얼 자치구
우루무치
산산(선선)
둔황(돈황)
간쑤성
후어하오터
다퉁(평성)
베이징시
톈진시
황허(황하)
정딩(중산)
허베이성
시안시안(하간)
인촨
타이위안(진양)
스좌장
쯔보(임치)
처러(책록)
위티엔(우전)
주머(차말)
청하이성
시닝
닝샤후이쭈 자치구
란저우(임조)
산시성(山西省)
창즈(상당)
린쩡(업)
지난
산둥성
시안(장안)
뤄양(낙양)
정저우
쉬저우(팽성)
장쑤성
양저우(광릉)
시짱 자치구
산시성(陝西省)
허난성
안후이성
난징(건강)
상하이시
후베이성
허페이
창강(장강)
우한
항저우
라사
쓰촨성
청두
충칭시
소흥(회계)
동중국해
황해(서해)
네팔
부탄
인도
방글라데시아
미얀마
베트남
라오스
태국
뱅골만
윈난성
쿤밍
구이저우성
구이저우
후난성
창사
난창(예장)
저장성
장시성
푸저우
푸젠성
타이베이
타이완
광시좡쭈 자치구
광저우
광둥성
난닝
홍콩
하이키우
하이난
남중국해
태평양
필리핀

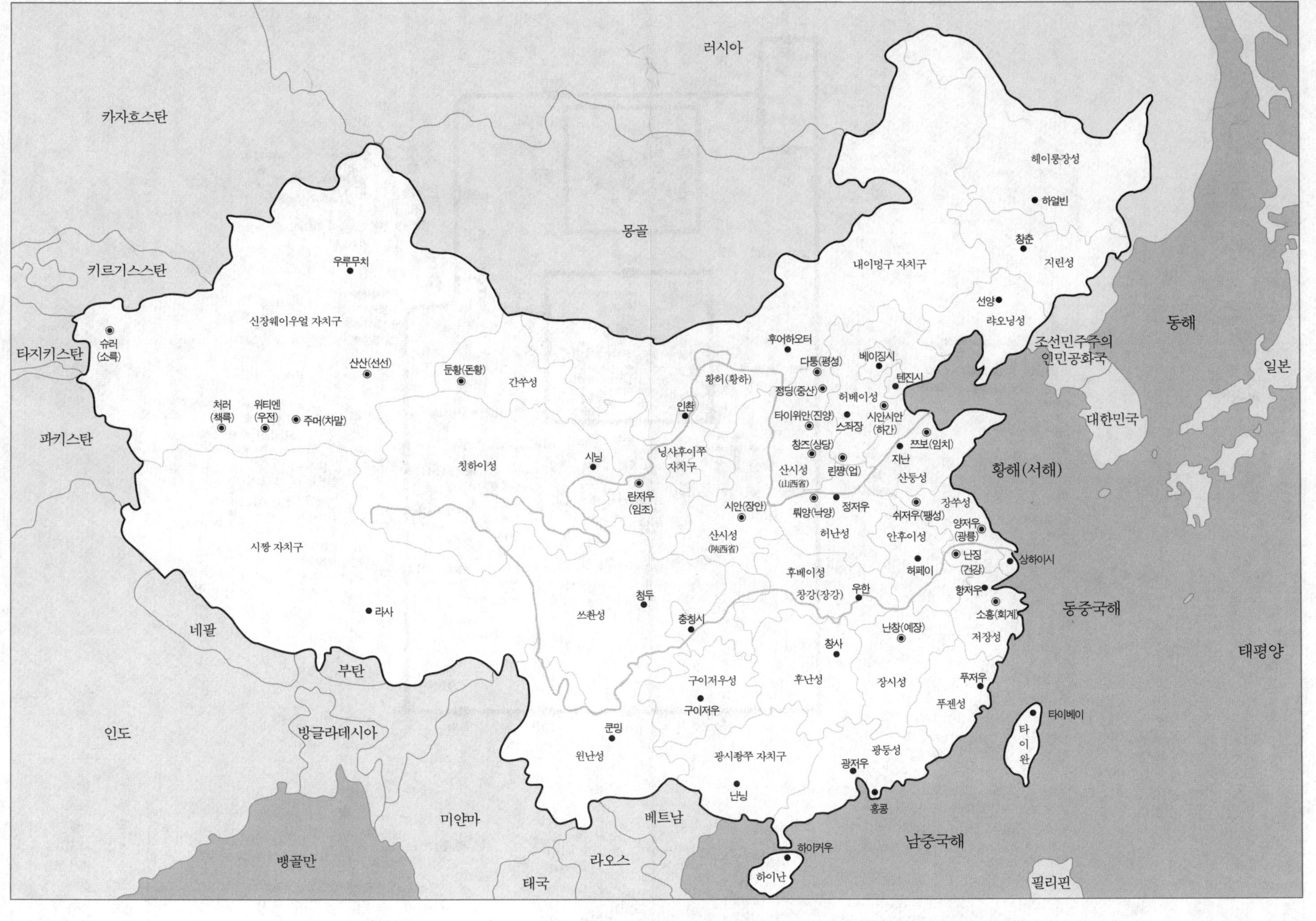

● 낙양 가람도

망산
문의리
송운택
곡수
영평리
용현사
선허사
선무장
금용성
섬문
백척루
선무관
광막문
광극전
대하문
함춘문
낙양루
화림원
요화궁
보광리
하남윤의 관서
영락사
종성사
두자휴택
광극문
소포
경양산
천연지
구화대
청송관
숭진사
건양리
위창니사
수민리
숭의리
칠리교
삼문
승명문
양거
임유대 청서전 임강정
적천
석교
동석교(시남교)
낙양현
도당 박원 묘자당
동교리
명현니사 용화사
경흥니사
묘자당
구순서
전농서
적전서
사농시
조장
요광사
건명문
서유원 양풍관 능운대
건시전
동화문
사마열택
이진노택
공손양택
도선택
방호
완곡
장분교
천추문 선자관 가복전
벽해곡석 양지조대
운룡문
수구리
몽사지
신호문
선극전 선광전 광극전 동당
홍지
대각사
융각사
창합문
금시 장추사
구흥 청정당
현양전 함장전
동안리
의년리 원경호택
영명사
연년리
통문 식건전 묘당
태극전 명광전 함온단
사마열택
부재리
개선사
호원길택
건중사 액문 휘음전 유화지 관덕전
도관서
태창서
장엄사
휘문리
이연식택
금사리
원욱택
보광사
청서전
세번지
치속리
진태상군사
최광택
정도소택
이소택
법운사
응각당
선충사
서양문
왕전어사
태복시 승황서 무고서
어사대
의정리
석몽지
소의니사
정사사
경의리
식화리
자효리
영강리
고조택
원회사
전우조
평등사
소진묘
보명사
귀각사
봉종리
원차택
영녕사
우위부
좌위부
사도부
경락사
의수리
장손치 등 6택
상경택
소덕리
장경인택
연고리
낙양대시
달화리
백마사
소현조 장작조
국자학당
단휘택
동탁택
유조택
최휴택
치상리
누대
구급부
종정시
영화사
장륜택
효의리
낙양소시
유림관 연빈당
충각사
숭명사 수범사
이표택
황녀대
후강택
영선사
호통사
태사
태묘
청양문
조음리
사주
호군부
효경리
경녕사
악률리
능음리
의관리
경림사
진양문
선양문
평창문
개양문
경명사
권학리
연현리
이민리
정각사
숭허사
대통사
영대
벽옹
국자학당
영원사
충감리
초복사
쌍녀사
명당
대각사삼보사
(고현락택)
낙수
고양왕사
영교
사통시(영교시)
보덕사 용화사 추성사
사이리
사이관
이수
보리사
(귀정리, 귀덕리,
모화리, 모의리)
(금릉관, 연연관,
부상관, 엄자관)
백상방·사자방
분묘
택(宅)
사찰
대(臺)
관서·궁전
다리
호수, 강
산

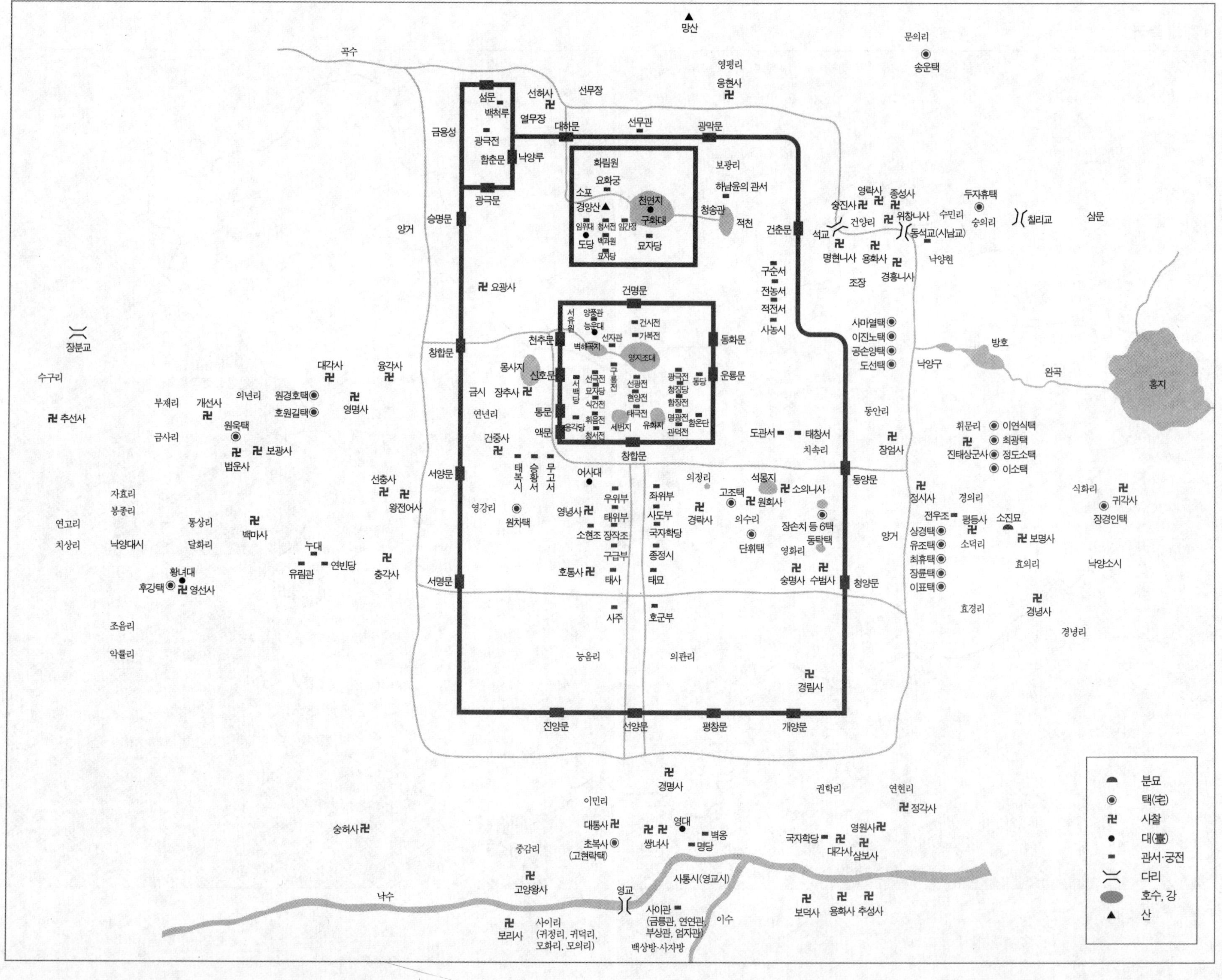